国家示范性高职建设教材·电子商务专业

U0738867

数据营销

SHUJU YINGXIAO

主　编　冯宪伟　段　建
副主编　白慧萍　安　刚
参　编　王志锋　柏　洋

南京大学出版社

内容简介

《数据营销》教材由江苏经贸职业技术学院与北京博导前程信息技术有限公司联合编写,主要面向高职网络营销、网店运营、网络编辑等电子商务相关专业学生的校企合作教材,共分八个学习单元,包括大数据和大数据思维、数据分析部门运营管理、网站数据化营销、淘宝店铺数据化营销、微博数据化营销、微信数据化营销以及邮件数据化营销等企业典型案例。本书注重从实际工作过程的角度出发,以企业真实操作流程归纳整理出数据营销在企业管理中的实施技巧与步骤,实践性强,帮助学生充分了解、熟悉、掌握数据营销的操作规程与业务管理等实际操作技能,对学生毕业后能顺利走上相关工作岗位具有特殊意义。本书适合作为职业教育院校电子商务、市场营销及计算机等相关专业在校学生的数据营销教材,也适合从事营销行业的专职人员阅读参考。

图书在版编目(CIP)数据

数据营销 / 冯宪伟,段建主编. —— 南京:南京大
学出版社,2014.12
　　ISBN 978 - 7 - 305 - 14447 - 9

　　Ⅰ. ①数… Ⅱ. ①冯… ②段… Ⅲ. ①电子商务—市
场营销学 Ⅳ. ①F713.36

中国版本图书馆 CIP 数据核字(2014)第 295660 号

出版发行　南京大学出版社
社　　址　南京市汉口路 22 号　　　　邮编　210093
出 版 人　金鑫荣

书　　名　**数据营销**
主　　编　冯宪伟　段　建
责任编辑　王抗战　徐佳乐　　　　编辑热线　025 - 83596997

照　　排　江苏南大印刷厂
印　　刷　宜兴市盛世文化印刷有限公司
开　　本　787×1092　1/16　印张 18.25　字数 438 千
版　　次　2014 年 12 月第 1 版　　2014 年 12 月第 1 次印刷
ISBN　978 - 7 - 305 - 14447 - 9
定　　价　38.00 元

网　　址:http://www.njupco.com
官方微博:http://weibo.com/njupco
官方微信号:njupress
销售咨询热线:(025)83594756

前　言

大数据在营销行业越来越得到重视。越来越多的企业开始专注数据分析,期望从中发现问题或新的机会,并通过数据来驱动业务。

在大数据时代的当下,数据营销已成为网站运营和互联网营销从业者的必备知识。而传统教学与行业应用的脱节无法培养出紧随互联网行业技能需求的人才,使得很多毕业生无法更好更快地融入当前企业运作之中。于是,经过江苏经贸职业技术学院老师与北京博导前程信息技术有限公司企业人员的共同努力,将企业化工作流程引入教学之中,形成了这本《数据营销》,以期培养出贴合企业需求的技能型人才。

全书由大数据基础认知开始,系统地描述了包括大数据和大数据思维、数据分析部门运营管理、网站数据化营销、淘宝店铺数据化营销、微博数据化营销、微信数据化营销以及邮件数据化营销等数据营销典型工作任务。全书以数据化营销工作过程为主线,依托企业应用案例串联起每一步的具体操作。

在每个任务之后,教材还设计了学生自我温习的拓展任务以及互动实训,能够更好地辅助学生提升专业能力。就教材而言,学生能够通过详细的案例解读工作流程,并利用企业案例、相关知识来巩固数据营销技能。

本书由江苏经贸职业技术学院、北京博导前程信息技术有限公司共同策划编写。由江苏经贸职业技术学院信息技术学院冯宪伟老师、博导前程总裁段建负责全书的设计与统稿;由江苏经贸职业技术学院白慧萍老师、博导前程安刚担任副主编,由博导前程王志锋、柏洋参编,几经修改,共同完成。

作为校企合作联合编写教材的尝试,本书还有许多需要改进之处,也需要一个不断完善与提升的过程,敬请广大读者批评指正。我们坚信校企合作只要扎实稳定地走下去,一步一个脚印,从细节入手,深入挖掘,就能永葆活力,切实培养社会所需人才。

编　者
2014 年 11 月

目 录

学习单元一　大数据认知

能力目标

◇ 能够利用大数据思维来驱动运营
◇ 能够掌握数据营销的流程
◇ 能够掌握数据运营的方法

知识内容

◇ 了解大数据相关的知识
◇ 了解大数据思维的方式
◇ 掌握数据运营的相关知识
◇ 了解数据运营的一般步骤

> 本项目包含了2个学习任务,具体为:
> 任务1:大数据认知;
> 任务2:数据营销认知。
> 以出版业的大数据分析为例来具体认识大数据,以及如何利用大数据思维驱动企业运营,并学会对挖掘出来的有效数据进行用户行为分析,从而做到精准的数据营销。

任务一　大数据认知

任务引导

越来越数字化的世界,大数据正在以某种方式影响着每个人的生活。在以云计算为代表的技术创新大幕的衬托下,这些原本很难收集和使用的数据开始容易被利用起来,通过各行各业的不断创新,大数据会逐步为人类创造更多的价值。大数据的挖掘越来越多地渗透到生活的方方面面,从数据科学家帮奥巴马技术性击倒罗姆尼,到成功预测 2012 年 50 个州选举结果的内特·希尔沃(Nate Silver),时下最火爆的美剧《纸牌屋》就是基于大数据制作的。如今大数据已经落地,改变了很多行业的走势,同时,改变了人们的生活。在不久的将来,大数据挖掘获得的结果也许比一个行业老手的直觉判断更准确。

大数据的汹涌来袭,正在改变着世界,但对于大多数人而言,大数据依然很神秘。本单元将以出版业的大数据分析为例来具体认识大数据。

任务分析

- ☑ 大数据认知
- ☑ 大数据思维认知
- ☑ 数据驱动运营分析

任务实施

以出版社如何玩转大数据,来认知大数据。具体步骤如下:

步骤 1:大数据认知

我们在日常生活中所做的一切都会留下数字痕迹,也就是大数据。在当前的互联网领域,大数据的应用已经十分广泛,尤其是企业,已成为大数据应用的主体。随着企业开始利用大数据,我们每天都会看到大数据新的奇妙的应用,帮助人们真正从中获益。大数据的应用已广泛深入我们生活的方方面面,涵盖医疗、交通、体育、金融、零售等各行各业。如图(1-1)所示,大数据在各行各业的 GDP 贡献。

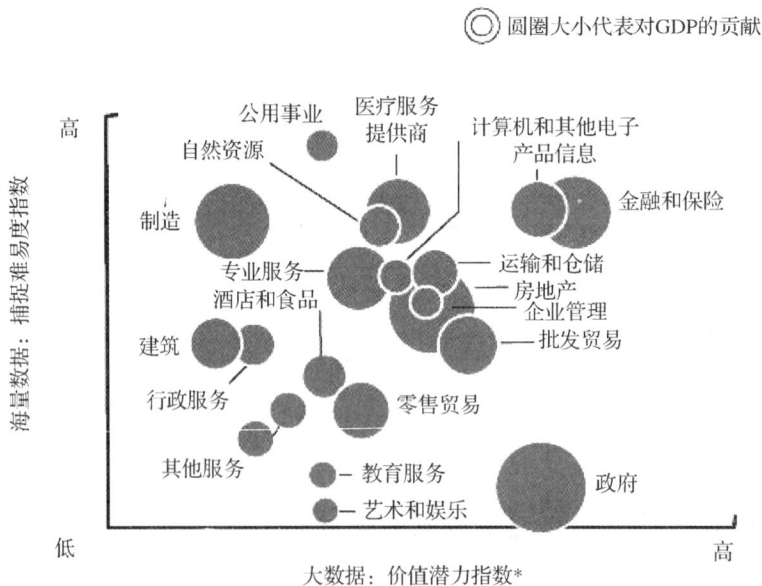

图 1-1　大数据在各行各业的应用

简要举例来说,在医院,儿科部会记录早产儿和患病婴儿的每一次心跳,然后将这些数据与历史数据相结合来识别模式。基于这些分析,系统可以在婴儿表现出任何明显的症状之前就检测到感染,这使得医生可以早期干预和治疗。对于医疗来说对于大数据的应用特别广泛(如图1-2所示)。

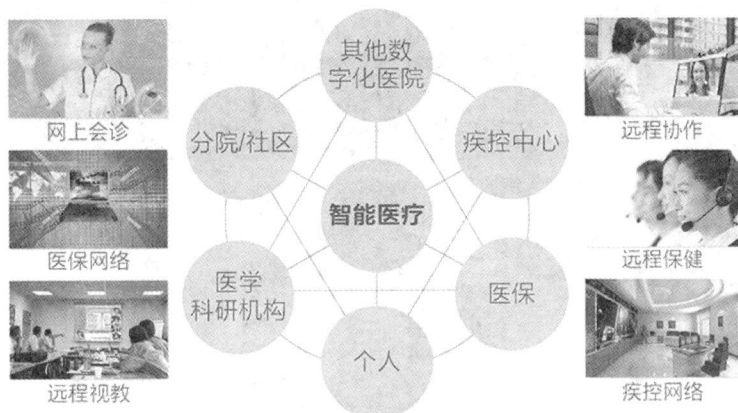

图1-2 大数据在医疗方面的应用

在校园,流媒体视频课程和数据分析可以帮助教师跟踪学生的学习情况,实行以学生为中心的课堂教学,根据他们的能力水平定制教学内容,预测学生的执行情况(如图1-3所示)。

图1-3 以学生为中心的课堂

当我们去网上购物时,我们的数据会结合历史购买记录和社交媒体数据来为我们提供优惠券、折扣和个性化优惠。例如图1-4就是天猫的双十一优惠数据大揭秘,为消费者挑选合适的商品提供了很大的便利。

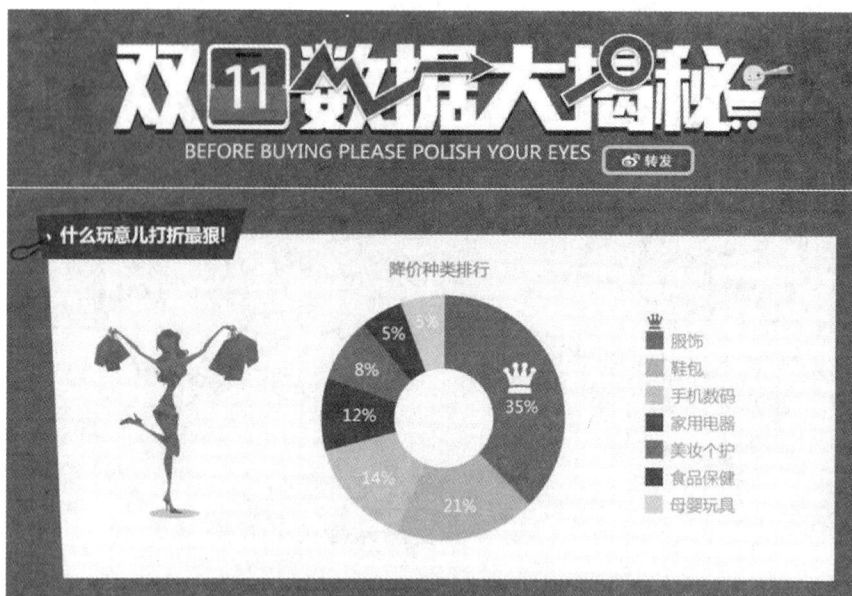

图 1-4 天猫双十一优惠数据大揭秘

来自小米的健身腕带可以收集有关我们走路或者慢跑的数据,例如我们走了多少步,每天燃烧了多少卡路里,我们的睡眠模式或者其他数据,然后结合这些数据与健康记录来改善我们的健康状况(如图 1-5 所示)。

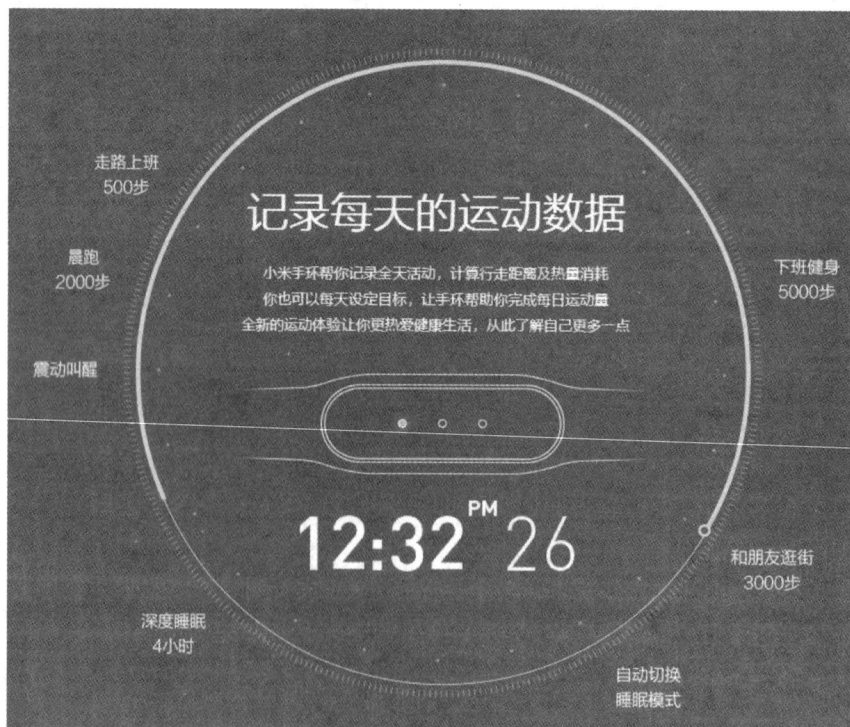

图 1-5 小米手环记录每天的运动数据

上述几个例子是我们在日常生活中很容易感受到的真实的大数据应用,基于这些的了解,不难总结出大数据相比传统数据来说有以下区别(如表1-1所示)。

表1-1 传统数据和大数据的区别

传统数据和大数据的区别	
传统数据	大数据
10亿字节～千兆字节	拍字节PB(千兆字节)～艾字节(1 000 PB)
集中的	分布的
结构化的	半结构化或者无结构数据
已知有复杂相关关系的	很少已知的关系

大数据是基于互联网的,是由无数个小数据汇集而成的,如靠着电脑中的cookie记录网民的所有浏览及搜索行为,并且会定位地理位置、浏览时间和系统数据。通过对这些数据进行分析,可以给这些网民贴上不同的标签,如科技迷、读书狂、体育迷等,并依此进行精准营销,这就是大数据分析。

步骤2:大数据思维认知

迎接大数据时代,需要形成"大数据思维"。大数据不仅是一种应用性很强的实用工具,而且是一种重要的思维方法。大数据时代的思维方式是,每天早上起来想一下,这么多数据我能用来干什么,这些价值在哪里可以找到,能不能找到一个别人以前都没有做过的事情。你的想法和思路,是最重要的资产。

接下来具体针对出版社来看看它所拥有的大数据,出版社的大数据应用从选题策划开始,贯穿整个出版流程。下面说一说出版社到底在哪些方面运用了大数据的思维方式。

选题、印制、发行、重印、销售、人力、办公,在这里用了一棵树来表示,其中销售数据是我们所有其他数据的源泉。未来,所有环节都应该由销售数据驱动(如图1-6所示)。

图1-6 出版单位的核心数据

传统意义上,出版社是从选题策划开始整个流程,但是现在这个流程应该是循环重复的,从选题策划开始,各环节的数据监控和分析贯穿始终,如图1-7所示。

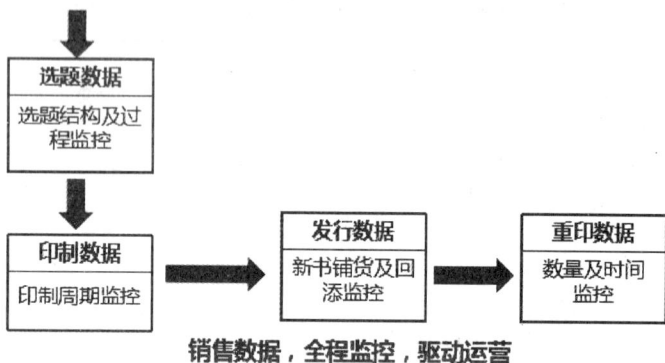

图1-7　出版社的核心数据

在此,经过收集与整理了许多出版社的核心数据,发现这些数据主要可以进行三类分析:现状分析、原因分析、预测分析(如图1-8所示)。其中,现状分析包含:阶段性的工作汇报、促销分析、经销商评价、日常添货跟踪、工作量或者说企业关键绩效指标(KPI)的考核等;原因分析包含:重点选题为何不能按时出版? 好书为什么不是在哪都好卖等;预测分析包含:重印书预测分析、纸张采购等;这三种分析往往会互相结合,因为任何分析都始于现状分析,比如作者出版效率分析、品类分析(出版社各子品类哪些应该持续投入、哪些维持、哪些放弃),新书走势及同类书的首印量确定等。

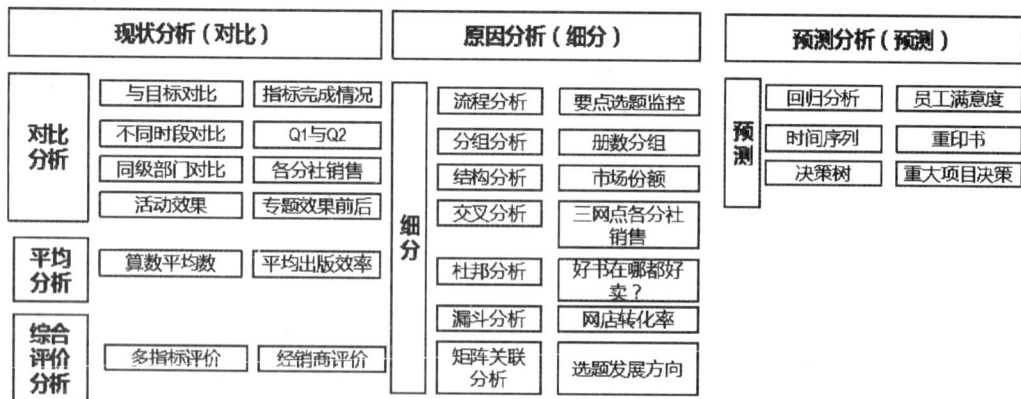

图1-8　数据监测发现缺品

大数据思维主要包括三个方面,即总体样本取代随机样本、对不精确的容忍度增加、相关关系取代因果关系。那么大数据思维下的判断,是如何形成的呢? 这里仅以其第一方面——样本的总体性思维来说。

涵盖了大数据思维的全部思想。这幅图里外三层、上下结构,看起来比较复杂,思维的过程是自上而下、自外而内的。图的上半部分讲的是大数据的商业功用,就是说有了大数据我们能干什么? 怎么赚钱? 有哪些好玩的商业模式?(如图1-9所示)。

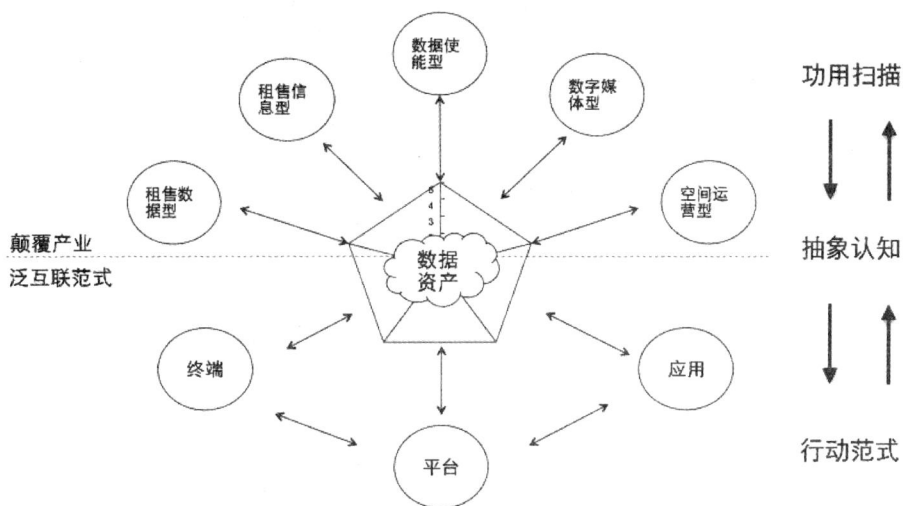

图 1-9　大数据思维

大数据思维不但在商业上广泛运用,而且也可以帮助政府为大家提供更有效的服务。比如说我们可以通过大数据来确定哪些地方会有火灾等。以前防火检查员只有13%的时间可以准备预测,现在他们找到火灾隐患的概率达到了70%,比以前提高了6倍。将效率提高6倍是一个巨大无比的进步,未来的公共服务业可以由此获得更多便利。

步骤 3:数据驱动运营分析

数据驱动运营即是挖掘数据并进行合理的数据分析,找到数据背后的真实关系,进一步找到真实原因,以此给出对应的具体措施并指导实际的网站运营工作。

用好大数据,让好卖的书变得更好卖,具体来看看现有数据是如何驱动出版运营的。

1. 查找缺品

在这个图书品种过剩的年代,如何确保畅销书不缺品是出版社工作的重中之重。表1-2是三大网店今年一季度销量前十名的汇总表,无须任何分析,只要把三个网上书店的数据放在一起,就可以发现问题,第一个问题就是三个网店都有缺品,第二个问题是书店排行榜销售前十位的品种销量差异很大。无论实体店还是网店,零售靠的就是品种,新书发出去只是万里长征的第一步,有针对性第二次甚至多次回添才是销量生生不息的源泉,才是出版社所有运营的原始推动力。针对缺品的问题,出版社可以采取的应对措施,就是每周跟踪前300本及上市3个月内新书的库存及添货比对。

表1-2　三大网店一季度销量前十名的汇总表

排名	图书名称	定价	当当 册数	亚马逊 册数	京东 册数	合计 册数
1	A	10	3 082	3 563	638	7 283
2	B	12	2 142	3 840	1 014	6 996
3	C	53	3 832	1 623	349	5 804
4	D	69	2 262	1 412	536	4 210
5	E	188	2 205	0	0	2 205
6	F	32	1 894	180	0	2 074
7	G	48	487	707	397	1 591
8	H	35	660	802	113	1 575
9	I	188	1 563	0	0	1 563
10	J	30	0	841	305	1 146
合计			18 127	12 968	3 352	34 447

2. 日常添货跟踪

如今网店的系统都比较先进,系统每周都有1~2次的逻辑补货,还有和中盘的电子数据交换对接,尽管如此,由于出版社印制周期及发货速度的影响,仍会出现不同程度的断货,实体店的二次回添更是个大问题。因此要定期对各零售店进行有针对性的补货,具体到网店可以分成两部分:一是网店整体库存不足的直接生成订单,二是网店各仓之间内配。

3. 经销商评价

出版社每天都与众多经销商打交道,如何科学合理地对其进行评价呢? 假设用信誉度、订货、回款、退货率和账期这5个指标来评价,那么出版社先要汇总各经销商的各项指标数据,把每项数据都进行0/1标准化处理。然后出版社来确定每个指标的权重。有了权重和标准化的数据就可以进行加权计算了,不过需要注意的就是退货率和账期这两项是越小越优的指标,因此对于这两个指标要用减法。最后得出了各经销商的综合平均得分。

4. 新书首印量分析

新书首印量的确定不仅关系到出版社的赢利,更关系到成本控制,相对于印少了来说,印多了不仅不能创造预期的利润,更会增加不该有的库存,占用大量资金,因此对新书首印量的回顾性分析有助于后续新书印数的决策参考。

5. 重印书分析

一般来说,重印书发货码洋占比应该占当年总发货的50%~80%(视不同类型的出版社而定),重印书更是出版社的利润来源。重印书不同于新书的一点就是它是"有迹可循"的,在重印之前,出版社掌握着每一本书的印制、发货及销售数据,通过对这些数据进行分析,出版社就可以科学确定印数及印制计划,既要保证不断货,又要确保不多印。

6. 作者出版效率分析

出版效率即品种效率,是出版社衡量一个品种、一个作者、一个策划编辑、一个类别、一个利润中心较为重要的指标,按照这个思路,出版社还可以做出上述各个维度的出版效率线柱图,以供领导决策参考。

7. 品类结构分析及选题发展方向

假设出版社有 A 到 H 共 8 个品类的图书,做出矩阵关联分析图,横坐标代表市场份额,纵坐标代表出版效率,圆形的大小代表每个品类的收益。由图 1 - 7 中可以看出,B 属于出版社的明星产品,出版社应持续投入资源,保持优势;A 和 C 属于现金牛,虽然出版效率比较低,但占据了较高的市场份额,应该维持优势;第二象限的产品属于问题产品,需要优先改进,让其变为明星产品;第三象限的产品出版效率和市场份额都比较低,可以适当放弃,把资源投入到其他几个象限的产品中去。

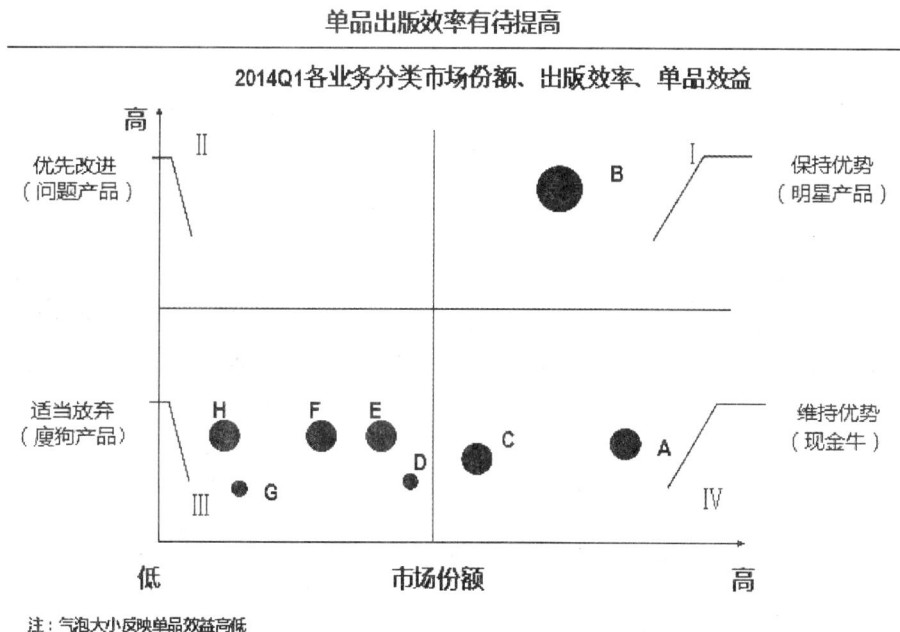

图 1 - 10 出版物品类结构对比

支撑知识

1. 大数据的定义

巨量资料(Big Data),或称大数据、海量资料,指的是所涉及的资料量规模巨大到无法透过目前主流软件工具,在合理时间内达到撷取、管理、处理、并整理成为帮助企业经营决策更积极目的的资讯。

系统的认知大数据,必须要全面而细致的分解它,具体从三个层面来展开:

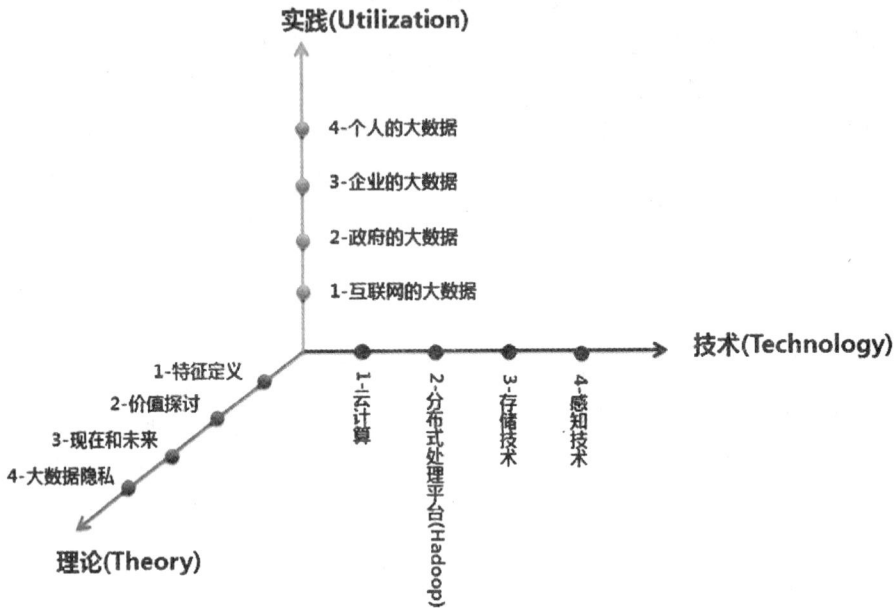

图 1－11　大数据的三个层面

第一层面是理论,理论是认知的必经途径,也是被广泛认同和传播的基线。从大数据的特征定义理解行业对大数据的整体描绘和定性;从对大数据价值的探讨来深入解析大数据的珍贵所在;从对大数据的现在和未来去洞悉大数据的发展趋势;从大数据隐私这个特别而重要的视角审视人和数据之间的长久博弈。

第二层面是技术,技术是大数据价值体现的手段和前进的基石。从云计算、分布式处理技术、存储技术和感知技术的发展来实现大数据从采集、处理、存储到形成结果的整个过程。

第三层面是实践,实践是大数据的最终价值体现。从互联网的大数据,政府的大数据,企业的大数据和个人的大数据四个方面都体现出大数据已经展现的美好景象及即将实现的蓝图。

2. 大数据的特点

大数据分析相比于传统的数据仓库应用,具有数据量大、查询分析复杂等特点。《计算机学报》刊登的"架构大数据:挑战、现状与展望"一文列举了大数据分析平台需要具备的几个重要特性,对当前的主流实现平台——并行数据库、MapReduce 及基于两者的混合架构进行了分析归纳,指出了各自的优势及不足,同时也对各个方向的研究现状及作者在大数据分析方面的努力进行了介绍,对未来研究做了展望。

大数据的 4 个"V",或者说特点有四个层面:第一,数据体量巨大。从 TB 级别,跃升到 PB 级别;第二,数据类型繁多。前文提到的网络日志、视频、图片、地理位置信息,等等。第三,处理速度快,1 秒定律,可从各种类型的数据中快速获得高价值的信息,这一点也是和传统的数据挖掘技术有着本质的不同。第四,只要合理利用数据并对其进行正确、准确的分析,将会带来很高的价值回报。业界将其归纳为 4 个"V"——Volume(大量)、

Variety(多样)、Velocity(高速)、Value(价值)。

从某种程度上说,大数据是数据分析的前沿技术。简言之,从各种各样类型的数据中,快速获得有价值信息的能力,就是大数据技术。明白这一点至关重要,也正是这一点促使该技术具备走向众多企业的潜力。

3. 最核心的价值

大数据最核心的价值就是在于对于海量数据进行存储和分析。相比起现有的其他技术而言,大数据的"廉价、迅速、优化"这三方面的综合成本是最优的。

同步训练

以小组为单位,在实训教师的指导下,确定某企业为案例,分析其在哪些方面应用了大数据,取得了怎样成效,加深对大数据的认知(如表 1-3 所示)。

表 1-3　企业大数据

大数据认知		
企业名称	概要	
	企业所拥有的大数据	
	大数据的思维方式具体体现	
	企业是如何利用 大数据驱动运营的	
总结		

综合评价

表 1-4 综合评价表

任务编号	020101		任务名称	案例剖析
任务完成方式	☐ 小组协作完成 ☐ 个人独立完成			
评价点				分值
对大数据的理解是否正确				25
对企业大数据的应用分析是否全面				30
是否能找到企业大数据的思维方式具体体现				30
对企业是如何利用大数据驱动运营的分析是否全面				15
本主题学习单元成绩：				
自我评价	（20%）	小组评价	（20%）	教师评价	（60%）
存在的主要问题				

拓展任务

以小组为单位,寻找身边的一些企业,详细了解企业在运营过程中运用了哪些大数据。

任务二　数据营销认知

任务引导

随着大数据时代的来临,越来越多的企业开始玩起了数字游戏,从海量的数据中挖掘有效的信息,研究用户消费习惯,利用挖掘出来的有效数据进行用户行为分析,从而做到精准的营销。

任务分析

☑ 常见数据营销案例分析
☑ 了解数据营销一般步骤
☑ 明确数据营销概念

任务实施

如何对数据营销进行认知。具体步骤如下：

步骤1：常见数据营销案例分析

以出版社中一个成功案例来说，数据营销让《CXO》赢得了读者的青睐。

经济学人集团属下的《CXO》杂志是服务于企业高层财务管理人士的专业杂志，在全球大中型企业高级财务管理人士中拥有巨大的影响力。2002年《CXO》进入中国，为了在2～3年时间内培养起一批忠实的高质量读者群，该杂志社采用数据营销作为其推广方式。

通过对数据的查询和分析，《CXO》杂志社确定了以北京、上海为主的18万企业高层管理人士为目标读者，采取了直邮宣传和直接赠阅推广方式，共设计了6轮直邮推广和两轮赠阅推广。为了发展更多的订阅读者、保持高的续订率，《CXO》杂志社设计了个性化的读者生日卡项目，同时优化了读者续订的流程，读者可以通过网站注册、电话申请、传真申请等多种方式来完成免费订阅申请和续订。此外，《CXO》杂志社还设计了一个专门的推广项目——鼓励老读者介绍新读者。该项目分为两部分，一是鼓励所有的老读者介绍其他公司的高层管理人员来免费订阅；二是鼓励总经理介绍本公司的高级财务管理人士成为读者。

通过数据营销推广，《CXO》杂志续订率达到83.7％，超过当初设定的目标，推广费用却只用了预算的78％。在前期3个季度的推广中，《CXO》杂志获得了约1.6万的高质量读者，"介绍新读者"项目也相当成功，通过传真和网上注册，增加了3916名有效的订阅读者[①]。

【案例分析】

《CXO》数据营销的成功，对其他企业来说，很有借鉴意义。接下来，就来分析《CXO》的数据营销具体是怎么做的。

（1）《CXO》作为面向企业高层财务管理人士的杂志，在锁定消费人群采集数据时参照了公共记录的数据，并由业务系统直接导入。

（2）将收集到的数据，以消费者为基本单元，逐一输入电脑或进销存销售管理系统，建立起消费者数据库。

（3）对建立起来的消费者数据库进行处理，对重复及缺失数据处理、检查数据逻辑错误、数据分列、字段匹配（vlookup函数）等。将不符合规范要求的数据经过上述几个步骤的处理，最终要得到一张一维源数据表，以正确的方式做出数据明细表，这个表既要规范又要满足分析所需的维度，对后面的数据分析起至关重要的作用。

（4）精准地分析目标读者，抓住核心人群。《CXO》杂志社在营销推广时，将大中型企业财务总监、财务副总等财务专业高层管理者作为推广的核心人群，其次是企业的综合管理人士。并以此为原则，确定了以北京、上海为主的18万企业高层管理人士为目标读者。

---

① 案例来源：凤凰博报，必赢网络策划的博客，(必赢)数据库营销让《CXO》赢得读者青睐

精准的目标客户数据库,为营销打下了良好的基础。

(5)《CXO》杂志社在客户注册的信息中,收集了客户出生日期信息,设计了特别的生日贺卡,在读者生日到来的前一周寄到读者的手中。这种个性化的关怀大大增加了读者的好感,提升了读者对杂志的忠诚度。

(6)对续订流程进行优化,进一步强化了读者的好感,提高了续订率。在"老读者介绍新读者"的推广项目中,杂志社还向每一位参与活动的介绍者寄发了热情洋溢的感谢信,这些都进一步提升了读者对该杂志的信任感和忠诚度,"介绍新读者"项目也相当成功,通过传真和网上注册,增加了3 916名有效的订阅读者,在原始数据库的基础上不断地更新完善,使数据库更加适应企业运营需要。

步骤2:了解数据营销一般步骤

通过对上述案例的分析可以总结出一般数据营销的基本过程为:数据采集、数据存储、数据处理、寻找理想消费者、使用数据、完善数据,具体的流程体现如图1-12所示:

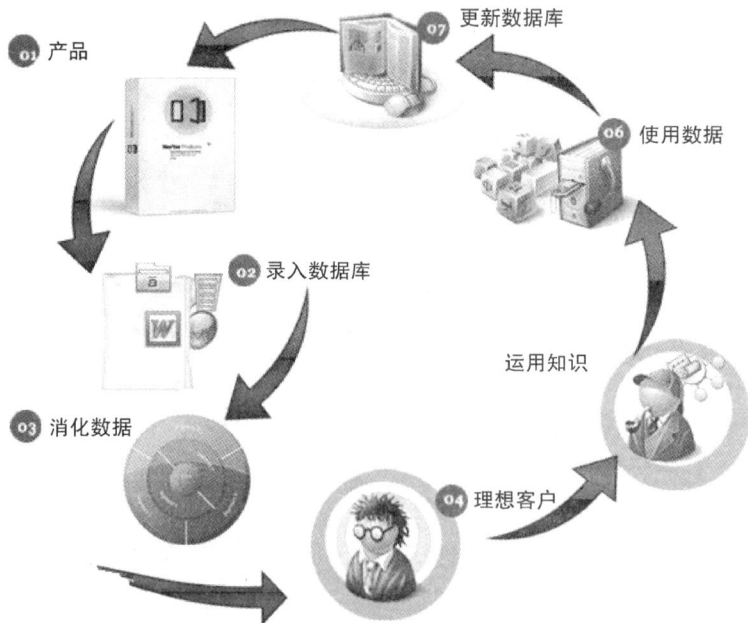

图1-12 数据营销一般步骤

(1)数据采集,数据库数据一方面通过市场调查消费者消费记录以及促销活动的记录,另一方面利用公共记录的数据。

(2)数据存储,将收集的数据,以消费者为基本单元,逐一输入电脑或进销存销售管理系统,建立起消费者数据库。

(3)数据处理,运用先进进销存销售管理系统等统计技术,利用计算机把不同的数据综合为有条理的数据库,然后在强有力的各种进销存销售管理系统等软件支持下,产生产品开发部门,营销部门,公共关系部门所需要的任何详细数据库。

(4)寻找理想消费者,根据使用最多类消费者的共同特点,用电脑勾画出某产品的消费者模型,此类消费群具有一些共同的特点,比如兴趣,收入,以采用专用某牌子产品的一组消费者作为营销工作目标。

(5) 使用数据,数据库数据可以用于多个方面:签订购物优惠券价值目标;决定该送给哪些顾客;开发什么样的新产品;根据消费者特性,如何制作广告比较有效;根据消费记录判定消费者消费档次和品牌忠诚度。如特殊身材的消费者数据库不仅对服装厂有用,而且对于服装生产厂、五金、食品厂、家具厂很有用。因此,数据库不仅可以满足信息,而且可以通过进销存进行数据库经营项目开发。

(6) 完善数据库,随着以产品开发为中心的消费者俱乐部,优惠券反馈,抽奖销售活动记录及其他促销活动而收集来的信息不断增加和完善,使数据不断得到更新,从而及时反映消费者的变化趋势,使数据库适应企业经营需要。

步骤3:明确数据营销概念

在对数据营销的具体事例的分析和数据营销一般步骤的了解之后,来具体明确数据营销的概念。

其实我们在从中审阅数据的同时可以很清晰地看到很多的问题,比如当地消费者对杂志类的需求是什么? 我们所做的促销方案的结果如何? 我们的消费群体又是哪些? 等等。通过这些,可以给我们的编辑提供一些设计理念,或者我们该如何定位我们的产品,或者我们的下次促销又该注意些什么? 这些都是一些很贴近生活,贴切于我们的消费者,只有走进我们的消费者,了解消费者的需求,那么我们的销售业绩就能轻而易举地提升了。

通过对案例的分析总结,提炼出数据营销的定义,数据营销是从终端店铺提取或搜集各类有效的数据信息,然后整合为一套完整的数据报表体系,通过数据我们来预测消费者有多大可能去购买某种产品,以及利用这些信息给产品以精确定位,有针对性地制作营销信息以达到说服消费者去购买产品的目的。

支撑知识

1. 数据营销的特点汇总

多平台化数据采集:数据来源通常是多样化的,多平台化的数据采集能使对网民行为的刻画更加全面而准确。多平台采集可包含互联网、移动互联网、广电网、智能电视未来还有户外智能屏等数据。

强调时效性:在网络时代,网民的消费行为和购买方式极易在短的时间内发生变化。在网民需求点最高时,及时进行营销非常重要。全球领先的大数据营销企业 AdTime 对此提出了时间营销策略,它可通过技术手段充分了解网民的需求,并及时响应每一个网民当前的需求,让他在决定购买的"黄金时间"内及时接收到商品广告。

个性化营销:在网络时代,广告主的营销理念已从"媒体导向"向"受众导向"转变。以往的营销活动须以媒体为导向,选择知名度高、浏览量大的媒体进行投放。如今,广告主完全以受众为导向进行广告营销,因为大数据技术可让他们知晓目标受众现在身处何方,正在关注着什么位置的什么屏幕。大数据技术可以做到当不同用户关注同一媒体的相同界面时,广告内容有所不同,大数据营销实现了对网民的个性化营销。

性价比高:和传统广告"一半的广告费被浪费掉"相比,大数据营销在最大程度上,让广告主的投放做到有的放矢,并可根据实时性的效果反馈,及时对投放策略进行调整。

关联性:数据营销的一个重要特点在于网民关注的广告与广告之间的关联性,由于大数据在采集过程中可快速得知目标受众目前关注的内容,以及可知晓目前网民身在何处,这些有价信息可让广告的投放过程产生前所未有的关联性。即网民所看到的上一条广告可与下一条广告进行深度互动。

2. 数据营销的方式

数据营销,有几种运营方式,根据企业所处行业不同、企业产品生命周期不同、企业经营战略与经营策略的不同阶段,可以为企业量身定制一个合适的运营方式。

(1)基础运营方式:无论企业有任何不同情况,只要是一个希望在市场上有所作为的企业都应该实施的运营方式,也即是基础运营方式。基础运营方式,是指企业建设自己的数据库营销运营平台,对企业自身已有数据进行集中管理,通过自身网站获取潜在目标客户,通过一系列的数据库营销策略开展数据库营销,与目标客户建立起通向信任与忠诚的互动关系,为企业创造出长期的商业价值。

(2)数据租赁运营方式:这种运营方式是利用专业的数据库营销公司提供的潜在目标客户数据,向潜在目标客户投递品牌信息或者产品信息广告,实现精准营销的广告投放效果。这种运营方式,也是企业重要的、需要长期执行的数据库营销策略。通过数据租赁这种运营方式,企业可以获取精准的目标客户对企业品牌与产品的关注,为建立客户关系、销售线索挖掘、品牌推广等市场行为提供较好的 ROI。

(3)数据购买运营方式:这种运营方式是通过一系列的、符合法律程序的形式获取潜在目标客户数据,企业通过自己的数据库营销部门开展数据库营销,这种运营方式一般要和基础运营方式匹配使用。这种方式的效果,很大程度上要依赖两个因素。一是基础运营方式中是否搭建适合企业的数据库营销平台,第二个是企业是否已经建立了数据库营销运营机制以及是否已经具备了数据库营销所要求的人力资源条件。

总之,三种数据库营销方式的配合使用,是通向成功的最为重要的数据库营销策略。

3. 数据营销作用

数据营销缩短了商业企业与顾客之间的距离,有利于培养和识别顾客忠诚,与顾客建立长期关系,也为开发关系营销和"一对一"营销创造了条件。具体表现在以下几点:

(1)更加充分地了解顾客的需要。

(2)为顾客提供更好的服务。顾客数据库中的资料是个性化营销和顾客关系管理的重要基础。

(3)对顾客的价值进行评估。通过区分高价值顾客和一般顾客,对各类顾客采取相应的营销策略。

(4)了解顾客的价值。利用数据库的资料,可以计算顾客生命周期的价值,以及顾客的价值周期。

(5)分析顾客需求行为。根据顾客的历史资料不仅可以预测需求趋势,还可以评估需求倾向的改变。

（6）市场调查和预测。数据库为市场调查提供了丰富的资料，根据顾客的资料可以分析潜在的目标市场。

同步训练

以小组为单位，在实训教师的指导下，确定某企业为案例，分析其运用的是何种数据运营方式，取得了怎样的成果，根据企业运营现状提出自己的数据营销策略，加深对数据营销的认知。

表 1−5　数据营销认知

数据营销认知		
企业名称	概要	
	企业运用的数据营销的方式	
	数据营销取得的成果	
	数据营销策略	
企业数据营销流程图		
截图		
总结		

综合评价

表 1-6 综合评价表

任务编号	020101	任务名称	网站项目策划
任务完成方式	□ 小组协作完成 □ 个人独立完成		
评价点			分值
对企业的数据营销分析是否得当			20
运用的数据营销的方式是否得当			30
是否提出有效的数据营销策略			30
对企业数据营销的步骤安排是否严谨			20
本主题学习单元成绩：			
自我评价	（20%）	小组评价	（20%）	教师评价	（60%）
存在的主要问题			

拓展任务

以小组为单位,从数据营销角度分析某企业营销案例。

学习单元二　数据分析部门运营管理

能力目标

◇ 确认数据分析部门的结构
◇ 确认数据分析部门职能要求
◇ 确认数据分析部门工作流程

知识内容

◇ 了解数据分析部门构建原因及目的
◇ 了解数据分析部门构建的重要性
◇ 了解该部门 KPI 是制定方法

本项目包含了 4 个学习任务,具体为:

任务 1:网站数据分析部门的建立;

任务 2:网店数据分析部门的结构及职能;

任务 3:数据分析工作流程简介;

任务 4:数据分析部门 KPI 考核方法制定。

对网店数据营销部门的整个运用做一个系统的了解,从部门的建立背景、原因、目的,数据分析工作流程的简介、部门 KPI 的考核等方面深入学习。

任务一　网店数据分析部门的建立

任务引导

随着电子商务的迅速发展,许多企业在通过互联网建立自己网站。同时,也会通过第三方平台来展示自己销售自己的产品,农享网也不例外,它通过淘宝网开设自己的"城市对接农村"淘宝店铺,随之而来的问题是对网店的数据分析,于是通过领导的会议协商建立网站数据分析部门。

任务分析

为实现本任务,主要做以下任务分析:

☑ 了解构建网店数据分析部门的构建背景
☑ 了解构建网店数据分析部门的构建原因
☑ 了解构建网店数据分析部门的构建目的

任务实施

步骤 1:构建背景

农享网是中国最大的农产品分类信息网,涵盖全国所有 80 万农村,是专门针对农村网民和农产品生意人的供求信息发布平台。全国所有网民都可以免费发布各种水果、蔬菜、畜牧业、水产、林业以及花卉苗木等农产品相关供求信息。当今社会是信息社会,互联网是解决这一问题的根本途径,为了促进中国新农村发展,帮助农村百姓创造幸福生活,农享网携手全国各地政府,帮助全国农村地区免费做推广,包括地方风情、投资环境、农产品、特色物产等图文介绍,让外面了解本地,促进本地物产流通和招商进程,从而促进地方经济发展。

目前,农享网通过互联网各种渠道进行宣传及营销活动,如建立官方平台、开通微博、微信公共号、淘宝店铺等。

步骤 2:构建原因

农享网构建数据分析部门的原因可以分为两个部分,内部原因和外部原因。

1. 内部原因

农享网随着业务的发展,开通的项目也越来越多,同时会产生相应的数据,农享网需要对各方面数据进行统计综合,分析出问题所在从而解决问题,如销售部的销售数据、网站、淘宝店铺的访问数据和成交数据,等等。

就网店数据而言,加强店铺营销数据的采集,并进行合理、正确、有效的实时性分析与管理,有助于品牌和店铺逐渐克服经验局限性或对经验的过度依赖性,形成科学营销的新理念,提升品牌和店铺的市场认识、管理和适应能力。店铺最新的营销数据对于制定准确的销售策略、促销及补货有着极其重要的意义,可谓店铺的"晴雨表"。

2. 外部原因

阿里巴巴在 2011 年 5 月份推出数据门户网站"http://index.1688.com/",新推出的数据门户根据 4 500 万中小企业用户的搜索、询单、交易等电子商务行为进行数据分析和挖掘,为中小企业以及电子商务从业人士等第三方提供综合数据服务。马云曾表示"数据"将是阿里巴巴未来十年发展的战略核心。

目前正式开放的部分为面向全体用户的宏观行业研究模块,由行业搜索动态趋势图、专业化行业分析报告、细分行业和地区的内贸分析和针对行业各级产品的热点分析,以及实时行业热点资讯等部分构成,并且为免费提供。到 2011 年底阿里巴巴还将适时陆续推出数据门户其他部分应用。

步骤 3:构建目的

农享网淘宝店铺构建数据分析部门的目的可以分为两方面:一方面是问题,并且找到问题的根源,最终通过切实可行的办法解决存在的问题;另一方面,基于以往的数据分析,总结发展趋势,为数据营销决策提供支持。

支撑知识

1. 基于淘宝的大数据时代

大数据时代正处于快速成长的阶段,随着大数据的普及,各个行业会出现一批,淘汰一批,如何抓住机会发展自己,有效地利用大数据成为目前事关重要的大事。

大数据的发展必将在今后各行各业普及。这种普及会随着时间的推移越发的明显,一直有一种观念就是国外的前沿会在中国普及,正如电子商务,最早也是从国外学习的。从古到今可以得到的经验,就是借鉴西方可以走得更快,更好。西方的大数据有很多典型的案例,比如超市购物、主席竞选、动乱分析等,他们将大量的信息经过分析和计算,然后结合算法,得到了有用的数据。也正是这种科技领先,思维创新的国度,东方国家可以借鉴,然后推陈出新。

对于做电子商务的人来说,这肯定是一个机会,因为电子商务的发展历程中已经有很多大数据的特点,做运营的过程中,会结合现有的店铺数据进行分析,现在各式各样的第三方软件风生水起,比如店铺诊断、店铺优化、流量优化等,这都是基于一定的店铺得到的算法,如果想更精确地分析自己的店铺情况,就不应该过度依赖于这种简单而笼统的统计和分析,应该结合自身情况,通过量子恒道、数据魔方等可靠数据,得到店家想要的结论。

接下来将从三方面分析大数据在淘宝的利用。

第一,店铺运营,其中主要是店铺的内功方面。首先要知道店铺内功相关的几个重要数据是:访问深度、停留时间、宝贝转化率、跳失率等。店家可以将自己认为重要的数据拉出来,这里跳失率和转化率比较重要,这时店家将这两个数据拉出来,然后建立数学模型,如果不是较深入的分析,可以单单从均值、方差等坐标图进行对比,图表较直观的表达,每个有经验的运营想必可以一眼看出问题了。每个商家的规模有大有小,很多小规模的商家总是在抱怨不知道该把时间花在何处,每天也没有明确的目标和事情。如果店家是这种状态,说明店家不了解淘宝,马云将淘宝当做一个大的生态系统,他是想让淘宝生态中的每件事物了解进化论的重要性。所以,在这样的一个生态系统里,一定要学会提升自己,让自己的潜力得到足够的发挥。

第二,结合推广来谈谈大数据的应用,推广的工作本质很简单,让足够多的消费者知道自身店铺存在。这是一句很简单的话,但是引申出来的内涵确实千奇百态了。首先客户要足够多,这应该是一定规模后的商家需要考虑的事情,其次店家需要的消费者的是怎么样的。自从淘宝推出个性化定制以后,有好的反响,也有差的反响,好的反响的人的态度,普遍认为淘宝推荐的商品确实是他们需要和喜欢的,也让他们在购物的过程中节省了很多时间。反响差的那批,就是每次浏览淘宝,总是被定向了,而且定向的内容并不是自己喜欢的。纯粹浪费了消费者的时间。一样作品总是在赞美和批判中成长,希望淘宝的智能推荐可以做得更好。

在推广的过程中,店家要结合店铺现有的客户购买习惯进行分析和总结,其中包括客户的性别、年龄、购物浏览习惯、购物频率,等等。这些数据都是公开透明的,很多商家不重视这块,每天盯着花费和销售业绩,是没有用的,要将每块工作落实,花费会自然小很多,业绩也肯定会上去。通过上面客户分析,店家可以更佳精确的开展推广工作,将钱花在和店铺相关性最高的客户群体上,以避免不必要的浪费。

第三,客户维护,在客户维护这块,肯定还是坚持数据的挖掘和分析,还是要通过一定的结论才能做更多有效维护。

2. 大数据如何助力淘宝商家网络

淘宝网利用大数据统计分析得到了有趣的结果,当然这些分析更为卖家勾画出了他们潜在的客户类型图,从而实施精准的市场营销战略。欧洲杯的球队胜负如何影响各队球衣的销量? 花露水的最佳搭配是电蚊拍还是痱子粉? 这些听上去有些古怪的问题,往往蕴含着企业营销及发展的成败之机。

淘宝网有关研究人士在 2012 年 6 月号《中国计算机学会通讯》撰文,介绍了淘宝网利用大数据统计分析得到的有趣结果,以及这些分析如何帮助商家更好地调整营销战略。

许多企业注重视市场调查,但传统的电话、邮件、信函等抽样调查方式旷日持久、花费高昂,且调查误差较大。淘宝网采用的则是构建于云平台之上的在线分析系统,能够实时处理数千万甚至上亿条客户的购买记录,并在若干秒之内根据客户提供的限制条件给出结果。

这限制条件包括购买这一产品的人群的性别、年龄、地域、星座、消费层级,以及产品的查询、购买均价等基本信息。

研究结果表明,从网购的男女比例来看,传统观念是女性更喜欢逛街购物,但淘宝网购颠覆了这一点。与 2009 年相比,淘宝女性用户比例略有上升,但仍少于男性用户7.8%,"这可能是因为男性能够更加熟练地操作计算机"。

在 2012 欧洲杯中,尽管德国队的球衣销量一直较意大利队球衣为多,但在德国败给意大利之后销量锐减,意大利队球衣销量则暴增了七倍。同时,德国队球衣购买者从整体年龄来看,也要小于意大利队。

商品之间常常存在内在的关联关系,比如买了奶粉的客户,很可能会买奶嘴等婴儿用品。过去人们更多依靠逻辑分析和抽样统计来发现这些关联关系。现在凭借大数据及其分析处理系统,人们可以更加清晰和准确获取商品之间的内在关联。

例如,在淘宝指数中查询"花露水"的结果可知,如果消费者决定在淘宝上购买花露水,他很有可能会购买驱蚊液、痱子粉,而很少会去考虑其他驱蚊产品。

再如,买"鲜花速递"服务的客户,直觉是男性买家居多,女性买家也应该有一定比例,淘宝网数据平台证实了这一点。统计发现,这些客户买"居家日用"的比例最大;其次是买"女士内衣"、"美容护肤"、"箱包皮具";再次是买"彩妆"、"女鞋"、"服饰配件"等。这也许说明,购买"鲜花速递"类商品的消费者多是为女朋友买礼物的"贴心男友",或者爱美的女性。

淘宝网上述研究人员称,类似信息有多种用途,例如商家扩大或缩小经营范围时,可以借此来选择扩大或缩小商品的类别;搞促销活动时,商城运营人员可以借此选择促销的范围乃至不同商品的促销力度等。

同步训练

学生以小组为单位在老师的带领下通过互联网找到一家旅游网站,根据网站确定该网站数据分析部门建设前期构建背景、构建原因、构建目的(如表 2-1 所示)。

同步训练任务书

表 2-1 数据分析部门构建

任务名称	建立网站数据分析部门
网站名称	找到的旅游网站名称是什么?
构建背景的确定	分析网站目前的状况和所属地区进行数据分析部门构建背景的确定。
构建原因的确定	根据该旅游网站的规模大小,利用站长工具查询网站访问数据,确定构建原因。
构建目的的确定	确定该旅游网站构建该部门想要达到什么样的效果?
网站首页截图	
小组成员	
小组成员分工	

综合评价

表 2-2 综合评价表

任务编号		任务名称	建立网站数据分析部门
任务完成方式	☐ 小组协作完成 ☐ 个人独立完成		
评价点			分值
数据分析部门构建背景的阐释是否准确			40
数据分析部门构建原因是否正确			30
确定数据分析部门构建目的是否到位			30
本主题学习单元成绩:			
自我评价	(20%)	小组评价	(20%)	教师评价	(60%)
存在的主要问题			

拓展任务

以小组为单位,讨论数据分析部门都要分析哪些数据?

任务二　网店数据分析部门的结构及职能确认

任务引导

了解了数据分析部门建立的背景原因和目的后,接下来就是针对该部门组织部门结构,确定部门人员的职能,部门结构是建立在企业战略规划基础上的一项工作,涉及岗位设置、人力资源规划、人员编制等工作。

任务分析

为实现本任务,主要做以下任务分析:
- ☑ 部门结构确认
- ☑ 岗位职责确认

任务实施

步骤 1:部门结构确认

农享网淘宝店铺是比较重视数据分析的,在本次任务中,将以农享网淘宝店铺数据分析部门的部门结构进行深度解析。

1. 确定直属部门

农享网最初制定数据分析部门直属部门时制定了两个方案,并进行对比。

(1) 将该部分划分到技术部,负责对公司产品实行技术指导、规范工艺流程、制定技术标准,抓好技术管理,实施技术监督和协调的专职管理部门,放在该部门的优势在于离数据源近、提数方便、分析自主性强,且能够方便的支持数据开发做需求接口,缺点在于离营销目标较远,不能直接了解市场动态。

(2) 放在营销中心,营销中心是企业中负责产品营销工作的部门或组织,负责管理发现消费需求、产品定位、主导产品开发、价格策略与竞争、通路管理、推广、组织和部门日常管理、营销战略规划和策略执行等系列工作,放在该部门的优势在于离数据源近,并且能即使了解市场动态和产品动态,缺点在于该部门工作内容较多,不仔细容易出现错误。

农享网通过对数据分析部门的工作内容分析最终确定将该部门划分到营销中心并取名为数据营销中心。

不同的企业对于数据部门的组织架构安排因为自身的需求不同而不同,因此对于结构的评判标准也不同。对于中小型企业而言,综合模型对数据示范中心部门要求太高,要了解其他部门的运作,给出报告太难;而对于分散式和示范中心模型,不同的部门因为

KPI利益关系,往往会出现指标打架,目标不一的情况,最后往往是谁强势谁权力大听谁的。对于数据分析部门组织架构的定属各方看法不一。

2. 部门结构确认

如图2-1所示,是农享网淘宝店铺数据分析部门结构图,公司的数据营销中心分为两部分"数据分析部"和"数据营销部";其中数据分析部门又划分为三块:数据分析、报表分析、数据库维护。其中数据分析是核心,主要承担下列5个工作模块:

(1) 市场调研、顾客满意数据分析;

(2) 营销工具、营销平台数据分析;

(3) 顾客消费行为数据分析;

(4) 类目、产品数据分析;

(5) 基础数据分析。

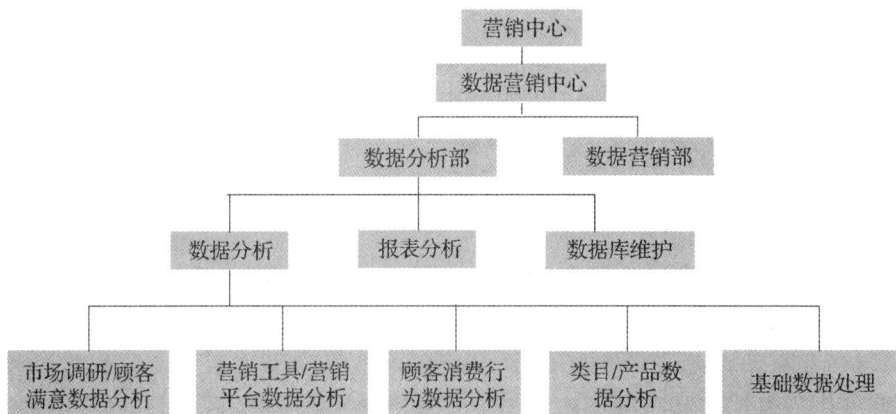

图2-1　数据分析部门结构图

3. 确定部门职责

(1) 负责现有市场分析和未来市场预测。

(2) 建立和维护营销信息库。

(3) 负责消费者心理和行为调查。

(4) 预测消费趋势,并制定相应的解决方案,引导消费。

(5) 分析与监控竞争对手情况。

(6) 负责市场通路的调研。

(7) 会同企划部制定营销、产品、促销、形象等企划案,并与销售部、客户部共同实施。

(8) 负责对现有产品研究和新产品市场预测。

(9) 负责为企业新产品开发提供市场资料。

(10) 其他相关职责。

步骤2:岗位职责确认

1. 岗位设置

农享网在确定部门结构后对该部门的岗位职能也进行了确认。农享网在确定部门岗位职责时首先考虑的是部门职责(部门职责在步骤一中有说道)以及部门的工作流程。农享网将数据分析部门的工作流程设置为需求对接、需求整理、数据提取、数据分析、撰写报告、评估反馈等几个步骤,在任务三中会详细介绍。

根据以上信息确定部门岗位为部门经理、高级数据挖掘师、数据分析师和数据分析专员(如图2-2所示)。

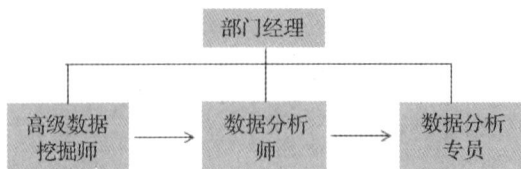

图2-2　数据部门岗位

2. 岗位职责确认

农享网根据部门工作内容对该部门经理的职责要求为应具备团队管理能力和团队协作能力,在对部门其他员工的管理,同时积极和其他部门进行沟通,确定整个部门的工作进度和监督工作进展,针对部门的发展计划,组织审定部门数据分析工作流程、各项考核标准,引导部门人员确立个人目标及达成计划(由月目标分解细化周计划、日计划)。

高级数据挖掘师是农享网数据分析部门除经理外最高级别的岗位,他的工作职能是根据相应的数据分析报告,结合公司业务,给出深度挖掘报告及整合出一份相应的数据战略支持,对数据挖掘师农享网招聘标准是:统计学或电子商务专业本科以上学历,具备数据分析和数据存储及淘宝运营和企业管理等理论知识,熟练操作office办公软件及数据分析软件和数据存储系统,有良好的领导能力、沟通能力、团队意识和数据安全意识。

数据分析师的主要工作内容是根据数据分析员提供的分析字段,形成数据分析报告提供给相关业务部门进行数据支持,对于数据分析师农享网的招聘标准是:统计学或电子商务等专业本科以上学历,具备数据分析和企业管理等理论知识,熟练操作office办公软件及数据分析软件和数据存储系统,有良好的领导能力、沟通能力、团队意识和数据安全意识。

数据分析专员是农享网数据分析部门最基层的岗位,这个岗位的工作人员主要面对的是海量数据,按照相应的规则,提取相应的字段数据,基础数据的收集、整理和存档,给出有字段的基础数据,农享网对于数据分析专员的招聘标准是:大专以上学历,了解并喜欢电子商务,熟练操作office办公软件。

支撑知识

1. 数据分析师

更注意是对数据、数据指标的解读,通过对数据的分析,来解决商业问题。主要有以下几个次层次:

（1）业务监控：诊断当前业务是否正常，是否存在问题，业务发展是否达到预期（KPI）等。如果没有达到预期，问题在哪？是什么原因引起的？

（2）建立分析体系。这些数据分析师已经对业务有一定的理解，对业务也相对比较熟悉，更多帮业务方建立一套分析体系，或者更高级是做成数据产品。例如营销活动。分析师会告诉业务方，在活动前应该分析哪些数据，从而制定恰当的营销计划。在营销过程中，应该看哪些数据，从而及时做出营销活动调整。在营销活动，应该如何进行活动效果评估。

（3）行业未来发展的趋势分析。这应该是数据分析师最高级别，有的公司叫做战略分析师或商业分析师。这个层次的数据分析师站得更高，在行业宏观的层面进行业务分析，预测未来行业的发展，竞争对手的业务构成，帮助公司制定战略发展计划，并及时跟踪、分析市场动态，从而及时对战略进行不断优化。

主要技能要求：

数据库知识（SQL 至少要熟悉）、基本的统计分析知识、excel 要相当熟悉，对 SPSS 或 SAS 有一定的了解，对于与网站相关的业务还可能要求掌握 GA 等网站分析工具，当然 PPT 也是必备的。

2. 数据挖掘工程师

更多是通过对海量数据进行挖掘，寻找数据的存在模式或者说规律，从而通过数据挖掘来解决具体问题。数据挖掘更多是针对某一个具体的问题，是以解决具体问题为导向的。例如聚类分析，通过对于会员各种人口统计学、行为数据进行分析，对会员进行分类，对不同的类型的会员建立相应的 profiling，从而更好的理解会员，知道公司会员是到底如何？高、中、低价值的会员构成，既可以后期各种会员的运营提供指导，提高活动效率。可以指导公司的营销，例如广告的投放策略，以及用于公司各种战略的制定。

主要技能要求：

（1）数据库必须精通。很多时候，模型的数据预处理，可能完成在数据库里完成，用到的数据库技巧更高。

（2）必须要会成熟的数据挖掘工具、数据挖掘算法，例如 SPSS/CELEMENTINE、SAS/EM 等，当然如果会两款开源软件，并会写一些程序代码那是最好的，大公司都喜欢用开源的软件，例如 R、WEKA。

同步训练

结合以上所学内容，依然以任务一种训练的网站为例，确定部门构建，如部门的所属部门，制定出部门结构图，确定部门中都需要哪些岗位，了解整个部门的结构与岗位分工，并完成下列表格（如表 2-3 所示）。

表 2-3　部门基本情况

基本情况			
部门名称		部门编号	
主管上级		部门定编	
部门岗位			
部门职能			
负责完成工作			
协助完成工作			

修订信息	修订时间	修订者	审核者	审批者	修订信息

综合评价

表 2-4　综合评价表

任务编号		任务名称	数据分析部门结构及岗位确定
任务完成方式	□ 小组协作完成 □ 个人独立完成		

评价点	分值
确定数据分析部门在整个公司中的位置	25
数据分析部门的结构划分	25
数据分析部门岗位确定	25
数据分析部门岗位职责确定	25

本主题学习单元成绩：

自我评价	（20%）	小组评价	（20%）	教师评价	（60%）

存在的主要问题

拓展任务

在班级内讨论数据数据分析部门想要完成一项工作需要注意哪些事项。

任务三　数据分析工作流程简介

任务引导

每年农历的八月十五是中国人的传统中秋节,中秋节蕴含了广阔的商机,是品牌推广、人气汇聚、业绩提升的良好时机。农享网淘宝店铺以中秋节为契机,结合众多商户将策划一场中秋主题活动,并结合官方网站、微博、微信等平台制造话题和人气效应、激起客户期待,从而达到吸引人流、引导消费、提升农享网的知名度和美誉度、扩大农享网影响的目的,为此,农享网要求数据分析部门配合淘宝管理人员做好活动前期的数据统计分析工作,针对本次活动的方案实施的可行性进行分析,以便更好地完成此次活动的目的,为以后网店活动做数据支持与参考。

任务分析

为实现本任务,主要做以下任务分析:
☑ 需求对接与任务备案
☑ 需求整理与任务明确
☑ 数据提取与筛选处理
☑ 数据分析与问题发现
☑ 报告撰写与评估反馈

任务实施

数据分析部经理在接到这个任务后,按照部门的工作流程将整个工作分为六个步骤,需求分析与任务备案、数据整理与任务明确、数据提取与筛选处理、数据分析与发现问题、分析问题与撰写报告、报告解读与评估反馈,具体工作如下:

步骤 1:需求对接及任务备案

1. 了解需求

对于需求对接数据分析部门经过内部讨论及与农享网淘宝管理人员进行协商并识别具体的需求,数据分析部门需要判断是否能够满足对方的需求,根据本次需求数据分析部门需要完成下列表格,填写本次数据分析需求的承接人、需求部门、需求提交时间等具体(如表 2 - 5 所示)。

表 2－5 农享网数据分析部门需求单

农享网数据分析部门需求单			
承接人	数据分析部门总经理		
需求部门	网络营销部	需求人	
需求提交时间	2014.8.29	要求完成时间	2014.9.11
活动主题	农浓中秋	活动时间节点	2014.9.5—2014.9.8
活动产品	养生甜羹礼盒（http：// item．taobao．com/item．htm？ spm＝a1z10.1.w7814831－8030144655.43.5uU3Nl&id＝40174581543）福建安溪铁观音（http：//item．taobao．com/item．htm？spm＝a1z10.1.w7814578－8030144661.7.5uU3Nl&id＝39844434879） 新昌岭头春龙井茶 （http：// item．taobao．com/item．htm？ spm＝a1z10.1.w7814578－8030144661.32.5uU3Nl&id＝38509844286）		
	（主要需要研究的产品名称、产品链接）		
活动内容	"农浓中秋，礼表爱意"特惠活动 1. 满 200 送 20 元钱的优惠券。 2. 一次购物养生甜羹礼盒及促销中的任意茶送精美茶杯。 3. 购满 500 元赠送桂圆。		
目标人群	主要研究人群为有网上购物习惯的互联网用户。		
	（需要研究的客户群体范围）		
报表格式	最终报表以 Excel 呈现		
	（需要的具体报表呈现形式、环比、同比、饼图等）		

2. 任务备案

在整个工作过程中数据分析部门还需要出一个任务备案，如果相同的任务业务方提出了三次以上，数据分析部门会将这个任务变为常规任务，就算是业务方没有主动提出需求，数据部门也出自动输出。

数据部门需要确定本项目所涉及的材料、任务说明、任务时间、任务负责人等，为此，数据分析部门制定出任务备案表并将其录入数据库系统（如表 2－6 所示）。

表 2－6 农享网任务备案表

任务备案表		
需求部门情况	工作性质	网店管理与销售
	部门负责人	刘某某
	联系方式	40081××25
	邮箱	
任务名称	针对中秋节前期活动的数据分析	

（续表）

任务说明	针对数据需求部门的数据需求做相应的数据提取分析工作,并将最终结果以Excel表格的提交给所需部门。			
任务时间	2014.8.29 到 2014.9.8			
任务负责人	数据分析部门吴经理	联系电话	40081×××80	手机	135×××××××1

步骤2:需求整理及任务明确

1. 需求整理

根据农享网淘宝店铺管理人员的描述和文件提供,数据分析部门将需求整理为两个方面,业务需求和用户需求。

（1）业务需求

农享网淘宝店铺策划这次中秋活动主要目的有三个,第一,把握中秋节促销商机,通过活动内容和活动对象创新避开"价格比拼"和"客源争抢"的恶性竞争,并给予顾客新鲜感,刺激其消费欲望;第二,提高网店浏览量,吸引新客源;第三,提升网站信誉度及顾客忠诚度。

（2）用户需求

农享网数据部门对于用户需求将结合淘宝店铺的客服人员以阿里旺旺在线交流和短信发送的形式对客户进行调查问卷,对用户使用的场景进行整理,从而建立用户角度的需求。由于用户处于企业组织的不同层面、地域等,难免出现盲人摸象的现象,从而导致需求的片面性,甚至在不同用户之间会有不同的观点。正因为如此,数据分析部门还需要对用户需求(也叫原始需求)进行分析整理,从而整理出更加精确的需求说明。

2. 任务明确

农享网数据分析部门根据活动需求将数据分析任务划分为三部分网店访问数据、买家数据和商品数据。

首先数据分析部门结合网店管理员的需求,通过对访客数量、访客来源、访客结构、访客行为,以及访客转化等维度进行数据分析,给予相应的数据结果,店铺访客数据分析内容与流程示意图(如图2-3所示)。

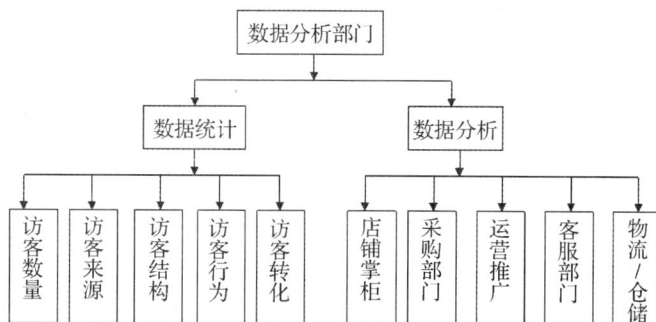

图2-3 店铺访客数据分析内容与流程示意图

其次是店铺数据分析,数据分析部门应结合淘宝管理人员的需求,通过对买家数量、买家来源、买家结构、买家行为及买家流失等方面进行数据分析,给予相应的数据分析结果,网店买家数据分析内容与流程示意图(如图2-4所示)。

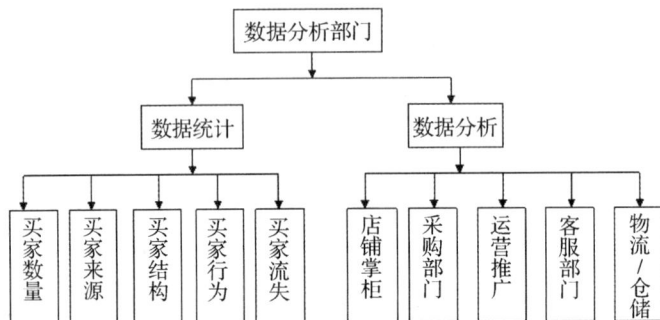

图2-4 淘宝店铺买家数据分析内容与流程示意图

最后是店铺商品数据分析,数据分析部门应结合淘宝管理人员的需求,通过对促销商品的商品数量、商品分类、商品表现、商品贡献、商品生命周期等方面进行数据分析,给予相应的数据分析结果,网店商品数据分析内容与流程示意图(如图2-5所示)。

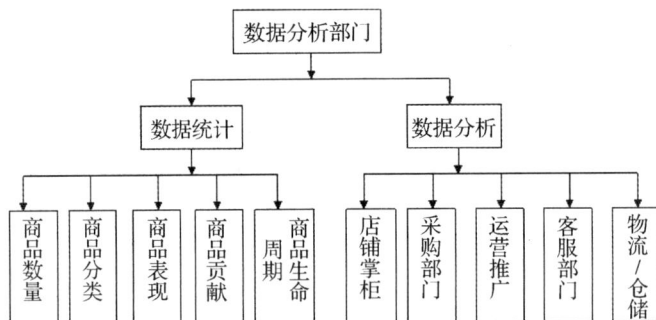

图2-5 商品数据分析工作内容与流程示意图

步骤3:数据提取及筛选处理

1. 数据提取

根据步骤2中明确的任务首先要提取的是网店访问数据,数据专员需要通过农享网淘宝网店管理人员取得阿里旺旺账号,登陆卖家客户端,点击右下方的"APP"图标选择量子恒道(如图2-6所示)。

图 2-6 进入量子恒道

进入量子恒道的主页之后,可以看到很多数据分析(如图 2-7 所示)。

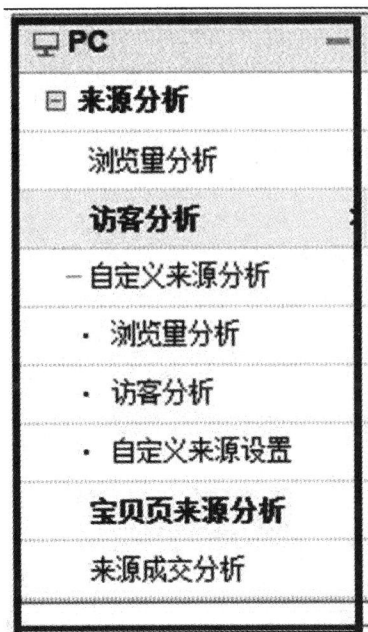

图 2-7 量子恒道数据

这里数据分析专员需要选择的是 PC 端店铺分析——流量分析——实时客户访问点击打开即可,点击打开后,在右边可以看到一些数据,就今天的访问人数和数据,其中包括访问时间、入店来源、访问页面、访客的访问位置、老顾客和新年顾客到访顺序(带头像的问老顾客,没有的为新顾客,顾客后的数字代表今天第几个访客)。

序号	访问时间	入店来源	被访页面	访客位置	顾客跟踪|回访客
1	12:16:26	新浪微博	正宗东北农家五常稻花香大米 原生态未抛光…	广东深圳市	顾客78
2	12:11:34	淘宝信用评价	喜马拉雅山姜粉 纯正姜茶 老姜末 暖胃密…	广东广州市	顾客3
3	12:08:44	店内浏览	燕麦片	四川成都市	顾客77
4	12:07:19	店内浏览	舌尖2太湖白虾干 渔民自晒 天然野生虾干…	湖南常德市	顾客75
5	12:07:19	店内浏览	太湖土特产野生新鲜 银鱼干 淡水产品干货	湖南常德市	顾客75
6	12:05:43	新浪微博	新疆伊犁农家天然晒干杏干杏仁 一杏两吃…	四川成都市	顾客77
7	12:03:21	直接访问	本店首页	江苏苏州市	顾客76
8	12:02:09	店内浏览	所有宝贝	湖南常德市	顾客75
9	12:01:56	购物车	本店首页	湖南常德市	顾客75
10	12:01:13	新浪微博	本店首页	上海	顾客74
11	11:59:20	直接访问	13年新货农家自种燕麦片 纯燕麦片 无糖…	广东揭阳市	顾客73
12	11:58:05	店内浏览	腐竹	浙江杭州市	顾客72
13	11:57:47	店内浏览	所有宝贝	浙江杭州市	顾客72
14	11:57:39	淘宝站内其他	本店首页	浙江杭州市	顾客72
15	11:53:03	新浪微博	正宗东北农家五常稻花香大米 原生态未抛光…	四川成都市	顾客71
16	11:52:56	直接访问	本店首页	广东江门市	顾客70
17	11:52:41	直接访问	本店首页	广东江门市	顾客70
18	11:46:07	店内浏览	正宗东北农家五常稻花香大米 原生态未抛光…	北京	顾客69
19	11:45:10	新浪微博	本店首页	北京	顾客69
20	11:40:50	直接访问	广西土特产农家手工制作桂林腐竹350g干…	广东汕头市	顾客68
21	11:39:18	店内浏览	首页	上海	顾客66
22	11:38:37	淘宝站内其他	本店首页	江西宜春市	顾客67
23	11:38:11	直接访问	正宗东北农家五常稻花香大米 原生态未抛光…	上海	顾客66
24	11:32:52	淘宝搜索	舌尖2太湖白虾干 渔民自晒 天然野生虾干…	江苏苏州市	顾客63
25	11:32:06	店内浏览	13年新货农家自种燕麦片 纯燕麦片 无糖…	江苏常州市	顾客65

图 2-8　访客数据提取

同时使用账号进入卖家中心，点击数据中心，查看最近 30 天的网店浏览量（pv）、网店访问量（uv）、成交金额等（如图 2-9 所示）。

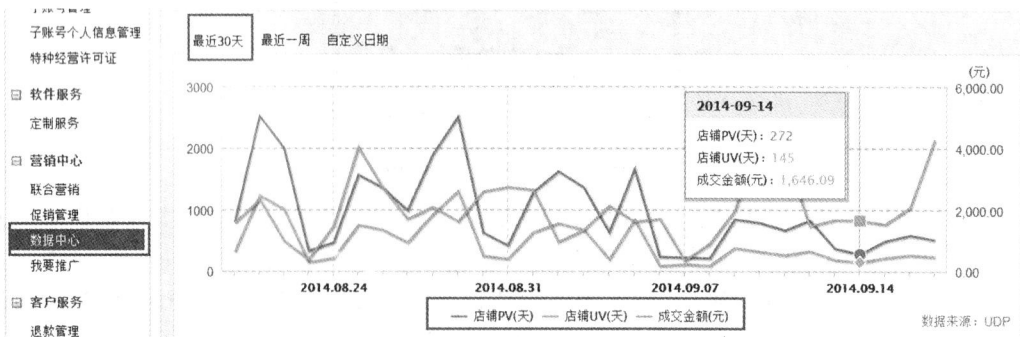

图 2-9　店铺进 30 天的访问量

下拉页面，页面中有详细的了流量数据、转化率数据、月份成交数据、客户营销数据等点击不同数据右边的详细数据——下载数据报表（如图 2-10、2-11 所示）。

客户营销数据　　　　　　　　　　　　　　　　　　　　　　　　　　　　详细数据 >>

	店内回头客UV	回头客比例	老客成交占比
昨日	18	10.53%	46.15%
近一周日均	20	9.12%	37.93%
近30天日均	20	4.60%	39.14%

以上所有数据均由……统一提供

客户营销报表　　　　　　　　　　　　　　　　　　　　　　　　　　　　⇩ 下载报表

	店内回头客	回头客比例	老客成交占比
2014-09-05	统计中	统计中	统计中
2014-09-04	19	8.12%	56.25%
2014-09-03	17	6.54%	33.33%
2014-09-02	31	14.22%	18.75%
2014-09-01	14	9.66%	40.00%
2014-09-1?	14	3.6?%	33.33%

图 2 - 10　下载数据报表

	A	B 店内回头客	C 回头客比例	D 老客成交占比
1		店内回头客	回头客比例	老客成交占比
2	2014/9/5	22	2.66%	27.27%
3	2014/9/4	11	5.79%	17.65%
4	2014/9/3	22	3.31%	33.33%
5	2014/9/2	20	2.59%	63.64%
6	2014/9/1	16	2.57%	41.18%
7	2014/8/31	12	6.19%	40.00%
8	2014/8/30	21	8.68%	11.11%
9	2014/8/29	10	0.77%	26.67%
10	2014/8/28	28	3.04%	41.18%
11	2014/8/27	29	6.35%	47.06%
12	2014/8/26	30	4.52%	41.18%
13	2014/8/25	29	3.90%	56.52%
14	2014/8/24	17	8.17%	50.00%
15	2014/8/23	7	5.04%	0.00%
16	2014/8/22	22	2.19%	44.44%
17	2014/8/21	33	2.68%	31.58%
18	2014/8/20	31	10.16%	25.00%
19				

图 2 - 11　下载后的报表

　　接下来对所促销的商品数据进行统计,养生甜羹礼盒、福建安溪铁观音、新昌岭头春龙井茶,在数据中心点击活动数据,查找相应的促销商品,下载报表到本地,同时查看该商品活动前后对比(如图 2 - 12、2 - 13、2 - 14 所示)。

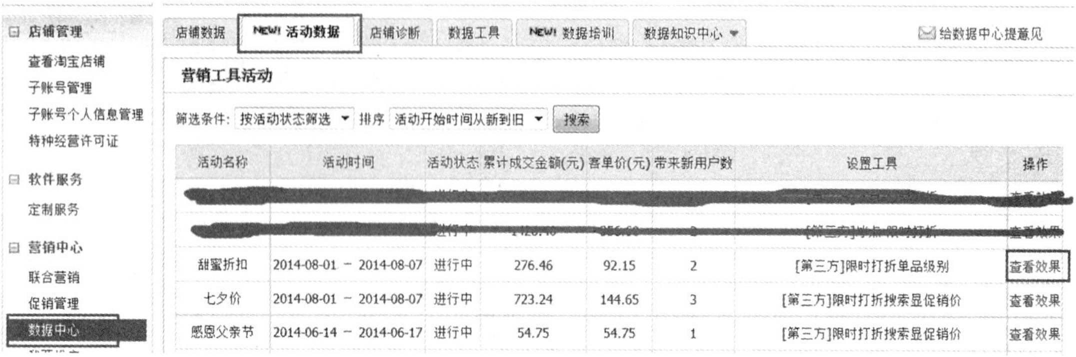

图 2-12　在活动中查看商品数据

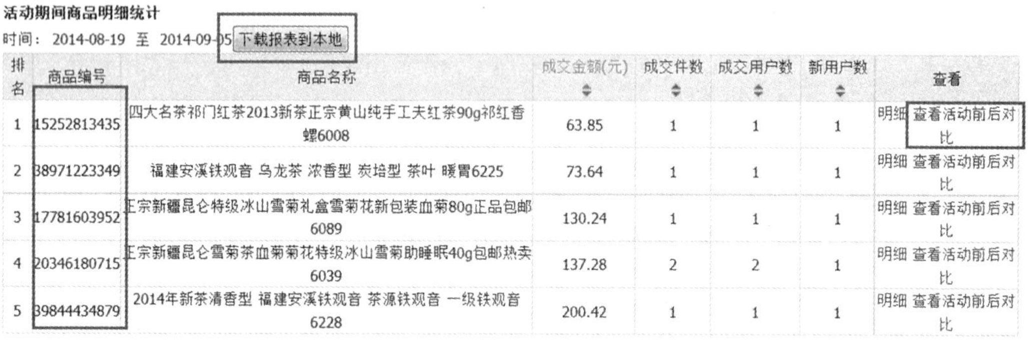

活动期间商品明细统计

时间：2014-08-19 至 2014-09-05　[下载报表到本地]

排名	商品编号	商品名称	成交金额(元)	成交件数	成交用户数	新用户数	查看
1	15252813435	四大名茶祁门红茶2013新茶正宗黄山纯手工夫红茶90g祁红香螺6008	63.85	1	1	1	明细 查看活动前后对比
2	38971223349	福建安溪铁观音 乌龙茶 浓香型 炭培型 茶叶 暖胃6225	73.64	1	1	1	明细 查看活动前后对比
3	17781603952	正宗新疆昆仑特级冰山雪菊礼盒雪菊花新包装血菊80g正品包邮6089	130.24	1	1	1	明细 查看活动前后对比
4	20346180715	正宗新疆昆仑雪菊茶血菊菊花特级冰山雪菊助睡眠40g包邮热卖6039	137.28	2	2	1	明细 查看活动前后对比
5	39844434879	2014年新茶清香型 福建安溪铁观音 茶源铁观音 一级铁观音6228	200.42	1	1	1	明细 查看活动前后对比

图 2-13　下载活动商品数据

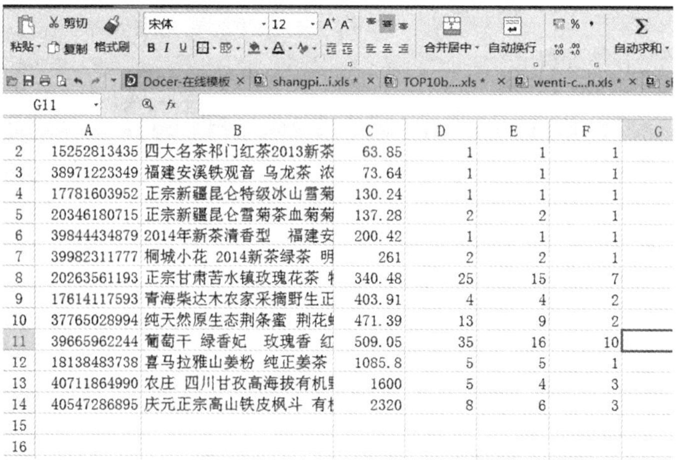

图 2-14　下载活动商品报表

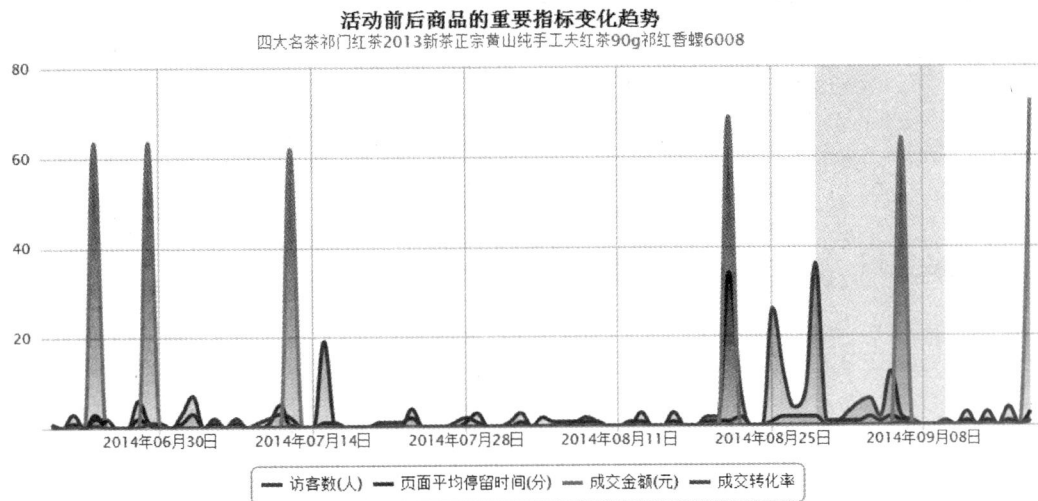

图 2-15　商品活动前后变化趋势

　　点开该产品页,查看宝贝成交量、评论数、收藏量(如图 2-16 所示),通过点击量子恒道页面,点击宝贝页面来源分析(如图 2-7 所示)。

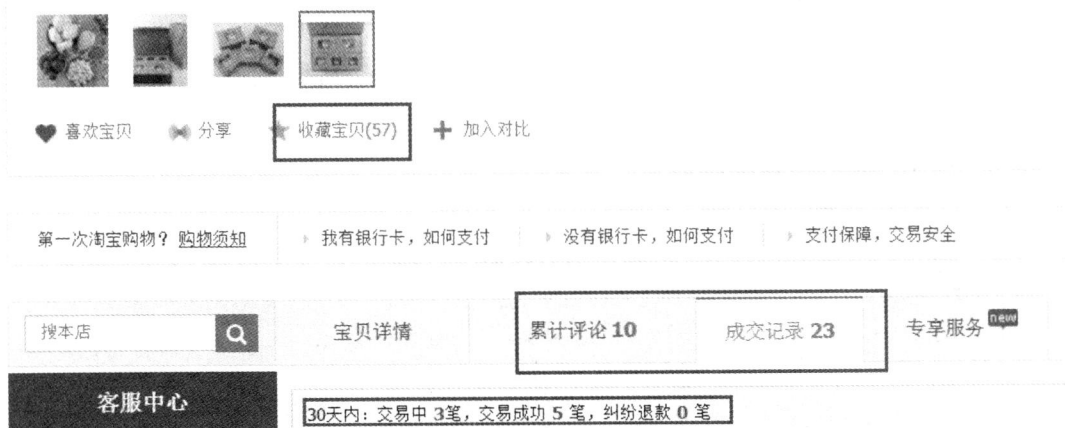

图 2-16　商品页面数据

　　2. 筛选处理

　　对于数据筛选处理数据分析专员可以通过下载网店的数据报表模板也可以自己进行 Excel 表格制作(下载的报表可以直接使用,不用重新建立表格),农享网淘宝数据分析专员为节约时间使用了淘宝自带的报表模板,同样进入数据中心,点击日常数据模板,下载需要的报表(如图 2-17 所示)。

图 2-17 淘宝数据报表

数据分析专员对提取的数据进行整理,填写在数据报表中,以商品数据为例,下载完商品统计表后对促销商品进行整理,通过上述内容(下载商品的相关报表以页面信息)填写商品数据(如图 2-18 所示)。

农亨网淘宝店铺商品统计表

产品编码	产品名称	2012/5/4			
		流量	销量	成交用户	转化率
13901112268	xxxxxxxxxx	466	3	3	0.76%

【报告由淘宝商家数据中心整理】

农亨网淘宝店铺TOP10宝贝情况表

日期	标题	货号	宝贝页面浏览量(PV)	宝贝页面浏览量日均	宝贝页面访客数日均	平均访问时间	跳失率	宝贝页面访问深度	单数	成交金额	单价	转化率	备注
2012/6/25	大礼包	sku:	2455	1000	1000	3分14秒	68%	2.455	100	26000	260	10.00%	第三

此报告适用于店铺运营人员做店铺优质商品分析,包括宝贝页面浏览量、访客日均值、平均访问时间、宝贝页面访问深度等

【报告由淘宝商家数据中心整理】

图 2-18 数据整理

以同样的方法对买家数据和商品数据进行统计,并归档。

步骤 4:数据分析及发现问题

1. 店铺访问客数据分析

农享网淘宝店铺的数据分析工程师结合数据专员整理的数据进行访客数据分析的工作,首先对访客中一周访客来源分布进行分析,进 30 天的访客来源数据图(如图 2-19 所示)。

农享网淘宝店铺近30天访客统计表		
访客来源	访客占比	访客订单转化率
新浪微博	20%	25%
店内浏览	10%	10.30%
店铺收藏	1%	35.70%
淘宝搜索	1%	2.30%
淘宝站外搜索	20%	0.50%
直接访问	30%	20%
直通车	3%	1.30%
类目导航	10%	2.30%
店铺搜索	5%	3%

图 2-19　访客分析表

数据分析师的分析原理是按照不同来源带来的访客数量、引流成本,以及一些购买转化来判断,首先是访客来源结构分析,对于不需要花钱,但是却具有较高购买转化率的来源,希望店铺中的访客主要来源于这些,例如直接访问、新浪微博、店铺收藏、淘宝搜索等,通过这些来源带来的访客数量越多,店铺访客来源结构就越健康。然后在结构不同来源的访客订单转化情况,就可以知道目前哪些来源的转化做得不好,哪些需要优化,尤其是哪些花钱才能买到的访客来源,它的转化率是多少,这意味着所花的钱有没有回报。

分析结果

当前店铺来源分布结构正常,引入的访客购买欲望相对较强,转化成为下单买家的效率也较高,并且访客引入的成本相对较低,当前店铺商品的买点和商品描述素材对于搜索引入的访客没有起到很好的转化,导致通过搜索来源到店铺访客流失较大,建议进行优化。

2. 买家数据

在活动开始之前农享网淘宝管理人员需要了解买家在店铺收藏了哪些商品,买家中新的买家占比回头客的买家占比,这些不同买家他们分别对订单贡献是多少,不同买家偏好购买哪些商品等,根据这个需求,数据分析师需要根据数据分析专员提供的客户数据(如图 2-20、2-21 所示)。

买家数据分析表			
时间	店内回头客	回头客比例	老客成交占比
2014/9/5	22	2.66%	27.27%
2014/9/4	11	5.79%	17.65%
2014/9/3	22	3.31%	33.33%
2014/9/2	20	2.59%	63.64%
2014/9/1	16	2.57%	41.18%
2014/8/31	12	6.19%	40.00%
2014/8/30	21	8.68%	11.11%
2014/8/29	10	0.77%	26.67%
2014/8/28	28	3.04%	41.18%
2014/8/27	29	6.35%	47.06%
2014/8/26	30	4.52%	41.18%
2014/8/25	29	3.90%	56.52%
2014/8/24	17	8.17%	50.00%
2014/8/23	7	5.04%	0.00%
2014/8/22	22	2.19%	44.44%
2014/8/21	33	2.68%	31.58%
2014/8/20	31	10.16%	25.00%

图 2-20　老客户数据表

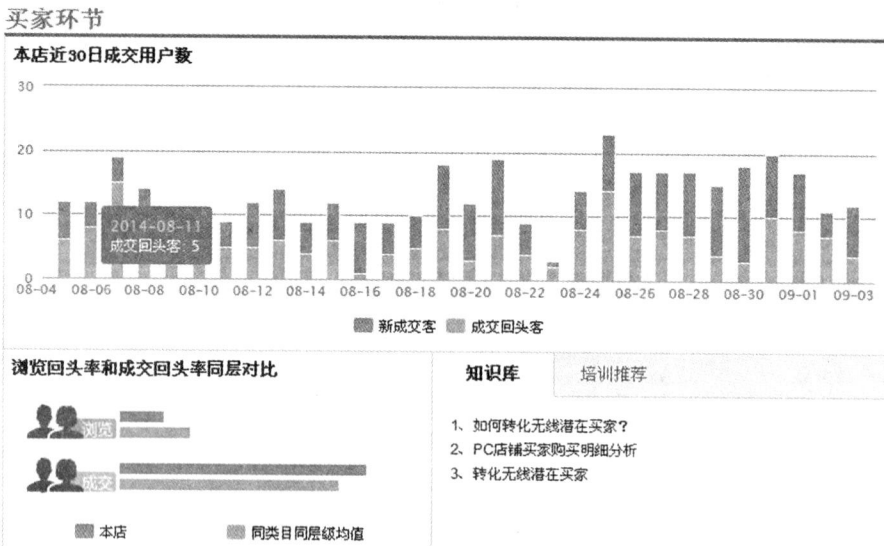

图 2-21　近 30 天日成交用户数

分析结果

根据以上数据得出进 30 天内店内回头客平均每天 20 人,每天回头客比例占 6.8%,每天老客户成交占比 38.7%,从数据中得出老顾客的维护较差,网站买家主要为新客户,促销商品应带有以上五种商品中的一个,建议淘宝管理人员对促销商品关键词进行优化。

3. 商品数据

淘宝店铺需要使用淘宝中的套餐工具对促销商品进行组合,进一步提升网店的客单量,数据分析部门需要对促销商品进行数据分析,判断出这些商品是否适合促销活动,根据数据分析专员提供的商品数据(如图 2－22、2－23 所示)。

搜索入店关键词TOP5　　　　　　　　　　　　　　　　≫ 查看更多

木耳香菇礼盒	农产品礼盒	桐城小花	大闸蟹3对	峰密木棒
1	4	6	2	1

图 2－22　买家搜索入店关键词

农享网淘宝店铺促销商品数据统计表

日期	商品编码	商品名称	商品收藏量	跳失率	宝贝页浏览量日均值(PV)	占比	宝贝页访客数日均值(UV)	占比	转换率	占比	商品页流量	占比	商品销售	占比
近一个月	1390xxxx12	养生甜羹礼盒	57	45%	82	5.25%	65	6.28%	20.33%	1.50%	136	0.65%	23	1.28%
	1390xxxx54	福建安溪铁观音	36	32%	79	4.52%	63	1.14%	12.21%	2.42%	157	0.43%	31	1.48%
	1390xxxx73	新昌岭头春龙井茶	25	43%	52	3.22%	49	1.51%	18.86%	1.30%	1039	0.31%	35	1.73%

图 2－23　促销商品数据

分析结果

从表中的数据可以看出,搜索的关键词前五名为"木耳香菇礼盒、农产品礼盒、桐城小花、大闸蟹 3 对、蜂蜜木棒",并没有促销中的商品出现,"养生甜羹礼盒、福建安溪铁观音、新昌岭头春龙井茶"这 3 个商品的在整个店铺中所占据的数据比例较小,相对来说客户需求较小,建议重新组合促销商品。

步骤 5:报告撰写及评估反馈

1. 报告撰写

进行完数据分析之后接下来就是撰写数据分析报告,该工作有数据分析师完成,首先报告中需要包括本次分析的目的、分析的内容、分析的结果、改进意见等内容,农享网数据部门针对本次中秋活动的数据分析报告(如表 2－7 所示)。

表 2-7　农享网数据分析部门针对本次中秋活动数据分析表

农享网数据分析部门针对本次中秋活动数据分析表	
部门名称	数据营销中心
任务名称	针对中秋节前期活动的数据分析
参与人员	数据分析专员 2 名 数据分析师 2 名
分析目的	针对农享网淘宝店铺中秋活动做前期数据调查,是整个活动顺利进行,提高网店成交量。
分析的内容	主要分析内容为三个方面,网店访问数据、买家数据和商品数据。
分析结果	1. 网店访问数据 　　当前店铺来源分布结构正常,引入的访客购买欲望相对较强,转化成为下单买家的效率也较高,并且访客引入的成本相对较低,当前店铺商品的买点和商品描述素材对于搜索引入的访客没有起到很好的转化,导致通过搜索来源到店铺访客流失较大,建议进行优化。 2. 买家数据 　　老顾客的维护较差,网站买家主要为新客户,促销商品应带有以上五种商品中的一个,建议淘宝管理人员对促销商品关键词进行优化。 3. 商品数据 　　"养生甜羹礼盒、福建安溪铁观音、新昌岭头春龙井茶"这 3 个商品的在整个店铺中所占据的数据比例较小,相对来说客户需求较小,建议重新组合促销商品。
改进意见	1. 对商品的买点和商品描述进行优化。 2. 对转换流量较小的商品关键词进行优化。 3. 建议对促销商品重新进行组合。
备注	

2. 评估反馈

最后一步由农享网淘宝店铺数据挖掘师进行,数据挖掘师针对数据分析员提供的数据分析报告进行解读并给出评估反馈意见,数据挖掘师根据淘宝管理员的需求对报告进行解读并给出反馈报表,数据需求部门主要想了解对于本次活动的实施方案是否具有可行性,根据数据分析部门的数据分析结果,数据挖掘师最终给出反馈意见(如表 2-8所示)。

表 2-8 农享网淘宝店铺中秋活动数据分析报告反馈表

农享网淘宝店铺中秋活动数据分析报告反馈表				
			时间:2014 年 9 月 6 日	
反馈人姓名		联系电话	邮箱	
项目反馈意见				反馈人签字
按照农享网淘宝店铺管理员的要求,该部门于 2014 年 8 月 29 日开始数据分析工作,数据报告已完成提交,现对报告进行评估与意见反馈,结果汇总如下: 报告优点: 报告结果符合数据需求部门的要求,网店访客分析、买家数据分析、商品数据分析这三部分的分析步骤切合农享网淘宝店铺的时间情况,数据整理规范,数据分析结果准确,可以作为本次中秋活动的参考数据。 报告缺点: 对于报告结果中的改建意见较为简洁,希望给出具体的意见步骤。				
所属部门	数据营销中心	部门经理签字		数据需求部门经理签字

支撑知识

1. 网店数据分析

好的淘宝卖家,肯定需要一款适合自己的店铺统计工具。从基本的店铺计数器开始到现在使用的统计分析工具。随着店铺规模的不断发展,使用的店铺统计工具也升级了一次又一次。

大家在淘宝网开了店铺,那么就要对店铺的流量有所掌握。一个店铺的流量为 0,那么很难有生意的。因此,掌柜对店铺流量数据的统计非常重要,店家的数据统计,将主要偏重于店铺的流量并由流量数据进行分析,从而挖掘数据里边包含的信息。

店铺在经营过程中,店家就需要很多数据进行支撑,通过客观数据的统计与分析,来达到店铺辅助管理和店铺管理优化的目的。比如参加淘宝首页钻展促销,就要知道参加活动后生意到底有没有提升,提升了多少等。再比如做服装,就要知道换季大概在什么时候,以便店家做好下一季的服装进货准备工作。

在流量统计时,店家需要以下信息:

(1)每天店铺有多少人来访问,即 IP 流量;

(2)每天有 24 小时,要知道哪个时段的流量最高;

(3)要知道流量的入口,都从哪些地方来到店铺的;

(4)要知道流量具体的商品,降价什么的去把这些好东西再优化;

(5)要知道用户地域分布;

最后,通过店铺的数据统计与分析,能给店家带来什么呢?

这是一个非常有意思的命题,前边简单介绍了一下数据统计与分析的基础内容,那么店家在进行数据统计与分析后至少能得到以下内容:

(1)店铺的经营情况;

（2）通过数据统计与分析，大致掌握店铺的流量时间段分布，有此分布图，店家就可以根据流量变化进行商品管理；

（3）参照淘宝网的流量变化，做好店铺推广管理；

（4）通过流量统计与分析，验证促销、广告、活动效果；

（5）可得出消费者的消费行为，为店铺的后续管理提供数据基础。

2. 淘宝网店运营需要分析的数据及提升销量

网店要做大做强，数据分析是关键，只有看懂了分析好了数据才能更好地改进网店的推广方向。

（1）如何提升店铺销量

1）每周数据分析

用户下单和付款不一定会在同一天完成，但一周的数据相对是精准的，所以店家把每周数据作为比对的参考对象，主要的用途在于，比对上周与上上周数据间的差别，运营做了某方面的工作，产品做出了某种调整，相对应的数据也会有一定的变化，如果没有提高，说明方法有问题或者本身的问题并在与此。

2）网站数据

IP、PV、平均浏览页数、在线时间、访问深度比率、访问时间比率。这是最基本的，每项数据提高都不容易，这意味着要不断改进每一个发现问题的细节，同事们不断去完善购物体验。

3）运营数据

总订单、有效订单、订单有效率、总销售额、客单价、毛利润、毛利率、下单转化率、付款转化率、退货率；每日数据汇总，每周的数据一定是稳定的，主要比对于上上周的数据，重点分析内部的工作，如产品引导、定价策略、促销策略、包邮策略等。

分析时大家思考三个问题：

① 对比数据，为什么订单数减少了，但销售额增加了，这是否是好事；

② 对比数据，为什么客单价提高了，但利润率降低了，这是否是好事；

③ 对比数据，能否做到销售额增长，利润率提高，订单数增加；

4）用户分析

会员分析数据，会员总数、所有会员购物比率（新会员，老会员）、会员复购率、转化率。

（2）如何提升店铺销量

1）流量来源分析

流量分析是为运营和推广部门指导发展方向的，除了关注转化率，还有像浏览页数、在线时间、访问深度等都是评估渠道价值的指标。

2）内容分析

主要的两项指标：首页装修和宝贝详情页的购买率。

查看哪款产品的销售差，哪个产品的销售好，基本会说明有些问题，然后全体团队重点讨论，发现问题，给出意见，然后依次进行改进。

首页肯定要与热点内容相符合，学会看新闻，学会看天气，分析消费者最关注什么，喜欢什么产品、查看同行店铺的促销手段及其装修等，从他人处学到精华，学会应用。

淘宝网店运营需要分析哪些数据就介绍到这,如果有需要更多相关内容可以点淘宝学堂相应的栏目。

同步训练

结合以上所学内容,设计出训练任务中该旅游网站的数据分析流程图,根据步骤简单介绍每步的主要内容,并撰写训练报告,由教师点评(如表2-9所示)。

同步训练任务书

表2-9　数据分析部门工作安排表

任务名称	设计数据分析部门工作流程
步骤划分	根据所学内容以小组为单位完成工作流程步骤划分,主要内容为划分几个步骤,每个步骤都是什么?
各部主要内容	根据划分好的步骤,书写该网站在数据分析时每一步只要的工作内容是什么?
撰写训练报告	报告内容包括开始之前的整体思路,设计每一步的原因是什么?整体步骤及工作流程图。
小组成员	
小组成员分工	
教师点评	

综合评价

表2-10　综合评价表

任务编号		任务名称	数据分析部门工作流程设计
任务完成方式	□ 小组协作完成 □ 个人独立完成		
评价点			分值
工作结构是否准确层次是否清晰			25
工作流程图是否合理			25
工作流程中的每一步设计的是否合理			25
工作流程中每一步的主要内容设计是否准确			25

（续表）

本主题学习单元成绩：					
自我评价	（20%）	小组评价	（20%）	教师评价	（60%）
存在的主要问题					

综合评价

同学之间互相讨论在整个数据工作流程中哪一步最重要，在每一步中需要主要哪些方面？

拓展任务

任务四　数据分析部门 KPI 考核方法制定

任务引导

任何一个成功的企业都必须具有以业绩为导向的企业文化和有效部门考核、奖励优良业绩的管理体系。因此，如何建立积极向上的部门业绩文化和公正、有效的绩效测评体系是农享网向一流的管理水平迈进的重要一步。

任务分析

为实现本任务，主要做以下任务分析：

☑ 部门 KPI 的方法制定

☑ 不同岗位 KPI 的方法制定

任务实施

农享网在设定部门 KPI 时主要分为两个部分，部门 KPI 考核和岗位 KPI 考核，其中根据工作内容设定相应指标、得分（优良中差）和权重。考核指标是明确、具体、有挑战性同时又是现实可行的，并且要切合公司的战略目标、综合平衡短期目标与长期目标的关系。

步骤 1：部门 KPI 的方法制定

农享网将数据分析部门 KPI 的制定通过以下步骤完成。

1. 数据分析部门考核指标设定

农享网针对数据分析部门绩效考核指标的确定是根据部门的工作计划和岗位职责,将该部门的指标定为以下几个方面:

(1)项目开设前对接。根基项目要求设计数据分析方案,方案中要设计具体任务步骤,每个步骤所需时间,并积极与所需数据部门进行沟通,确保本次项目数据分析的准确性;

(2)财务控制。确定该部门在完成任务中所需经费;

(3)部门内部管理。确定部门内部严格遵守公司的各项规章制度,确定员工工作内容的饱和度及数据管理是否混乱。

(4)外部关系资源的管理。确定外部管理能力是否良好,能否使公司的业务保持连续性。

(5)内部满意度。数据分析部门是否与其他部门保持良好的沟通,不与其产生矛盾,尤其是所需数据支持的部门。

2. 评分等级设定

农享网在评分等级设定上根据工作指标分为四个阶段——优良中差,同时针对四个阶段设定不同分数,小于 60 分为差,大于等于 60 小于 80 为中,大于等于 80 小于 90 为良,大于等于 90 到 100 为优。分数是由上级领导及由其他部门经理或负责人打分,由行政部门统计并计算出平均分,最终以平均分为准。

3. 权重划分

农享网在设定权重划分时根据部门具体指标的重要性划分的,如项目开设前对接在整个部门工作中占据 30% 的比重。

4. 资料来源

针对考核而言,数据分析部门的资料大多来源于部门经理,经费来源财务,内部满意度则来源于其他部门。

农享网根据以上内容制定数据分析部门的 KPI 考核表(如表 2-11 所示)。

表 2-11 数据分析部门 KPI 考核表

等级划分及得分 \ 指标	优 90≤值≤100	良 80≤值<90	中 60≤值<80	差 ≥60	权重	资料来源
项目开设前对接	设计方案合理符合工作需要,工作内容能体现完成。	设计方案合理,在规定时间内完成工作。	设计方案延迟,影响项目进度发展。	设计方案不合理,严重影响项目进度。	30%	总经理
财务控制	管理费用、人力成本控制得力,节省大量成本费用。	费用控制较好,能结余一部分费用,(节约的成本在预算中占 5% 以下)	管理费用、人力成本与部门预算基本持平,无节约。	管理费用、人力成本超出部门预算,严重透支。	30%	财务总监

等级划分及得分 指标	优 90≤值≤100	良 80≤值<90	中 60≤值<80	差 ≥60	权重	资料来源
部门内部管理	内部严格按照公司章程办事,部门员工工资能力强,工作量饱满度高,有完整的数据管理程序。	内部管理较好,基本按照公司的章程办事,员工工作、数据管理等思路清晰,目标明确。	内部管理正常,按制度操作,员工工作内容,数据管理无失误。	部门制度不健全,数据管理混乱,员工工作懒散,没有一定的工作流程,内部管理混乱	20%	总经理
外部关系资源的管理	外部关系管理能力较强,不管在什么情况都能保证公司业务正常运行。	外部关系管理能力较好,保证公司业务能够有效的连续进行。	外部关系管理能力一般,对公司业务的完成关系不大。	外部关系管理能力较差,管理混乱,导致公司业务不能正常运行。	10%	总经理
内部满意度	与其他部门保持密切合作关系,提出合理化建议,提高工作绩效。	重视协调与沟通能力,能从大局出发考虑问题,确保部门间及部门内运作良好。	合作意识与大局观较弱,有时会影响部门间及内部的正常运作。	经常与其他部门或部门内容员工发生矛盾,严重影响正常工作。	10%	各部门

步骤 2:不同岗位 KPI 的方法制定

由于不同岗位的工作内容和所负责的部分不同,所以 KPI 指标确定方法也是不一样的,农享网针对岗位的不同制定了不同的考核标准,评分规则在步骤 1 中有详细介绍,具体步骤如下。

1. 部门总经理考核标准

农享网根据数据分析部门总经理的职责将考核标准分为下列几项:

(1)项目运营指标。在整个部门确定好项目指标后,经理是否能按照预定达到公司要求,权重占整个工作内容的 20%,工作评分由农享网营销中心总负责人确定。

(2)团队建设和企业文化。确定总经理在部门团队建设、企业文化是否起到带头作用,使整个部门能够良好的运行,权重占整个工作内容的 20%,工作评分由农享网营销中心总负责人确定。

(3)数据分析部门工作流程。确定部门总经理是否能够制定整个部门的工作流程及工作计划,权重占整个工作的 30%,工作评分由农享网营销中心总负责人确定。

(4)部门日常管理。确定员日常工作分配是否合理,员工工作饱和度以及内部日常固定工作的安排,权重占整个工作内容的 15%,工作评分由农享网行政部确定。

(5)内部满意度。确定部门经理是否经常与其他部门进行沟通并保持密切的合作关系,提出建设性意见以提高公共业绩,权重占整个工作内容的 15%,工作评分由农享网各部门负责人统一确定。

农享网根据以上内容制定数据分析部门总经理的 KPI 考核表(如表 2-12 所示)。

表 2-12　部门经理 KPI 考核表

等级划分及得分 / 指标	优 90≤值≤100	良 80≤值<90	中 60≤值<80	差 ≥60	权重	资料来源
项目运营指标	各项目运营指标均达标,并提取完成。	各项目运营指标按规定时间段完成。	各项目运营指标顺利完成,但超出预定时间。	各项目运营指标未完成,给公司造成损失。	20%	总经理
团队建设、企业文化	团队的核心技能最佳,具有良好的凝聚力和战,员工对公司文化极为认同。	团队有基本的凝聚力和战斗力,员工对企业文化较为认同。	团队核心技能的传递较差,员工对公司价值观迟有不同意见。	团队凝聚力差,核心技能较弱,员工对公司价值观及不认同。	20%	总经理
数据分析部门工作流程	对部门数据分析工作制定了良好的工作流程,思路清晰并能提前完成工作计划。	对部门数据分析工作安排有序,思路清晰,员工工作目标明确。	内部数据分析工作安排流程较杂乱,工作内容顺利完成。	部门数据分析工作安排混乱,员工工作目标不明确。	30%	总经理
部门日常管理	对于部门日常管理非常完善,员工之间善于沟通,和其他部门员工相处十分和谐。	对于部门的日常管理较为完善,员工之间团结友爱。	部门日常管理较为混乱,和其他部门员工有时会起争执。	部门日常管理很混乱,员工之间经常起争执,和其他部门员工不友善。	15	行政总监
内部满意度	与同事保持密切合作关系,提出合理建议,帮助解决问题,提高工作绩效。	忠实协作与沟通,可以从大局出发考虑问题,确保解决问题,提高工作继续绩效。	合作意识与大局观较弱,有时会影戏工作开展。	合作意识与大局观较差,常与其他部门成员发生矛盾,严重影响正常工作。	15	各部门

2. 高级数据挖掘师考核标准

农享网根据数据分析部门高级数据挖掘师的职责将考核标准分为下列几项:

(1)工作责任心。确定高级数据挖掘师在工作中是否有强烈的工作责任感,能否顺利完成数据挖掘的工作,权重占整个职位的30%,评分由部门经理确定。

(2)团队意识。确定高级数据挖掘师在工作中是否具有团队意识,权重占整个职位的20%,评分由部门经理确定。

(3)专业技能。确定高级数据挖掘师具有良好的专业技能,能按照农享网目前的数据需要挖掘合理的数据,权重占整个职位的30%,评分有部门经理确定。

(4)内部满意度。确定高级数据挖掘师是否经常与其他员工保持密切合作,提高工作绩效,权重占整个岗位的 20%,工作评分由部门经理确定。

农享网根据以上内容制定数据分析部门高级挖掘师的 KPI 考核表(如表 2-13 所示)。

表 2-13　高级数据挖掘师 KPI 考核表

等级划分及得分 指标	优 90≤值≤100	良 80≤值<90	中 60≤值<80	差 ≥60	权重	资料来源
工作责任心	具有强烈的工作责任感,并提前完成工作任务,节约工作成本。	具有较强的工作责任感,按时完成工作任务。	工作责任感较弱,不能按时完成工作任务。	工作责任感较差,拖延工作时间,并没有完成人、工作任务。	30%	总经理
团队意识	团队意识很强,积极配合其他员工完成工作任务并对工作提出建设性意见,提高工作绩效。	团队意识较强,能配合其他员工完成工作任务。	团队意识较弱,偶尔主动联系其他工作人员。	基本没有团队意识,特立独行,不能很好地结合其他员工完成工作。	20%	总经理
专业技能	能针对不同的业务需求使用不同的工具有自己的见解。	专业技能较强,能顺利完成领导布置的数据挖掘工作。	逻辑分析能力及数据挖掘工具使用较弱。	分析问题和解决问题的能力较弱,数据挖掘工作混乱。	30%	总经理
内部满意度	与部门同事保持密切合作,并在工作中能提出建设型意见,同时提高工作绩效。	善于沟通,能在工作中及时与同事沟通,并顺利完成工作。	与部门内部员工合作意识较差,有时会影响工作开展。	与部门内部人员合作意识较差,严重影响正常工作。	20%	总经理

3. 数据分析师考核标准

农享网根据数据分析部门数据分析师的职责将考核标准分为下列几项:

(1)工作积极性。确定数据分析师在工作中是否保持工作积极性,明确个人或集体的工作目标,在执行计划和实现目标过程中能否克服障碍积极完成工作,权重占整个岗位的 30%,评分由部门经理确定。

(2)团队意识。确定数据分析是在工作中团结友爱,积极配合部门的整体任务,权重占整个岗位的 20%,评分由部门经理确定。

(3)专业技能。确定数据分析师能否做到以数据为依据,对农享网淘宝店铺或项目现状及远期进行统计、预测、分析并转化为决策信息,权重占整个岗位的 30%,评分有部门经理确定。

(4)内部满意度。确定数据分析师在工作中是否经常与部门进行沟通,并提出合理化建议,权重占整个岗位的 20%,评分由部门经理确定。

农享网根据以上内容制定数据分析部门数据分析师的 KPI 考核表(如表 2-14 所示)。

表 2-14 数据分析师 KPI 考核表

等级划分及得分 指标	优 90≤值≤100	良 80≤值<90	中 60≤值<80	差 ≥60	权重	资料来源
工作积极性	在工作过程中保持积极的工作态度,并能够明确自己的工作目标。	在工作中能明确自己的工作目标,对领导布置的任务能及时完成。	在工作中积极性较弱,不能对所做工作做出明确,目标,推延工作时间。	工作积极性较差,对所做工作不能给出明确目标,推延工作任务,给公司造成损失。	30%	总经理
团队意识	在工作中团队意识强,能及时和同事沟通工作,提高工作效率,对公司的价值观认同。	团队意识较强,团队有基本的凝聚力和战斗力,员工对企业文化较为认同。	团队意识较弱,不常于其他员工交流。	团队凝聚力差,员工内容有时会起争执。	20%	总经理
专业技能	能以数据为依据,完成项目数据的分析并对此提出建设性意见。	能够利用所学知识完成数据分析,提供有效的数据信息。	专业技能较弱,不能按时完成部门分配的数据分析工作。	专业技能较差,不能利用专业工具完成数据分析工作。	30%	总经理
内部满意度	与同事之间保持密切合作关系,能为部门完善起到关键作用。	善于协调沟通,可以从大局出发考虑问题,确保解决问题,提高工作继续绩效。	与部门内部员工合作意识较差,有时会影响工作开展。	与部门内部人员合作意识较差,严重影响正常工作。	15	各部门

4. 数据分析专员考核标准

农享网根据数据分析部门数据专员的职责将考核标准分为下列几项:

(1)工作责任心。确定数据分析专员是否具有强烈的责任心,从不出现失职行为,权重占整个岗位的 20%,评分由部门经理确定。

(2)团队意识。确定数据分析专员是否有强烈的团队意识,能否主动协助他人完成数据分析工作,权重占整个岗位的 30%,评分由部门经理确定。

(3)数据统计表制作。确定在数据统计表的制作过程中数据准备,表格思路清晰,权重占整个岗位的 30%,评分由部门经理确定。

(4)内部满意度。确定数据专员在工作中是否经常与部门进行沟通,并提出合理化建议,权重占整个岗位的 20%,评分由部门经理确定。

农享网根据以上内容制定数据分析部门数据分析专员的 KPI 考核表(如表 2-15 所示)。

表 2-15 部门数据分析专员 KPI 考核表

等级划分及得分／指标	优 90≤值≤100	良 80≤值＜90	中 60≤值＜80	差 ≥60	权重	资料来源
工作责任心	能遵守公司规范，具有勇于承担和履行义务的自觉态度。	具有较强的工作责任心，按时完成工作任务。	工作责任人心较弱，偶尔有失职行为。	工作责任心很差，时常有失职行为。	20%	总经理
团队意识	有强烈的团队意识、总是主动协助他人完成工作。	有较强的团队意识、经常主动协助他人完成工作。	有一定的团队意识、偶尔主动协助他人完成工作。	基本上没有团队意识、极少主动协助他人完成工作。	30%	总经理
数据统计表制作	工作效率极高、非常准确没有错误，思路清晰并能提前完成工作计划。	工作效率较高、较为准确极少出现错误。	工作效率一般、比较准确偶尔出现错误。	工作效率极差、非常不准确经常出现错误。	30%	总经理
内部满意度	能于部门内部员工保持良好的合作关系，提前完成工作任务，提高工作效率。	善于沟通，按时完成数据统计工作，提高工作绩效。	部门内容关系处理较差，有时会影响工作开展。	和部门内容或其他部门员工经常发生矛盾，严重影响正常工作。	20%	各部门

支撑知识

1. KPI 概述

KPI(Key Performance Indication)即关键业绩指标，是通过对组织内部某一流程的输入端、输出端的关键参数进行设置、取样、计算、分析，衡量流程绩效的一种目标式量化管理指标，是把企业的战略目标分解为可运作的远景目标的工具，是企业绩效管理系统的基础。KPI 是现代企业中受到普遍重视的业绩考评方法。KPI 可以使部门主管明确部门的主要责任，并以此为基础，明确部门人员的业绩衡量指标，使业绩考评建立在量化的基础之上。建立明确的切实可行的 KPI 指标体系是做好绩效管理的关键。

KPI 法符合一个重要的管理原理——"二八原则"在一个企业的价值创造过程中，"20/80"规律，即 20%的骨干人员创造企业 80%的价值；而且在每一位员工身上"二八原理"同样适用，即 80%的工作任务是由 20%的关键行为完成的。因此，必须抓住 20%的关键行为，对之进行分析和衡量，这样就能抓住业绩评价的重心。

2. 建立关键业绩指标体系遵循的原则

(1)目标导向。即 KPI 必须依据企业目标、部门目标、职务目标等来进行确定。

(2)注重工作质量。因工作质量是企业竞争力的核心，但又难以衡量，因此，对工作质量建立指标进行控制特别重要。

(3) 可操作性。关键业绩指标必须从技术上保证指标的可操作性,对每一指标都必须给予明确的定义,建立完善的信息收集渠道。

(4) 强调输入和输出过程的控制。设立 KPI 指标,要优先考虑流程的输入和输出状况,将两者之间的过程视为一个整体,进行端点控制。

3. 确立 KPI 指标应把握的要点

(1) 把个人和部门的目标与公司的整体战略目标联系起来。以全局的观念来思考问题。

(2) 指标一般应当比较稳定,即如果业务流程基本未变,则关键指标的项目也不应有较大的变动。

(3) 指标应该可控制,可以达到。

(4) 关键指标应当简单明了,容易被执行这所接受和理解。

(5) 对关键业绩指标要进行规范定义,可以对每一 KPI 指标建立"KPI 定义指标表"。

4. 运用 KPI 进行绩效考核的难点

绩效管理最重要的是让员工明白企业对他的要求是什么,以及他将如何开展工作和改进工作,他的工作的报酬会是什么样的。主管回答这些问题的前提是他清楚地了解企业对他的要求是什么,对所在部门的要求是什么,说到底也就是了解部门的 KPI 是什么。同时,主管也要了解员工的素质,以便有针对性的分配工作与制定目标。

绩效考核是绩效管理循环中的一个环节,绩效考核主要实现两个目的:一是绩效改进,二是价值评价。面向绩效改进的考核是遵循 PDCA 循环模式的,它的重点是问题的解决及方法的改进,从而实现绩效的改进。它往往不和薪酬直接挂钩,但可以为价值评价提供依据。这种考核中主管对员工的评价不仅反馈员工的工作表现,而且可以充分体现主管的管理艺术。因为主管的目标和员工的目标是一致的,且员工的成绩也是主管的成绩,这样,主管和员工的关系就比较融洽。主管在工作过程中与下属不断沟通,不断辅导与帮助下属,不断记录员工的工作数据或事实依据,这比考核本身更重要。

从 KPI 中如果能分析出每个职位的正确定位,那么这些职位上员工的待遇跟他所在的职位是没有关系的。面向价值评价的绩效考核,强调的重点是公正与公平,因为它和员工的利益直接挂钩。这种考核要求主管的评价要比较准确,而且对同类人员的考核要严格把握同一尺度,这对于行政服务人员、一线生产人员比较好操作。因为这种职位的价值创造周期比较短,很快就可以体现出他们的行动结果,而且,标准也比较明确,工作的重复性也较强。但对于职位内容变动较大,或价值创造周期较长的职位来说,这种评价就比较难操作。

企业绩效评估经常遇到的一个很实际的问题就是,很难确定客观、量化的绩效指标。其实,对所有的绩效指标进行量化并不现实,也没有必要这么做。通过行为性的指标体系,也同样可以衡量企业绩效。

(1) 企业关键业绩指标(KPI:Key Process Indication)是通过对组织内部流程的输入端、输出端的关键参数进行设置、取样、计算、分析,衡量流程绩效的一种目标式量化管理指标,是把企业的战略目标分解为可操作的工作目标的工具,是企业绩效管理的基础。KPI 可以使部门主管明确部门的主要责任,并以此为基础,明确部门人员的业绩衡量指标。建立明确的切实可行的 KPI 体系,是做好绩效管理的关键。

（2）确定关键绩效指标有一个重要的 SMART 原则。SMART 是 5 个英文单词首字母的缩写:S 代表具体(Specific),指绩效考核要切中特定的工作指标,不能笼统;M 代表可度量(Measurable),指绩效指标是数量化或者行为化的,验证这些绩效指标的数据或者信息是可以获得的;A 代表可实现(Attainable),指绩效指标在付出努力的情况下可以实现,避免设立过高或过低的目标;R 代表现实性(Realistic),指绩效指标是实实在在的,可以证明和观察;T 代表有时限(Time-bound),注重完成绩效指标的特定期限。

（3）建立 KPI 指标的要点在于流程性、计划性和系统性。首先明确企业的战略目标,并在企业会议上利用头脑风暴法和鱼骨分析法找出企业的业务重点,也就是企业价值评估的重点。然后,再用头脑风暴法找出这些关键业务领域的关键业绩指标(KPI),即企业级 KPI。

（4）各部门的主管需要依据企业级 KPI 建立部门级 KPI,并对相应部门的 KPI 进行分解,确定相关的要素目标,分析绩效驱动因数(技术、组织、人),确定实现目标的工作流程,分解出各部门级的 KPI,以便确定评价指标体系。

（5）然后,各部门的主管和部门的 KPI 人员一起再将 KPI 进一步细分,分解为更细的 KPI 及各职位的业绩衡量指标。这些业绩衡量指标就是员工考核的要素和依据。这种对 KPI 体系的建立和测评过程本身,就是统一全体员工朝着企业战略目标努力的过程,也必将对各部门管理者的绩效管理工作起到很大的促进作用。

（6）指标体系确立之后,还需要设定评价标准。一般来说,指标指的是从哪些方面衡量或评价工作,解决"评价什么"的问题;而标准指的是在各个指标上分别应该达到什么样的水平,解决"被评价者怎样做,做多少"的问题。

（7）最后,必须对关键绩效指标进行审核。比如审核这样的一些问题:多个评价者对同一个绩效指标进行评价,结果是否能取得一致? 这些指标的总和是否可以解释被评估者 80% 以上的工作目标,跟踪和监控这些关键绩效指标是否可以操作等。审核主要是为了确保这些关键绩效指标能够全面、客观地反映被评价对象的绩效,而且易于操作。

（8）每一个职位都影响某项业务流程的一个过程,或影响过程中的某个点。在订立目标及进行绩效考核时,应考虑职位的任职者是否能控制该指标的结果,如果任职者不能控制,则该项指标就不能作为任职者的业绩衡量指标。比如跨部门的指标就不能作为基层员工的考核指标,而应作为部门主管或更高层主管的考核指标。

（9）绩效管理是管理双方就目标及如何实现目标达成共识的过程,以及增强员工成功地达到目标的管理方法。管理者给下属订立工作目标的依据来自部门的 KPI,部门的 KPI 来自上级部门的 KPI,上级部门的 KPI 来自企业级 KPI。只有这样才能保证每个职位都是按照企业要求的方向去努力。

（10）善用 KPI 考评企业,将有助于企业组织结构集成化,提高企业的效率,精简不必要机构,不必要的流程和不必要的系统。

同步训练

学生在教师的指导下根据以上内容制定出淘宝客户部的KPI,完成淘宝应怎样制定部门KPI、考核的方面都有哪些、客服部的员工分为哪几个层次等几个问题,并完成下列表格(如表2-16所示)。

表2-16　淘宝客服部的KPI考核表

等级划分及得分 / 客服等级	优	良	中	差	权重	资料来源
	90≤值≤100	80≤值<90	60≤值<80	≥60		
初级客服					30%	总经理
中级客服					30%	总经理
高级客服					20%	总经理
资深客服					10%	总经理

综合评价

表2-17　综合评价表

任务编号		任务名称	淘宝客服KPI考核
任务完成方式	□ 小组协作完成 □ 个人独立完成		
评价点			分值
淘宝客服部门KPI制定方法是否合理			25
淘宝客服部门考核内容是否准确			25
淘宝客服部门员工层次划分是否合理			25
客服人员考核内容是否合理			25
本主题学习单元成绩:			
自我评价　(20%)	小组评价　(20%)	教师评价	(60%)
存在的主要问题			

拓展任务

学生在班级内容讨论制定部门KPI的重要性。

学习单元三　网站数据化营销

能力目标

◇ 掌握网站数据统计软件的添加
◇ 掌握网站数据分析方法
◇ 能够根据分析结果制定网站优化方案

知识内容

◇ 了解网站数据分析的步骤
◇ 了解网站数据分析的指标

本项目包含了4个学习任务,具体为:
任务1:项目背景和业务分析需求的提出;
任务2:网站流量数据分析;
任务3:网站内容优化策略制定;
任务4:网站内容优化策略实施与评估。
名企网站业务需求基础上,对现有网站进行数据统计,并对数据进行分析,针对网站数据分析结果判定网站存在问题,并针对提出网站优化方案。

任务一　项目背景和业务分析需求的提出

任务引导

C实习是一家以提升国内大学生实践技能,联系老师、行业及企业专家,对接学校、企业的平台型在线教育网站,C实习是陕西博导软件开发有限公司创建并实施针对国内高校学生,对接学生、老师、学校、企业、专家的以技能提升为核心,以人才挖掘为目标的在线教育平台。其核心价值是帮助学生、教师、学校、企业提供平台化服务与发展契机,力求通过互联网手段改造实践教学,通过课程、任务、评价、测评等方式,切实提升学生技能。

C实习则涵盖了最广泛的以提升技能为导向的实训、实践以及跨入社会的实习过程。

2014 年 6 月,C 实习已经经历了近 1 年的运营过程,承担了教育部电子商务职业教育教学指导委员会主办的电子商务运营技能竞赛,业已积累了 18000 名学生用户、500 名教师用户、33 家企业与 276 所高职、中职院校用户。其中 2800 名电子商务学生与 150 名教师已经成为了种子用户。这对 C 实习下一步的运营提供了基础优势。又值 6 月毕业季,C 实习第二届全国电子商务运营技能大赛拉开序幕。

作为 C 实习的网站运营专员,小颜需要除去日常对网站的运营维护之外,需要定期对网站数据进行统计分析,对数据进行判断,并结合部门研发及其他人员制定下阶段工作方向,同时对网站数据的分析有助于小颜对网络推广方式、运营方式、活动效果是否合理做出判断。

任务分析

☑ 业务分析需求提出
☑ 网站数据收集

任务实施

步骤 1:业务分析需求提出

全国电子商务运营技能大赛是全国电子商务职业教育教学指导委员会为落实《教育部关于充分发挥行业指导作用推进职业教育改革发展的意见》(教职成〔2011〕6 号),充分展示电子商务职业教育改革发展成果,集中展现师生风采,深度推进产教融合、协同创新而创建的全国性电子商务专业赛事。大赛主旨在于提升学生对电子商务行业认知能力,实现对学生知识转化为实践能力的检验和考察。

2014 年 5 月 28 日至 9 月 10 日为初赛阶段,选手在真实互联网环境下,承接企业营销任务,根据企业实际要求,实施包括微博营销在内的多种新型网络营销活动。2014 年 10 月 15 日至 20 日为省、直辖市、自治区竞赛阶段,即复赛阶段。选手在模拟电子商务运营环境下,根据企业实际需求,完成商品线上销售核心业务操作并进行模拟运营。

1. 网站描述

作为全国电子商务运营技能大赛初赛平台,C 实习的网站主旨与大赛相契合,通过线上课堂学习,帮助学生提升电子商务相关能力,如网络营销、网店运营等。C 实习以提升技能为核心,建立了围绕技能成长的课程、训练、问答、资源、实战为一体的系统化成长体系。对技能进行模块化划分,拆分为数百个技能点,对应技能点引导学习、训练和实战,在掌握知识的同时,领会技能。

在技能树的支撑下,一个模块的课程内容往往被解构为数十个知识点。我们将知识细化最小单元,以短小精致的课程传授知识(如图 3-1 所示)。

图 3-1　C实习官网训练页

2. 网站目标

C实习的在线课程任务能够满足学生参赛的技能训练,学生通过在C实习平台进行任务学习,即可完成对自身电商技能的训练,经过多门课程的学习来提升个人电商技能。根据决赛内容分析,小颜明确网站目的在于帮助学生提升网店运营相关能力,因此,C实习运营专员小颜需要做的,便是引导网站访问用户即参赛学生完成对应课程的学习。

3. 运营目的

在明确了网站运营目标后,小颜根据网站情况制定了以下网站目标:

(1) 本期流量目标:

周访客数 UV＞12000(上期 10010)

周网页浏览量 PV＞400000(上期 307221)

(2) 网站用户行为:

参赛人数提升 10%

网站相关课程学习任务点击率提升 20%;

复赛晋级资格人数提升 20%。

步骤 2:网站数据收集

网站数据是网站运营、推广工作实施及效果评定的重要参数,因此在网站开发完毕初期,C实习研发人员便确定了对网站添加数据统计插件。通过数据统计插件,对网站访问数据进行收集。目前网上统计插件比较多,包含 51la、CNZZ、腾讯统计、Google Analytics 以及百度统计。C实习选择了百度统计,百度统计安装步骤如下:

第一步,注册百度统计账号。

第二步,点击"网站中心",点击"＋新增网站"(如图3-2所示)。

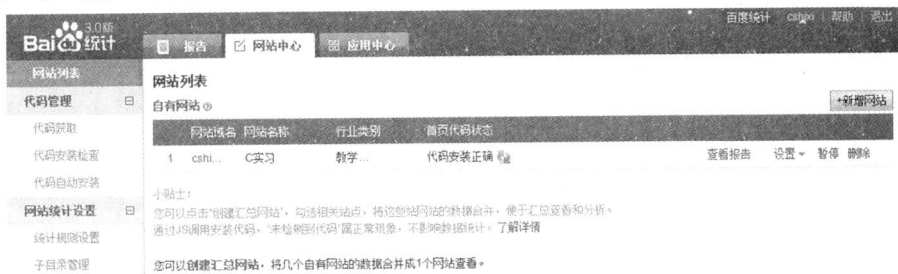

图3-2　添加网站

第三步,点击"代码获取—复制代码"(如图3-3所示)。

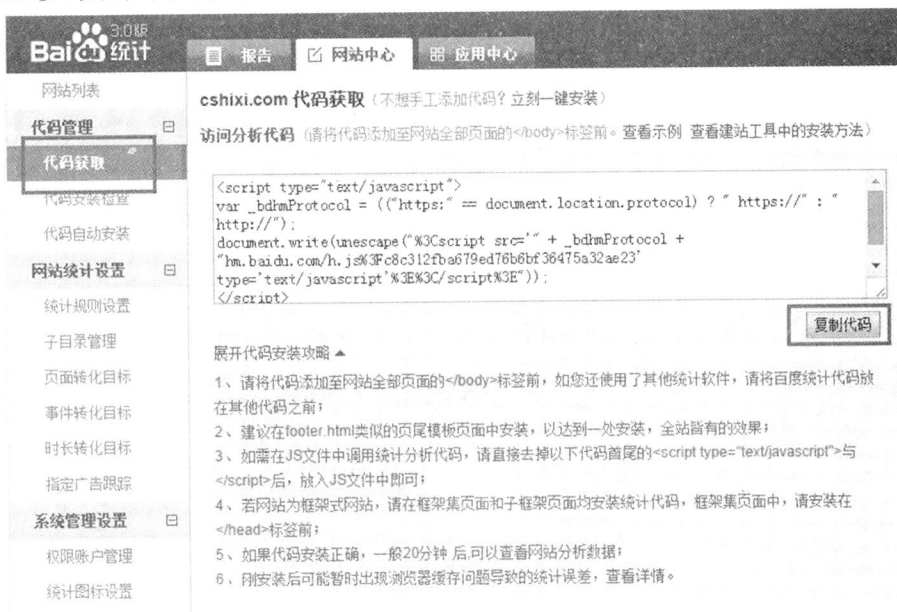

图3-3　代码获取

第四步,将代码添加至网站 header.php 类似的页尾模板页面中安装,C实习之所以添加至这个文件中,是因为该文件为页头文件,所有页面均有调用,这里起到以达到一处安装,全站皆有的效果。

第五步,安装完成后,点击代码安装检查,查看代码是否安装成功。安装成功后,网站会提醒"代码安装正确"。这样,C实习便可以开始对网站访问数据进行统计了(如图3-4所示)。

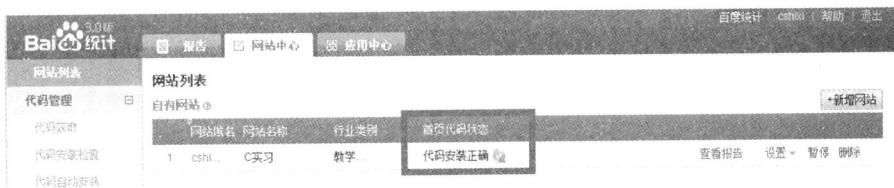

图3-4　代码安装检查

完成网站统计代码添加之后,小颜需要对主栏目页面布局进行分析,查看结构布局是否合理,帮助网站开发后期展开页面工作。因此,小颜决定在网站主要监控栏目添加网站热力图,查看用户点击情况,具体操作如下:

第一步,点击"报告→页面点击图",添加对应页面地址,即可查看网站点击情况(如图3-5所示)。

图3-5　添加页面点击图

完成对应统计添加后,点击"网站概况"即可查看网站访问流量概况(如图3-6所示)。

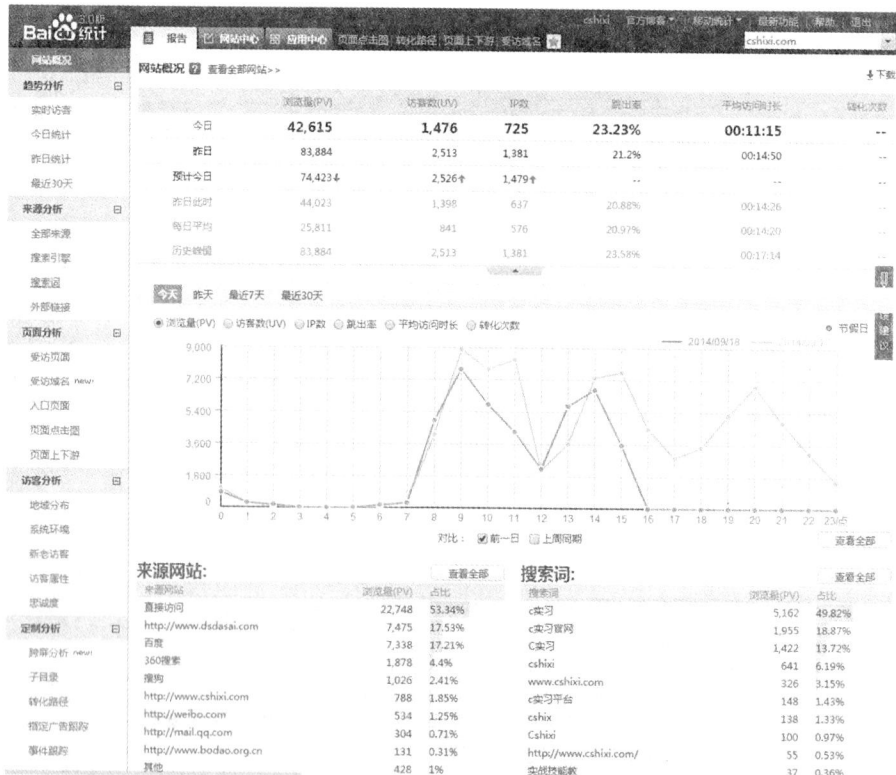

图3-6　网站概况页面

百度统计,统计的是网站访问数据,对于用户行为分析而言,能够监控网站流量指标,但作为大赛复赛晋级指标,需要根据 C 实习后台积分统计平台进行统计。

支撑知识

常见网站流量统计工具

通过网站流量统计工具,站长可以清楚地了解访客是怎样找到并访问了自己的网站,访客在访问的过程中,访客进行了哪些具体操作,等等,只有掌握了这些关键数据,才会帮助站长把用户体验做得更好和更准确,从而更好地提升网站的投资回报率。

目前国内的第三方网站流量统计工具很多,本文将重点为您推荐目前主流的、专业的第三方网站流量统计系统,希望读者从中得到帮助,选择到适合自己的、理想的网站流量统计工具。以下排名不分先后:

(1) 百度网站流量统计系统(以下简称百度统计)(如图 3 - 7 所示)。

图 3 - 7　百度网站流量统计系统的 LOGO

百度统计是百度自身旗下产品,依托于百度强大的技术实力,百度统计提供了丰富的数据指标、图形化报告、全程追踪访客的行为路径。

百度统计的系统是非常稳定的,功能很强大且很容易上手。

百度统计集成了百度推广数据,可以帮助站长及时了解推广方案和效果,这是百度统计的一大亮点。普通用户经过简单的注册,登陆后获取一段代码放在网站页脚处,百度统计便可马上收集数据,开始为站长服务。

百度统计的网址为:http://tongji.baidu.com/web/welcome/products。建议如果使用百度统计,配合百度站长工具一起使用,可以更好地了解网站各方面的数据。

(2) CNZZ 网站流量统计系统(以下简称 CNZZ)(如图 3 - 8 所示)。

图 3 - 8　CNZZ 网站流量统计系统的 LOGO

CNZZ 是由国际著名风险投资商 IDG 投资的网络技术服务公司,公司地点在北京,如今已被阿里收购,属于阿里巴巴旗下公司,是国内最有影响力的网站流量统计系统。同时,也是流量之巅重点推荐网站流量统计系统。

CNZZ 专注为互联网各类站点提供专业、权威、独立的第三方数据统计分析,专业从事互联网数据监测、统计分析的技术研究、产品开发和应用。

之所以我们推荐站长使用CNZZ,更推荐使用其"站长统计系统",原因在于该系统是CNZZ的老字号产品,并且是一款永久免费、安全、可靠、公正的第三方网站流量统计分析系统,更是目前国内站长使用最多的网站流量统计工具。CNZZ的站长统计系统的网址为:http://zhanzhang.cnzz.com。

(3) 量子恒道网店/网站流量统计系统(以下简称量子统计)(如图3-9所示)。

图3-9 量子恒道网站流量统计系统的LOGO

量子统计可以说是国内首款企业级电子商务数据分析产品。如今在阿里巴巴、淘宝店铺、天猫商城被广泛使用。

量子统计实时处理、分析和展示电子商务网店的流量、来源、成交、转化、商品和客户等多个视角的数据,为众多B2C和B2B企业更加快速和有效地做好电商营销提供数据驱动力。如果您经营运作的是一家网店,那么推荐您使用量子统计。量子恒道网店/网站流量统计的网址为:http://www.linezing.com。

以上推荐了适合网站或网店主流的统计系统。当然,无论是网站还是网店,不一定只可以使用一个网站流量统计系统,完全可以同时使用其中的两个或多个,方便日后数据对比与分析,更好地了解您网站流量统计的各项数据指标。

网站的各项数据指标非常重要,这些数据是作为一名合格的站长需要了解的,也是必须要在第一时间分析的。所以,无论现在有没有在使用一种网站流量统计系统,都值得你快去熟悉并使用它。

同步训练

学生以小组为单位,在老师的带领下以该校网站为例,讨论校网站目前情况,对建站的目标和目的进行分析,教师通过账号演示及学生自助操作对数据统计工具的账号的申请及使用(如表3-1所示)。

同步训练任务书

表 3-1　校网站基本情况

任务名称	对校网站的基本认识
网站名称	
网站概述	
网站建站目标	
网站建站目的	
网站首页截图	
小组成员	
小组成员分工	

综合评价

表 3-2　综合评价表

任务编号		任务名称	对校网站的基本认识
任务完成方式	□ 小组协作完成 □ 个人独立完成		
评价点			分值
对校网站的概述是否正确			40
网站的建站目标分析的是否到位			30
网站建站的目的分析是否准确			30
本主题学习单元成绩：			
自我评价	（20%）	小组评价	（20%）	教师评价	（60%）
存在的主要问题			

拓展任务

学生在教师的带领下在班级内互相讨论业务需求分析的重要性。

任务二　网站流量数据分析

任务引导

对于网站运营者而言,一切运营手段及推广都可以通过数据化来监控和改进。通过数据可以看到用户从哪里来、如何布局网站可以实现很好的转化率、投放广告的效率如何等问题。基于数据分析的每一点点改变,就是一点点提升网站的浏览量及转化率,所以,基于网站的数据分析是企业网站运营很重要的一部分。

任务分析

☑ 网站访问指标分析
☑ 用户行为分析
☑ 网站分析报告制定

任务实施

C实习在大赛运营期间,同时全国电子商务运营技能大赛初赛即将结束,为了提升网站学习课程的点击率、网站访问量,并帮助更多学生晋级复赛,运营人员制定了初步网络推广方案,如通过C实习小助手官方微信、C实习官网和官方微博发布大赛晋级技巧、双11兼职等相关消息。为了应征营销推广手段是否达到推广的语气目标,本节将重点着手对网站访问数据进行统计并分析。

步骤1:网站指标表现分析

C实习微博、微信推广宣传一周之后,对网站数据进行了统计,并查看网站两周之内的网站访问指标数据并进行对比(如图3-10所示)。

图 3 - 10

图 3-10　网站运营指标对比(续)

通过对比发现,网站在推广后网站的访客数及 IP 数值均有上升,达到预期目标,说明通过一周的微信及微博推广手段等宣传,网站推广手段有效,但网站跳出率依然居高不下,说明 C 实习网站本身保持用户能力差,从而造成部分用户流失。

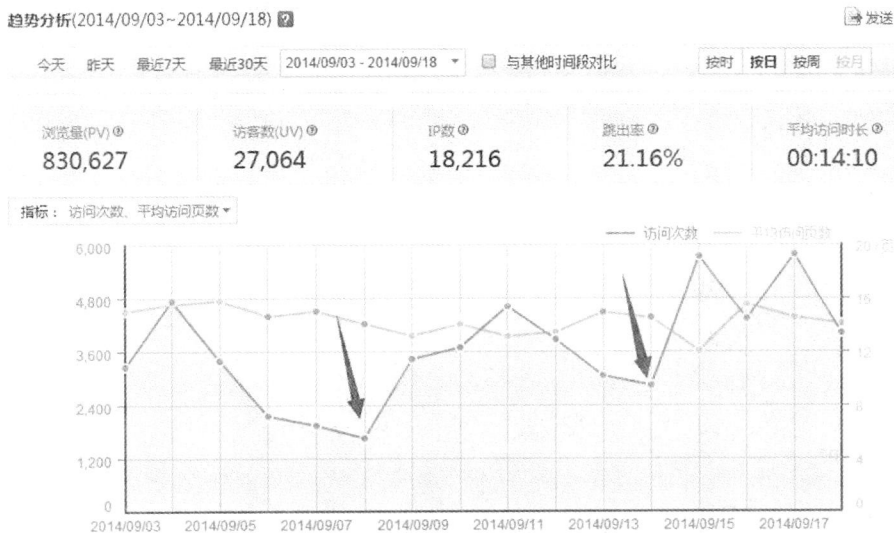

图 3-11　网站浏览指标表现

由上图 3-11 中,可以发现从访问数本月的趋势变化来看,呈现一定的周期性,在网站访问低谷期时,小颜的运营团队采取了微信及微博营销策略,网站访问流量迅速爬山,因此,小颜团队决定在出现"低谷"趋势前,采取一定的营销策略来遏制流量流失。同时,根据跳出率数据(基准 15%),网站跳出率数据过高造成大量用户流失,网站亟须 Landing Page 优化。其次,通过网站平均访问页数数据反馈,可以看到 C 实习平均访问页数为14.06(基准 8—12),网站提供内容较为优质,导航设置合理。

结合上图可以看到,8 日网站访问网站刚开始进行新浪微博、微信、SNS 推广时,访问量达到最高,但是后几日由于在用户维护方面不足,造成部分客户流失。

步骤 2:用户行为分析

网站指标数据往往只能反映网站的大体数据情况,但无法对用户的行为进行细致分析,通过对用户行为监测获得的数据进行分析,可以让 C 实习运营人员更加详细、清楚地了解用户的行为习惯,更从而找出网站、推广渠道等企业营销环境存在的问题,有助于帮助小颜的运营团队发掘更高转化率页面,让团队的营销更加精准、有效。

因此,小颜在对网站指标数据分析之后,就要对用户行为进行细致分析。针对用户行为的分析主要从访问来源、访问入口以及访问偏好三个方面出发。

1. 访问来源分析

首先,小颜进入百度统计后台,点击"来源分析—全部来源",进入网站流量来源分析页面。

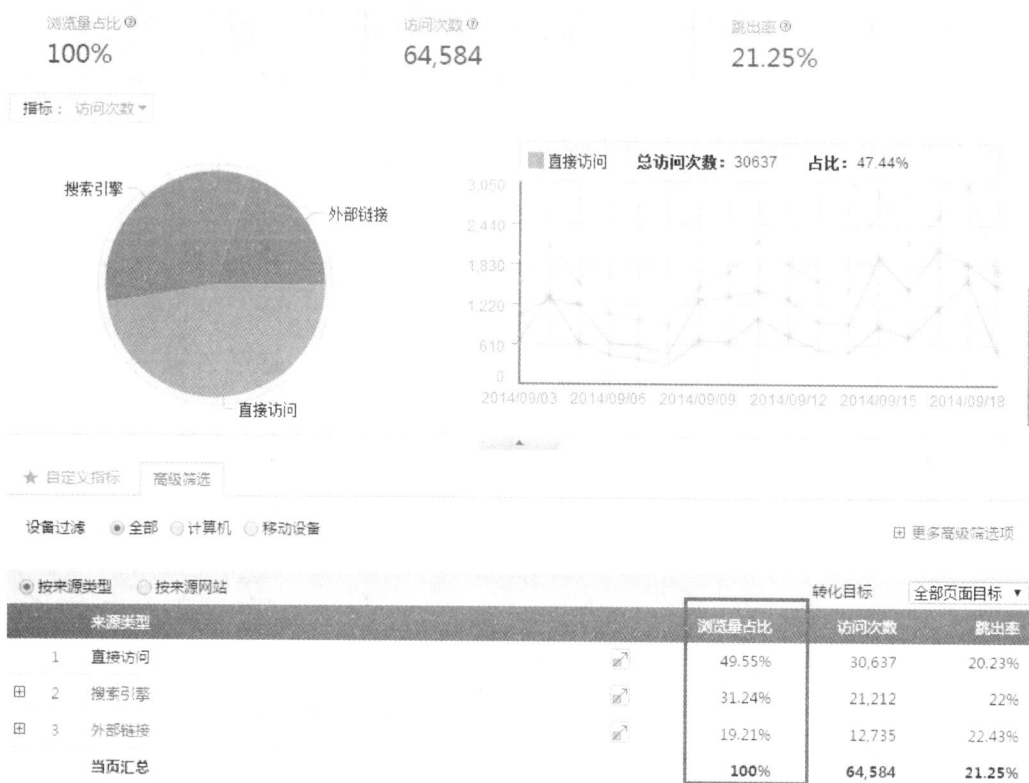

图 3-12　网站流量来源分析

如图 3-12 所示,C 实习网站流量中搜索引擎占比只有 31.24%,说明 C 实习网站在搜索引擎优化方面需要进行改进加强,将搜索引擎流量占比提升至 40%左右。同样,页面跳出率相对较高,需保持在 15%左右,其中搜索引擎及外部链接导入的流量来源跳出率相比直接访问较高,说明入站页面 Landing Pages 在内容与导航设计上存在一些优化空间,需要针对入站页进行网页改版或重新设计。

点击搜索引擎,查看各搜索引擎流量来源占比及跳出率,这里发现基于百度、搜狗搜索引擎来源访问的跳出率高于 360 搜索引擎,同时这两者跳出比例均偏高,需要基于所有搜索引擎的访问关键字针对 Landing Page 进行针对性内容优化(如图 3-13 所示)。

指标：浏览量(PV) ▼

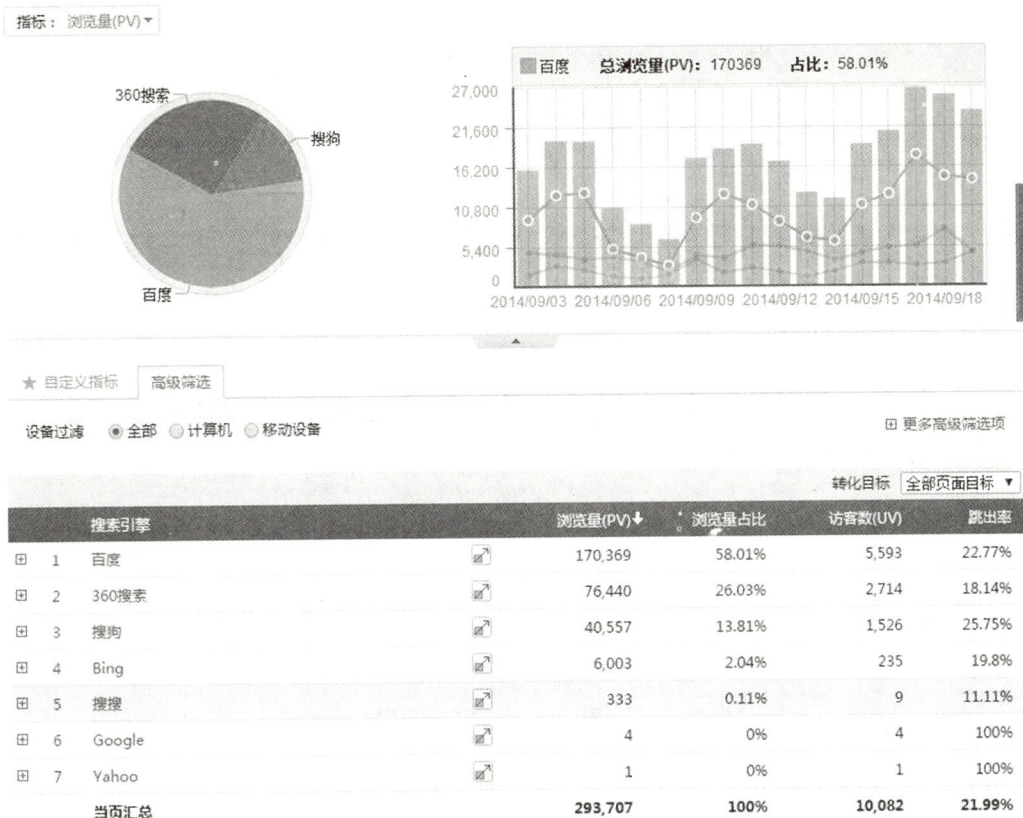

百度　总浏览量(PV)：170369　占比：58.01%

★ 自定义指标　　高级筛选

设备过滤　◉全部　◎计算机　◎移动设备　　　　　　　　　⊞ 更多高级筛选项

转化目标 全部页面目标 ▼

	搜索引擎		浏览量(PV)↓	浏览量占比	访客数(UV)	跳出率
⊞ 1	百度		170,369	58.01%	5,593	22.77%
⊞ 2	360搜索		76,440	26.03%	2,714	18.14%
⊞ 3	搜狗		40,557	13.81%	1,526	25.75%
⊞ 4	Bing		6,003	2.04%	235	19.8%
⊞ 5	搜搜		333	0.11%	9	11.11%
⊞ 6	Google		4	0%	4	100%
⊞ 7	Yahoo		1	0%	1	100%
	当页汇总		293,707	100%	10,082	21.99%

图 3-13　搜索引擎流量来源占比

接下来，点击"关键词"，查看用户搜索关键词（如图 3-14 所示）。

	搜索词		浏览量(PV)↓	浏览量占比
1	c实习		127,138	43.26%
2	c实习官网		74,323	25.29%
3	C实习		30,904	10.52%
4	www.cshixi.com		15,249	5.19%
5	c实习平台		11,758	4%
6	cshixi		11,312	3.85%
7	Cshixi		1,760	0.6%
8	www.cshixi		1,335	0.45%
9	http://www.cshixi.com		1,299	0.44%
10	C实习官网		886	0.3%
11	C实习平台		729	0.25%
12	cshixi.com		664	0.23%
13	实战技能教		542	0.18%

图 3-14　搜索关键词

从图中看到,80％搜索用户通过"C实习"、"C实习官网"等专有词汇访问网站,其余关键词多为"实战"、"实习"、"微博粉丝分析"等关键词访问网站,小颜建议围绕这些专有词汇对全站进行 SEO 优化与文字描述调整,同时建议基于"实战"、"实习"、"微博粉丝分析"C实习网站自由关键词等词汇对 Landing Page 进行内容与导航链接的调整与优化。之后点击"外部链接",查看外部链接流量来源(如图 3-15 所示)。

	外部链接		浏览量(PV)	访客数(UV)	IP数	跳出率
1	http://www.dsdasai.com		129,286	3,516	2,456	18.74%
2	http://www.cshixi.com		27,628	1,230	1,057	17.86%
3	http://mail.qq.com		6,309	278	262	11.05%
4	http://weibo.com		6,254	379	385	35.85%
5	http://cshixi.com		3,448	181	187	18.8%
6	http://www.baidu.com		1,778	96	122	34.98%
7	http://i.maxthon.com		626	8	8	35.71%
8	http://twebmail.mail.163.com		609	19	17	3.33%
9	http://www.bodao.org.cn		578	52	54	67.65%
10	http://hao.360.cn		537	53	60	18.99%
11	http://cwebmail.mail.163.com		442	10	10	7.69%
12	http://172.16.0.1		429	22	7	15.15%
13	http://mp.weixin.qq.com		304	74	79	65.85%
14	http://123.sogou.com		258	10	12	16.67%
15	http://app.weibo.com		255	12	12	28.57%

图 3-15　外部链接流量分析

由图 3-15 数据表现可以看到,从全国电子商务运营技能大赛官网(www.dsdasai.com)和邮箱 mail.xxx.com 跳转至 C实习官网比例较多,这说明有不少新用户注册 C实习账号并参赛。其次,通过新浪微博(weibo.com)以及微信(mp.weixin.qq.com)访问 C实习的流量也占了不少比例,说明前期微博、微信的运作起到了对网站的推广作用。

2. 用户偏好分析

点击"页面分析—受访页面—退出页分析",查看退出页(如图 3-16 所示)。

可以看到"关于我们"、"个人中心"以及"实战"三个栏目退出率较高,说明这些栏目网页内容以及网页导航链接、推荐内容等对访客缺乏吸引力,造成用户纷纷离开网站,栏目内容、网页布局、导航系统需要重新设计。

在对网站退出页进行分析之后,接下来着手用户偏好的分析,即用户对网站栏目关注度分析。在之前的工作中,小颜的团队对网站各个栏目添加了热力点击图。通过网站热力图和链接点击图即可查看网站栏目访问情况。点击导航栏"页面点击图—链接点击图"进行查看。如图 3-17 所示,为网站首页链接点击图,可以看到"训练"栏目点击率非常高,说明参与训练的学生非常多,可以点击"实战"栏目的用户较少,因此,小颜建议扩展"实训"栏目内容的使用,如在首页、训练栏目页、训练内容页等点击率高的页面中添加实战内容推荐等,或通过侧边栏、弹出框等形式来提醒用户点击。同时,通过丰富栏目内容吸引访客深入浏览与持续回访,并提高发布频率,增加网页数,提升用户粘度。

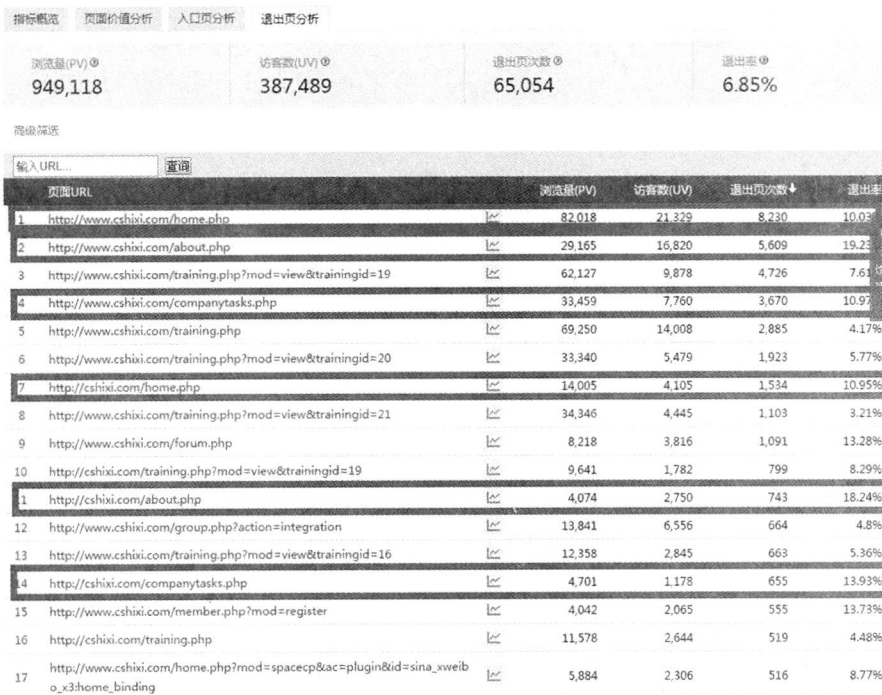

图 3-16　网站退出页分析

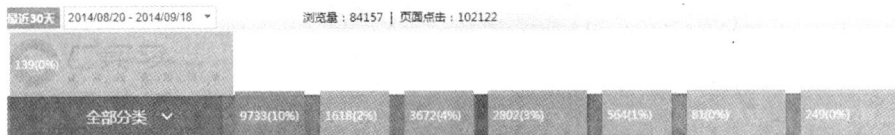

图 3-17　网站链接点击图

在对网站用户行为分析之后，小颜开始对目标用户行为进行分析，与网站后台用户参赛等数据统计，经过统计如表 3-3 所示。

表 3-3　目标用户业务动作

目标用户	目标行为	目标值	网站现状	目标实现率
网站访客	访问网站	12 000	10 010	19.88%
	浏览量	400 000	307 221	30.20%
参加比赛	参加比赛	10%	10 250	7.31%（11 000）
	点击实训	20%	16 821	57.73%（26 472）
	点击实战	20%	2 629	40.78%（3 701）
	晋级决赛	20%	1 543	9.2%（1 685）

从用户行为来看，网站访问量及浏览量上去了，但参加比赛人数及复赛晋级人数远远没有达到预期目标。说明网站自身新用户注册人数不多，网站缺乏对外的搜索优化，建议

对网站关键词进行优化推广,同时优化推广方案。

3. 访客属性分析

访客基本属性包含性别比例、年龄分布、学历分布、职业分布几个方面,如图3-18所示为C实习访客基本属性。

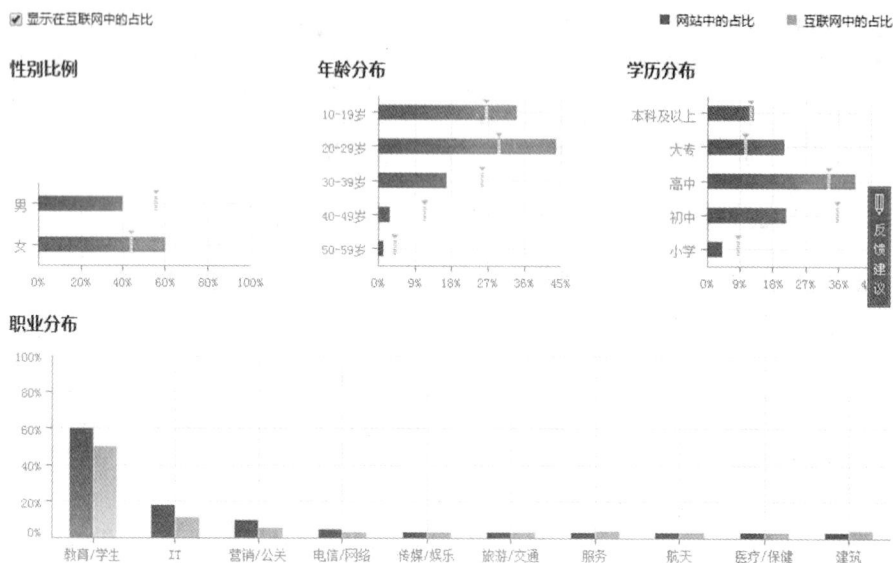

图3-18 网站访客属性

C实习主要访客为年龄18—30岁学生及从事教育行业的相关人群。由此可以得出,C实习网站受众人群明确,网站访客的质量和比例还可以进行优化(如图3-19所示)。

点击"访客分析—地域分析",查看网站访客地域分布,通过地域分布,小颜可以针对性地展开地域性线下推展活动。

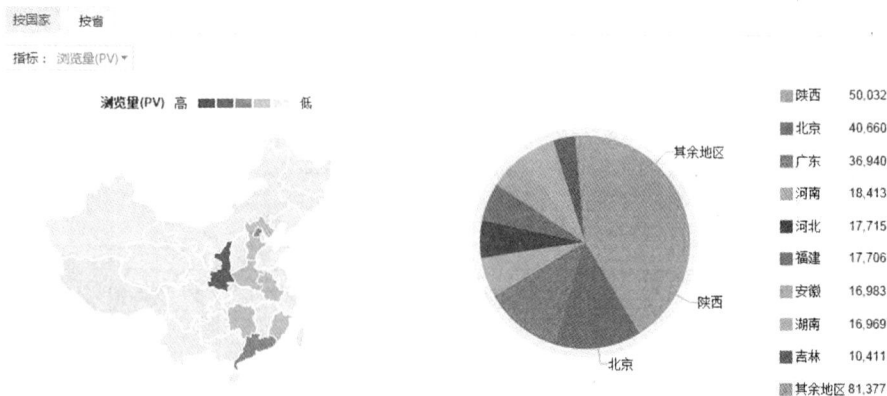

图3-19 访客地域分布

点击"访客分析—系统环境",系统环境一般就是PC端和移动端。PC端的访客和移动端的访客进入网站以后的行为是有天壤之别的,C实习移动端APP还处于初期,所以对于小颜运营团队而言,网站运维重点是 PC 端的引导(如图 3-20 所示)。

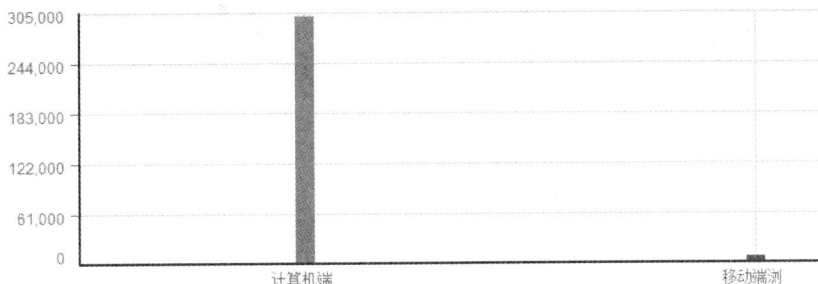

图 3-20　网站访问系统环境分析

新访客比例越高,说明网站的推广做的越好。老访客比例越高,说明网站的黏性越高。对于 C 实习而言,新访客比例应该在 80% 左右,老访客比例在 20% 左右。然而由于全国电子商务运营技能大赛缘故,点击"方可分析→新老访客",可以看到 C 实习新老访客比例,上周访问用户仅有 41.47% 本周回访。网站老访客比值较高属于正常(如图 3-21所示)。

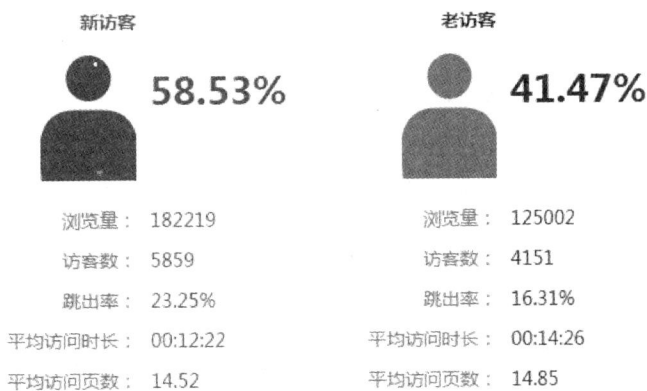

新访客		老访客	
58.53%		**41.47%**	
浏览量:	182219	浏览量:	125002
访客数:	5859	访客数:	4151
跳出率:	23.25%	跳出率:	16.31%
平均访问时长:	00:12:22	平均访问时长:	00:14:26
平均访问页数:	14.52	平均访问页数:	14.85

图 3-21　新老房客比例

此外,对于用户访问忠诚度的分析,用户访问忠诚度主要表现在用户每次访问页面的数量,数量越多,用户忠诚度越高,C 实习网站平台课程丰富,各个页面间链接粘度高,因此用户平均访问页数较高。点击"访客分析—用户访问忠诚度"(如图 3-21 所示)。

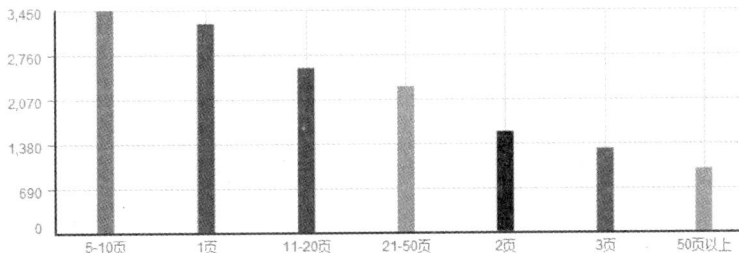

图 3-22　网站忠诚度分析

通过以上五个方面对访客属性的分析,小颜的运维团队可以较为清晰地分辨出网站的访客是否健康和高质量,如果发现某些方面差得太多,则需要马上调整策略,避免越陷越深。

步骤3:完成分析报告

经过对网站数据分析,以及对分析结果进行总结。9月份第二周,网站访问量和浏览量均达到了预期目标,且参加比赛人数提高7.31%,实训课程及实战课程点击率大大提升,但晋级决赛人数未达到预期结果,说明C实习平台相关课程点击率虽多,可完成率不高。

网站访客的主要来源是直接访问,搜索引擎访问占比很小,且跳出率较高,需要基于所有搜索引擎的访问关键字针对Landing Page进行针对性内容优化。深入实施SEO提升搜索引擎流量。同时,来源关键词过于单一,需提升C实习平台相关关键词排名及收录量,围绕"实战"、"实习"这些专有词汇对全站进行SEO优化与文字描述调整,同时建议基于C实习网站自有关键词等词汇对Landing Page进行内容与导航链接的调整与优化。

网站最受欢迎的"训练"栏目,栏目点击率非常高,可以扩展实训栏目内容的使用,如在首页、训练栏目页、训练内容页等点击率高的页面中添加实战内容推荐等,或通过侧边栏、弹出框等形式来提醒用户点击。同时,通过丰富栏目内容吸引访客深入浏览与持续回访,并提高发布频率,增加网页数,提升用户粘度。

对于参加比赛的用户而言,网站栏目缺乏对其的引导及提示,处在特殊时期应对这类用户进行特殊关照。

支撑知识

1. 网站流量分析(KPI)

(1)网站流量分析一般指标

网站流量统计KPI常用来对网站效果进行评价,主要的统计指标包括:

● 访问量(Page View):即页面浏览量或者点击量,用户每次对网站的访问均被记录1次。用户对同一页面的多次访问,访问量值累计。

衍生出的指标:

● 日均访问量:指对应时间范围内,网站每日的平均访问量。

● 最高日访问量:指对应时间范围内,网站在某天获得最高访问量。

● PV%:指选择时间范围内,某个类别的PV占总PV的比例。

● 独立IP:指在一天之内(00:00—24:00),访问网站的独立IP数。相同IP地址只被计算1次。

● 独立访客(Unique Visitor):将每台独立上网电脑(以cookie为依据)视为一位访客,指一天之内(00:00—24:00)访问您网站的访客数量。一天之内相同cookie的访问只被计算1次。

● UV％：指选择时间范围内，某个类别的 UV 占总 UV 的比例。

● 重复访客（Repeat Visitor）：某个 cookie 的再次访问计为一个重复访客，它的数目即为重复访客数量。

● 重复访客百分比：重复访客占全部访客的比例。

● 重复访问数量：是指某个 cookie 除第一次访问之后，又访问您网站的次数。

● 人均访问页面数：指对应时间范围内，每个访客访问网站的平均页面数。

（2）用户和流量增长 KPI

● 用户增长百分比：即 UV 的增长百分比（一般是同上个月或上一周来比较）。

● 流量增长百分比：即 PV 的增长百分比（同上）。

● 从搜索引擎而来的流量百分比：从搜索引擎而来的 PV 占总 PV 的比例。

● 新访客比例：新访客占全部访客的比例。

（3）内容效率 KPI

● 每次访问的平均页面数：总访问量/访问人次。平均页面访问数代表了网站的粘度，粘度越高，用户看的页面越多，平均页面访问数也就越高。

● 每个独立访客的平均访问次数。

● 回访率：回访访客占所有访客的比例，用于揭示网站访问者对网站的忠诚度。

● 新访客同回访客的比例。

● 网站访问者在不同逗留时间（0—30 秒，30 秒—2 分钟等）的数量。

● 不同访问深度的访客数量。

● 跳出率（Page Bounce Rate）：指仅浏览了该页面（一个页面）就离开网站的用户比例。

2. 用户特征分析

用户停留时间。目前监控用户停留时间的方式是：用户到达时间—用户离开时间，但是用户什么时候离开很难准确判断，这种数据仅作参考，一般停留时间越长网站粘性越好。如果用户停留时间超过 1 个小时，基本就是假流量，或者打开网页忘记关了。

新老用户比例：老用户比例越高，证明用户忠诚度不错。但是还要考虑绝对量，不能靠新用户越来越少来衬托老用户比例越来越高。

用户地域分析。用户地域与订单地域分布基本一致，基本上就是用过互联网用户的分布比例以及经济发达程度等。这个对于提升区域配送及服务比较有帮助。

3. 用户行为分析（KPI）

用户行为 KPI 主要反映用户是如何访问网站的、在网站上停留了多长时间、访问了哪些页面等，主要的统计指标包括：

（1）访问深度（Depth of Visit）：在一次完整的站点访问过程中，访客所浏览的页面数。访问页面越多，深度越高，访问深度可以理解为是平均页面访问数的另一种形式，也是衡量网站粘度的指标。

（2）新访客：某个 cookie 的首次访问计为一个新访客。

（3）最近访客：最新访客统计，最近一段时间内（5 分钟内）访问您网站的 100 个独立访客，按"进入时间"倒序排列。

(4) 同时在线人数:15 分钟(时间范围可自己定)内在线访问的 UV 数。

(5) 最高小时在线人数:指对应时间范围内,网站在某一小时内最高同时在线的唯一访客数。"天"以 24 小时(00:00—24:00)为单位。

(6) 访问入口:每次访问过程中,访客进入的第一个页面,此页面可以显示网站对外或搜索引擎的一些链接入口。

(7) 访问出口:每次访问过程中,访客结束访问,离开前点击的最后一个页面,此页面可以显示网站对外或搜索引擎的一些链接入口。

(8) 访问最多的页面:访客访问最多的页面。

(9) 进入最多的页面:作为访客访问站点的访问入口中最多的页面。

(10) 退出最多的页面:作为访客访问站点的访问出口中最多的页面。

(11) 到达最多的目标:通过点击链接到达的最多的目标页面。

(12) 首页访问数:首页的浏览量。

(13) 站点覆盖(点击密度分析):通过覆盖在 Web 页面上方的点击,可以直接显示访客在 Web 页面上点击了哪里。

(14) 访客所用搜索引擎:分析网站访客访问网站所使用的搜索引擎。

(15) 访客所用关键字:分析网站是通过哪些关键字搜索带来的流量,并分析每个关键字是由哪些搜索引擎带来的。

访客停留时间(访问时长):访客访问网站的持续时间。

来源分析:分析网站访客的来源类型,来源页面统计。

来源类型分为:

搜索引擎:由搜索引擎的链接访问网站。

其他网站:由非搜索引擎的其他网站链接访问网站。

直接输入网址和标签:访客通过在地址栏、收藏夹、书签等方式直接访问网站。

站内跳转:访客在网站内部的页面之间进行跳转,产生的流量。

(16) 总数据:网站自开通盘点系统之日起至今的各数据量总和。

(17) 访问量变化率:指对应数据项在当前时间段,与上一个时间段相比较,访问量的同比变化率。例如,上周(7 天)的访问量变化率为↓21.1%,表示上周的访问量比上上周的访问量下降了 21.1%。又如,今日 10:00—11:00 的访问量变化率为↑1.3%,表示今日 10:00—11:00 比昨日 10:00—11:00 的访问量上升了 1.3%。

(18) 被访页面:分析网站中各个页面的流量分布,以及其随时间的变化趋势。

(19) 当前访客活跃度:是指您网站上当前访客的多少,它在一定程度反映了您网站在当前时间的受欢迎程度。

(20) 访问路径:每个访问者从进入您的网站开始访问,一直到最后离开您的网站,整个过程中先后浏览的页面称为访问路径。

(21) 访问频度:指您网站上访问者每日访问的频度,用于揭示您网站内容对访问者的吸引程度。

(22) 点击次数:是指用户点击页面上链接的次数。

4. 用户行为分析方式

既然是对用户的行为进行分析,那么在得到数据后,我们需要如何进行行为分析呢? 分析方式有哪些呢? 主要从几个维度来分析:方式、侧重、优缺点。

用户行为分析的方式:

(1) 网站数据分析。通过对每个模块的点击率、点击量、访问量进行数据捕获,然后进行分析;

(2) 用户基本动作分析。用户访问留存时间、访问量等;

(3) 关联调查数据分析。主要在电商上的相关推荐等;

(4) 用户属性和习惯分析。对用户属性和用户习惯两个维度进行分析。用户属性包括性别、年龄等固有的。用户习惯包括用户的一起喜爱度、流量习惯、访问习惯等等;

(5) 用户活跃度分析。以数据分析为导向、以产品设计反馈为导向、以对用户的调查为导向。用户行为分析的侧重点,主要有以下几点:

① 网站数据分析的侧重点:数据监测、挖掘、收集、整理、统计;

② 用户基本动作分析侧重点:统计用户基本信息,比如性别、年龄、地域,分析用户群体;

③ 关联分析侧重点:分析数据为精准营销提供数据支撑;

④ 用户活跃度侧重点:主要是用户的使用频率进行分析,可以得出分析为什么用户喜欢使用这个产品这个功能。

5. 分析报告

网站统计分析通常按日、周、月、季度、年或围绕营销活动的周期为采集数据的时间。当然单纯的网站访问统计分析是不够的,我们在分析报告中需根据网站流量的基本统计和可采集的第三方数据的基础上,对网站运营状况、网络营销策略的有效性及其存在的问题等进行相关分析,并提出有效可行的改善建议才是网站访问统计分析报告的核心内容。应该包括以下几方面的内容:

(1) 网站访问量信息统计的基本分析;

(2) 网站访问量趋势分析;

(3) 在可以获得数据的情况下,与竞争者进行对比分析;

(4) 用户访问行为分析;

(5) 网站流量与网络营销策略关联分析;

(6) 网站访问信息反映出的网站和网站营销策略的问题诊断;

(7) 对网络营销策略的相关建议。

同步训练

学生在教师的带领下对校网站各项指标进行统计,包括网站的浏览量、访客数、IP数等基本数据进行阶段性统计,分析网站访客的行为,最后形成报告,报告将由教师统一点评(如表3-4所示)。

同步训练任务书

表 3－4 网站指标及访问者分析

任务名称		网站指标及访问者分析				
小组成员	主要负责人					
	其他成员					
小组成员分工	负责使用工具查数据并统计成员					
	负责撰写报告					
网站基本指标（以 7 天前后的数据进行对比）						
网站流量量			访客数		IP 数	
访问者行为分析	访客来源					
	访客属性					
撰写报告						
教师点评						

综合评价

表 3－5 综合评价表

任务编号		任务名称	网站指标及访问者分析
任务完成方式	□ 小组协作完成 □ 个人独立完成		
评价点			分值
学生分工是否明确			25
数据统计是否正确			25
数据对比分析的方法是否正确			25
分析报告撰写是否规范			25
本主题学习单元成绩：			
自我评价	（20%）	小组评价	（20%）	教师评价	（60%）
存在的主要问题			

拓展任务

学生独立完成对自己感兴趣的网站进行数据统计分析。

任务三　网站内容优化策略制定

任务引导

在完成对网站数据分析之后,对网站之前运营推广措施是否合适有了认知,同样的,经过网站分析数据反馈,C实习网站存在一些其他问题,因此根据数据分析结果制定网站内容优化策略及评估方案是当下需要面对的问题。

任务分析

☑ 制定实施方案
☑ 制定评估方案

任务实施

步骤1:制定实施方案

针对C实习网站数据分析结果,小颜团队认为初阶段通过微博及微信推广,网站流量有所提升,但晋级人数未达到预期目标,因此决定从两个方面制定C实习网站内容优化方案。一个是网站关键词优化,另一个为大赛晋级内容优化。

1. 网站关键词优化

通过网站流量搜索来源分析,小颜的团队发现用户访问关键词中多为"C实习",说明访问网站用户多为线下活动推广后直接访问并注册网站参加大赛的学生,这些通过搜索引擎搜索"C实习"、"C实习平台"、"cshixi"等品牌关键词的流量,其目标十分明确,参加大赛。对于C实习而言,这些用户存在不稳定的因素,可能因大赛结束而脱离C实习平台,因此,吸引有价值目标客户,即在C实习课堂学习技能,锻炼实践技能的用户。根据搜索流量来源特点,小颜团队将针对网站关键词进行重新部署优化,强调"实习"、"实践"、"在线实习"等关键词。

从用户行为来看,网站访问量及浏览量上去了,但参加比赛人数及复赛晋级人数远远没有达到预期目标。说明网站自身新用户注册人数不多,网站缺乏对外的搜索优化,这也是为什么小颜团队决定对网站进行关键词优化的原因之一。

那么如何制定关键词优化方案,小颜决定针对竞争对手网站进行分析,查看其网页META部署,通过对比制定出自己的网页关键词。

2. 大赛晋级内容优化

对于大赛,小颜的运维团队目标是提升用户注册人数及晋级人数,通过网站后台参赛人数统计结果,参加比赛的人数提升了,但晋级人数未提升,说明点击并完成实训课程的人数不多,需要对课程任务页内容进行步骤优化,引导用户完成对应课程实训任务,其次通过弹框、侧边栏提醒用户当前分数及相关任务完成情况,以及距离晋级复赛所差分值等。同时,通过微信、微博、网站通告等形式提醒用户大赛相关信息,如发布大赛晋级攻略等。

3. 网站栏目优化

此外,对于网站访问跳出率及访问时长分析,C实习网站需要解决另一个问题便是用户流失,以及网站用户氛围活跃,因此小颜在经过与研发人员沟通后,决定创建论坛功能,通过论坛提升网站活跃度,同时也为用户交流提供平台。

步骤2:制定评估方案

小颜团队需要对制定的实施方案确定实施评估方案,网站活动评估的最好标准就是数据反馈,数据监控主要从以下几个方面出发。

1. 活动网站每周流量评估

每周对指定活动网站进行流量评估。从访客流量的变化趋势中,可以直观地了解该营销活动,针对目标人群的影响力状况。特别是实训、实战栏目及其内容页。

2. 营销活动页面流量分析

通过对营销活动不同页面的流量和停留时间的评估,可以直观地了解该活动网站最受关注的页面内容。以及不同属性目标用户关注的兴趣点差异。对于C实习而言,其实训栏目下课程众多,引导用户完成其他课程学生分析从而帮助学生掌握网店运营等与大赛相关的技能练习。通过营销活动,明确每个课程下用户访问流量及停留时间。

3. 目标用户全体参与最多的营销活动页面统计

针对目标用户,分析近期参与最多的营销活动,以及参与最多的营销活动类别。进而优化营销活动策略方案或创意。通过对该活动页面访问量、浏览量以及活动参与人数进行统计。

4. 热力图监控

通过对相应页面添加热力图监控,达到用户行为监测的目的,从而对网站栏目布局功能等进行优化,达到最好的用户体验目的。同时,通过查看链接点击图查看各个课程点击情况。

支撑知识

1. 网站优化目标及意义

网站优化是一个整体过程,从网站建设到网站的运营,这个过程都离不了优化策略,每个环节都必须有优化思想。

首先,应该知道什么是网站优化,网站优化的目的是什么?

网站优化是指在搜索引擎许可的优化原则下,通过对网站中代码、链接和文字描述的重组优化,以及后期对该优化网站进行合理的反向链接操作;最终实现被优化的网站在搜索引擎的检索结果中得到排名提升。

网站优化就是通过对网站功能、网站结构、网页布局、网站内容等要素的合理设计,使得网站内容和功能表现形式达到对用户友好并易于宣传推广的最佳效果,充分发挥网站的网络营销价值。

网站优化设计的含义具体表现在三个方面:对用户优化、对网络环境(搜索引擎等)优化,以及对网站运营维护的优化。

对用户优化:经过网站的优化设计,用户可以方便地浏览网站的信息、使用网站的服务。具体表现是:以用户需求为导向,网站导航方便,网页下载速度尽可能快,网页布局合理并且适合保存、打印、转发,网站信息丰富、有效,有助于用户产生信任。

对网络环境(搜索引擎等)优化:以通过搜索引擎推广网站的角度来说,经过优化设计的网站使得搜索引擎顺利抓取网站的基本信息,当用户通过搜索引擎检索时,企业期望的网站摘要信息出现在理想的位置,用户能够发现有关信息并引起兴趣,从而点击搜索结果并达到网站获取进一步信息,直至成为真正的顾客。对网络环境优化的表现形式是:适合搜索引擎检索(搜索引擎优化),便于积累网络营销网站资源(如互换链接、互换广告等)。

对网站运营维护的优化:网站运营人员方便进行网站管理维护(日常信息更新、维护、改版升级),有利于各种网络营销方法的应用,并且可以积累有价值的网络营销资源(获得和管理注册用户资源等)。

所谓搜索引擎优化(Search Engine Optimization,SEO),也就是针对各种搜索引擎的检索特点,让网页设计适合搜索引擎的检索原则(即搜索引擎优化),从而获得搜索引擎收录并在排名中靠前的各种行为。

SEO的主要工作是通过了解各类搜索引擎如何抓取互联网页面、如何进行索引以及如何确定其对某一特定关键词的搜索结果排名等技术,来对网页进行相关的优化,使其提高搜索引擎排名,从而提高网站访问量,最终提升网站的销售能力或宣传能力的技术。

2. 网站优化三大层次技巧

(1) 使得网站的外链能够尽量的多元化

网站的外链涉及的范围得到扩大也就是网站外链的多元化了,外链就可以被认为是选民的投票,想要得到票数越多,相应的地位也就越高,选择的力度同时也会增强,外链的广泛度其实就是搜索引擎对外链衡量的标准之一,这种广泛度对于网站排名有着非常重要的意义,在其他条件完全相同的情况下,两个网站中,外链涉及的范围越广越多的排名同时就会更高。因为在搜索引擎的设定中内容不佳的网站是很少会有别的网站同意添加外链的,这样的逻辑下,一个网站被其他的网站链接的次数越多,则表示这个网站也就越受到欢迎。同时,外链的质量也很重要,如果外链只不过是来自一个普通的论坛,或者都是一些小博客,诸如这样的链接,就算你有很多甚至是有几万条,这样的链接根本就没有什么意义,搜索引擎对待博客和论坛所设定的外链权重已经非常低了。

(2) 网站中的流量也要尽量涉及很多方面

如果流量完全来自两个最大的搜索引擎,即使网站排名非常的好,被踢出去或者是降权也就不可避免的,这种情况之下,网站的流量下降也就是必然的。在这种情况之下,如何能够盈利,没有流量,也就没有业务,没有业务也就没有利润,在这种规则之下,网站必须要给流量多提供来源,可以通过博客、QQ 群、论坛,还可以利用软文、网站内容优化来带来流量。

(3)网站中的内容要多措并举

网站中内容总是非常重要的,不管是什么引擎,原创文章,及时更新都是非常重要的。新鲜的东西总是更能吸引搜索引擎。若是一个网站每天所做的都是从别的网站拷贝文章,这样的网站即使得到收录排名肯定也不会很好,原创文章要在标题,内容等方面都做到唯一,唯一性、绝不雷同是非常必要的,当然内容要兼顾网站的主旨,如果完全都是跟网站本身毫无关系的文章那也是完全没有意义的。切记不要为了所谓的原创而去原创。尤其要指出的一点就是,现在图文并茂的更新更能受到良好的效果。

同步训练

学生结合任务二中的同步训练,根据分析报告针对校网站的现状制定优化方案,并对去进行评估(如表 3-6 所示)。

同步训练任务书

表 3-6 网站优化方案

任务名称	制定网站优化方案	
小组成员	主要负责人	
	其他成员	
小组成员分工	确定关键词	主要由谁来完成这项工作?
	确定网站导航	
	确定网站内容	
优化内容	推广途径	使用什么平台对网站进行推广?
	网站关键词	确定校网站目前的关键词和需要优化的关键词?
	网站导航	确定校网站目前的导航和需要优化的导航?
	网站内容	确定校网站目前的有问题的内容并对其进行修改优化。
评估方案	分析通过哪些方面对这次优化进行评估?	
教师点评		

综合评价

表 3-7 综合评价表

任务编号		任务名称	制定网站优化方案
任务完成方式	☐ 小组协作完成 ☐ 个人独立完成		
评价点			分值
工作分工是否合理			25
工作流程是否正确			25
网站优化的内容是否准备			25
方案评估是否正确			25
本主题学习单元成绩：			
自我评价	（20%）	小组评价	（20%）	教师评价	（60%）
存在的主要问题			

拓展任务

学生在班级内部讨论,网站内容优化重点在哪？并根据自己所学知识撰写针对网站优化的看法。

任务四　网站内容优化策略实施与评估

任务引导

制定了网站内容优化方案,那么接下来需要做的便是针对性的网站内容优化方案的实施,并针对实施效果进行评估。

任务分析

☑ 内容优化策略实施
☑ 内容优化效果评估

任务实施

步骤 1:内容优化策略实施

1. 关键词优化

针对网站内容优化主要包含网页内容及网站结构,对于 C 实习,其网站主要内容即是课程及任务,因此内容优化即是对任务的优化,除去对页面结构的优化外,需要对网站代码进行"瘦身"。同时,C 实习中一些相关的栏目页面仍未动态页,因此需要静态化,增加网站收录量,同时完善网站的 META 信息。在搜索引擎中输入"微信营销培训",罗列出众多搜索结果,其中点击多倍微信营销公开课搜索结果(如图 3-23 所示)。

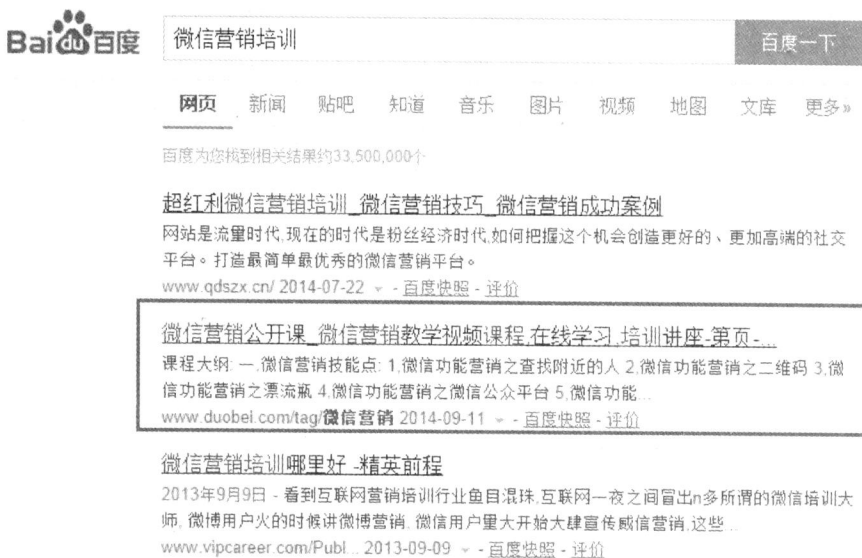

图 3-23 微信营销培训搜索结果

点击后进入多倍该课程栏目页面,鼠标右键点击"查看源代码"查看网页 META 信息(如图 3-24 所示)。

```
<meta http-equiv="Content-Type" content="text/html; charset=UTF-8">
<title>微信营销公开课_微信营销教学视频课程,在线学习,培训讲座-第页-多贝公开课
</title>
<meta name="Keywords" content="微信营销公开课,微信营销教学视频,微信营销课程,微信营销知识在线学习,培训讲座" />
<meta name="Description" content="多贝网微信营销公开课:提供在线微信营销知识培训,微信营销教学课程,微信营销知识讲座等内容,学生可参加直播视频课程与老师互动,老师也可通过多贝网络公开课平台提高影响力和知名度。" />
```

图 3-24 多倍微信栏目 META 信息

可以看到,其 META 信息中"微信营销"课程相关关键词比较多,结合 C 实习微信栏目 META 信息,可以看到 C 实习网站 META 信息中与课程相关的核心关键词较少(如图

3-25所示)。

```
<meta http-equiv="Content-Type" content="text/html; charset=utf-8" />
<title>微信营销新手入门 – 网络营销 – C实习 – 让实践更加简单！</title>
<meta name="keywords" content="汇总您在C实习站内所收藏的课程、训练、测试等。" />
<meta name="description" content="微信营销新手入门, 所属二级方向在线课程, 技能提升, C实习" />
<meta name="generator" content="CD X3.1" />
```

图 3-25 C实习微信营销课程栏目 META 信息

因此,用户在搜索微信营销时,由于C实习网站关键词排名较后,所以通过该关键词搜索进入网站用户较少,其次,考虑到C实习目标人群意向多为学习而来,所以在关键词重新部署时,经过分析,并结合站长工具为C实习课程页相关页面确定如下相关关键词。(如表3-8所示)。

表 3-8 微信营销栏目 META 信息

栏目名称	微信营销新手入门
Title	微信营销培训—微信营销公开课—微信营销教学视频—微信营销新手入门—网络营销—C实习,让实践更加简单！
Keyword	微信营销公开课,微信营销教学,微信营销课程,免费学习,微信营销知识在线学习,培训讲座
Description	C实习微信营销公开课:提供在线微信营销知识培训,微信营销教学课程,微信营销知识讲座等内容,提升微信营销技能,C实习,让实践更简单。

在完成栏目页 META 信息整理后,使用同样的方法完成其他页面 META 整理,完成后安排相关同事进行整站 META 信息更换。其次,在课程内容页中,增加与课程相关的关键词密度。

2. 网站引导优化

对于网站对于用户的引导不足问题,解决办法是通过网站弹出框及侧边栏提醒用户,对于参与大赛的用户,选择通过登录后弹出下拉框(如图 3-26、3-27所示)。

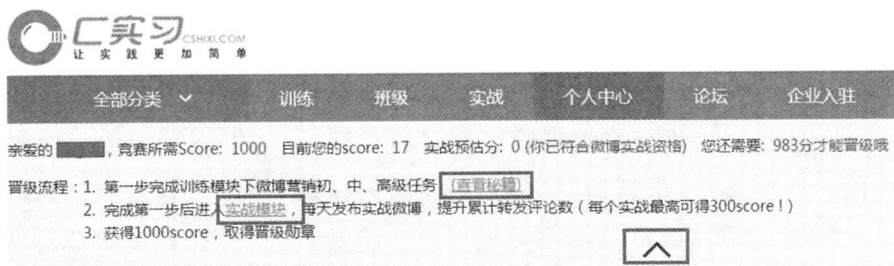

图 3-26 首页下拉框提醒

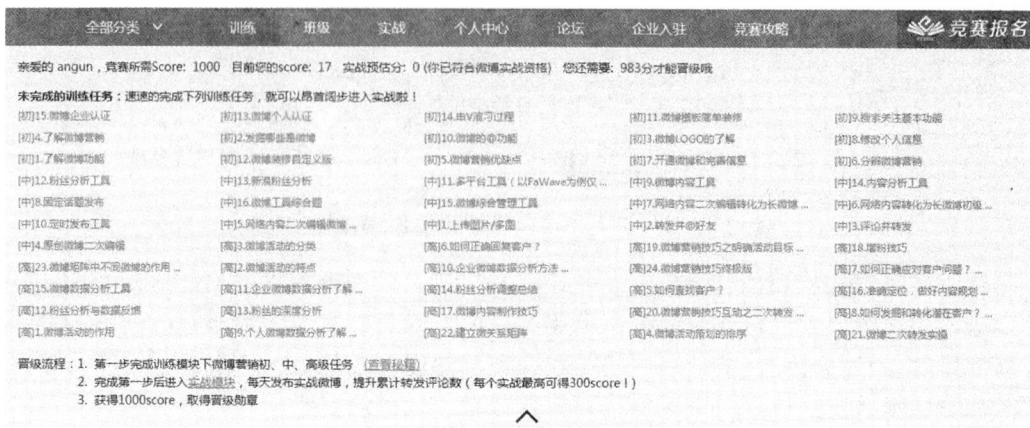

图 3 - 27　栏目页下拉框提醒

在下拉框中,对关键词"查看秘籍"、"实战模拟"添加锚文本,直接指向"晋级秘籍"和"实战"栏目。从而提升大赛晋级人数及实战模块相关课程的点击率。同时在网站实训任务内部,通过侧边栏提示,引导学生进入其他任务学习(如图 3 - 28 所示)。

图 3 - 28　网站内容页侧边栏提醒

3. 网站内容优化

在对网站数据进行分析时,发现网站用户跳出率较高,相对于课程而言,网站访问时长并不长,因此在网站内容优化时,C 实习网站需要解决另一个问题便是用户流失,以及网站用户氛围活跃,因此在经过与研发人员沟通后,决定创建论坛功能,通过论坛提升网站活跃度,同时也为用户交流提供平台。为新建的论坛栏目首页截屏(如图 3 - 29 所示)。

图 3-29 C实习论坛首页截屏

　　C实习论坛版块设置分为学习交流、C因天地和站务专区,不同的版块下又细分为多个模块,通过不同模块,用户可发布或参与到对应的活动中,同时论坛管理员也会在论坛中开设每周活动,来提升网站用户活跃度。

　　C实习论坛的开设方便用户进行技术交流,同时也可以发表自己的见解,从而让用户认识更多的朋友,论坛对于用户而言也是一个归宿。同样的,论坛可以让百度收录关键词,可以通过站内论坛上发布带关键字的帖子,会有一定几率出现在百度首页上。通过论坛发布C实习相关活动及新增课程,可以增加网页外链,对提升C实习网站收录量,有很大帮助。图 3-30、3-31为C实习论坛活动相关帖。

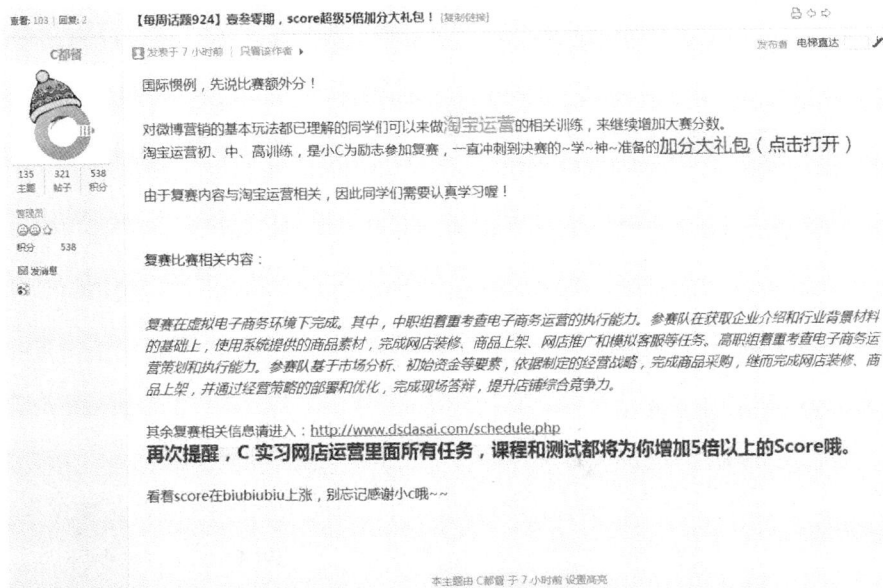

图 3-30 C实习论坛每周话题活动

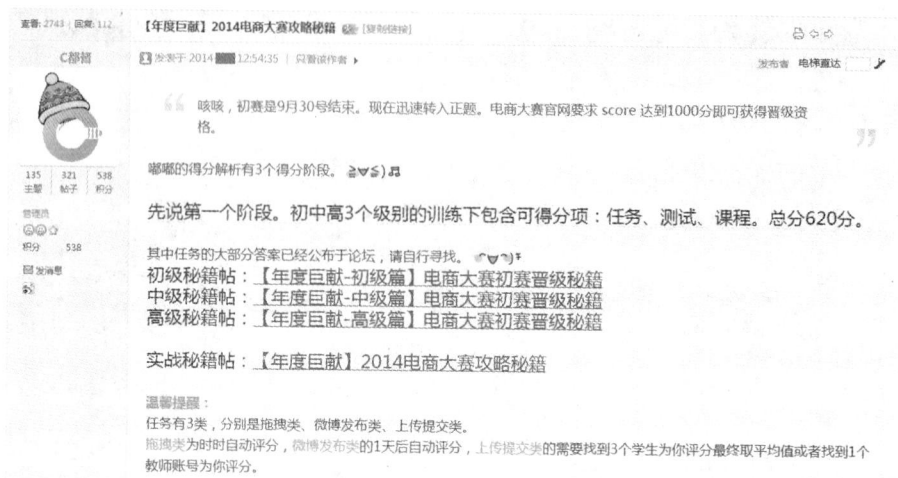

图 3‑31　C 实习论坛大赛攻略秘籍帖

4. 大赛推广优化

除了针对数据分析结果对网站内部进行优化外，小颜的团队需要通过站外推广，通过 C 实习自有微信及微博平台，发送与大赛相关的图文信息，如图 3‑32 所示，为 C 实习微信推送内容。通过 C 实习小助手微信，发布大赛晋级信息、新增实战任务以及大赛相关活动。通过站外推广为 C 实习导入流量，同时向用户提供行业资讯。

图 3‑32　微信活动推广

微博与微信的同步信息更新是小颜的运营团队早已达成共识的,一方面通过微信图文信息发送,另一方面通过微博发布博文信息进行站内活动宣传与推广,如图 3-33、3-34所示,为 C 实习微博活动博文。

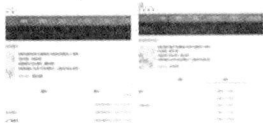

【大赛score如何快速上涨】#全国电子商务运营技能竞赛#大家好,我们新推出了淘宝运营的相关训练哦,是小C为励志参加复赛,一直冲刺到决赛的~学~神~准备的加分大礼包,点击:http://t.cn/RhSzXJZ 里面所有任务,课程和测试都将为你增加5倍以上的Score。看着score在Susu上涨,别忘记感谢小c哦~~

9月17日 18:04　来自微博 weibo.com | 举报　　　　赞(4) | 转发(27) | 收藏 | 评论(32)

图 3-33　微博营销活动(1)

【大赛温馨提示】#全国电子商务运营技能竞赛#截至初赛结束还有13天。小伙伴们,你晋级了吗?如果你晋级了,期待你帮助、知道你周边的小伙伴一起晋级,因为复赛你首先要有自己的Team。如果你没晋级,哈哈,机会来了,加速吧,看看福利帖,抓紧晋级!http://t.cn/RhXSCsm

9月17日 09:20　来自微博 weibo.com | 举报　　　　赞(1) | 转发(22) | 收藏 | 评论(31)

图 3-34　微博营销活动(2)

步骤 2:内容优化效果评估

网站数据化营销是一个循环的过程,通过运营推广一段时间,获得网站访问数据,之后对数据进行分析,明确网站现阶段推广、优化中存在的问题,再次进行推广优化。通过数据统计对网站运营行为进行判定,是网站运营人员需掌握的基本技能。

对于小颜团队而言,对网站内容优化方案实施后的效果评估是判定其工作成果的主要依据,再经过一段时间的运营推广之后,小颜团队依然通过 C 实习网站百度统计后台分析,对网站流量进行查看。

登录百度统计后台,通过查看推广后一周的网站数据。可以看到网站访客数、浏览量均有一定提升,网站跳出率降低,平均访问时长提升。可见其站外推广方式有一定效果。可以看到来自微博、微信流量有所提升。其次小颜团队的微博及微信人员也查看到粉丝和关注度均有一定的提升(如图 3-35、3-36、3-37 所示)。

浏览量(PV)⑦	访客数(UV)⑦	IP数⑦	跳出率⑦	平均访问时长⑦
418,599	13,701	8,720	21.47%	00:14:34
536,764	14,841	9,533	16.88%	00:15:04

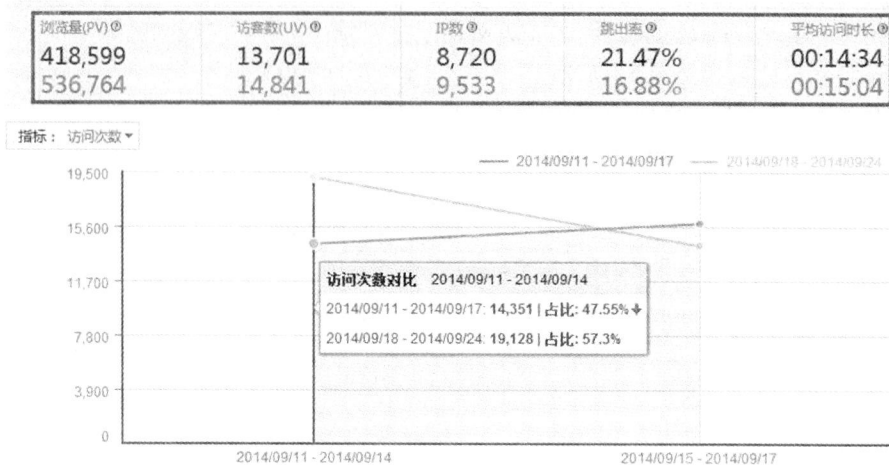

图 3-35　网站访问两周数据趋势分析对比

浏览量(PV)⑦	访客数(UV)⑦	IP数⑦	跳出率⑦	平均访问时长⑦
899,680	26,952	17,432	17.8%	00:15:55

图 3-36　网站访问两周内趋势分析

	外部链接		浏览量(PV)↓	访客数(UV)	IP数	平均访问时长
⊞	1	http://www.dsdasai.com	88,850	2,274	1,523	00:13:34
⊞	2	http://www.cshixi.com	18,251	778	695	00:15:29
⊞	3	http://weibo.com	5,984	270	264	00:15:39
⊞	4	http://mail.qq.com	3,833	154	153	00:15:29
⊞	5	http://cshixi.com	2,487	117	117	00:14:43
⊞	6	http://www.baidu.com	682	45	50	00:04:13
⊞	7	http://www.sogou.com	416	9	9	00:09:51
⊞	8	http://ic2.s51.qzone.qq.com	257	2	2	00:11:59
⊞	9	http://www.bodao.org.cn	251	22	21	00:03:32
⊞	10	http://mp.weixin.qq.com	241	42	46	00:02:12

图 3-37　网站来源外链分析

通过在百度中输入"site：www.cshixi.com"，查看网页收录量，可以看到，经过网站静态化后，搜索量提升，同时，论坛栏目的建设也提升了网站的搜索量（如图 3-38 所示）。

图 3-38　网站收录量查询

通过对网站论坛访问情况查询，可以看到论坛目前流量并不高，该栏目处于建设初期，因此需要大量人手及活动注入，使其内容丰富活跃起来（如图 3-39 所示）。

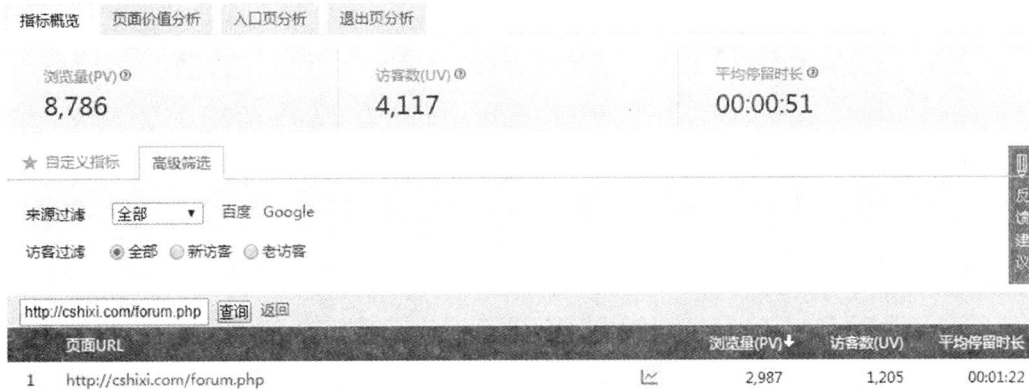

图 3-39　论坛访问情况

通过链接点击图和网页热力图对论坛栏目监控可以看到，论坛中热门点击频道为学习交流以及 C 因天地版块，说明用户对这两个版块感兴趣，喜欢交流。同时，通过热力图小颜看到，首屏最新帖子及最新回复为用户最为关注的模块，在论坛首屏设置最新帖子、最新回复和本周热门是合理的布局（如图 3-40、3-41 所示）。

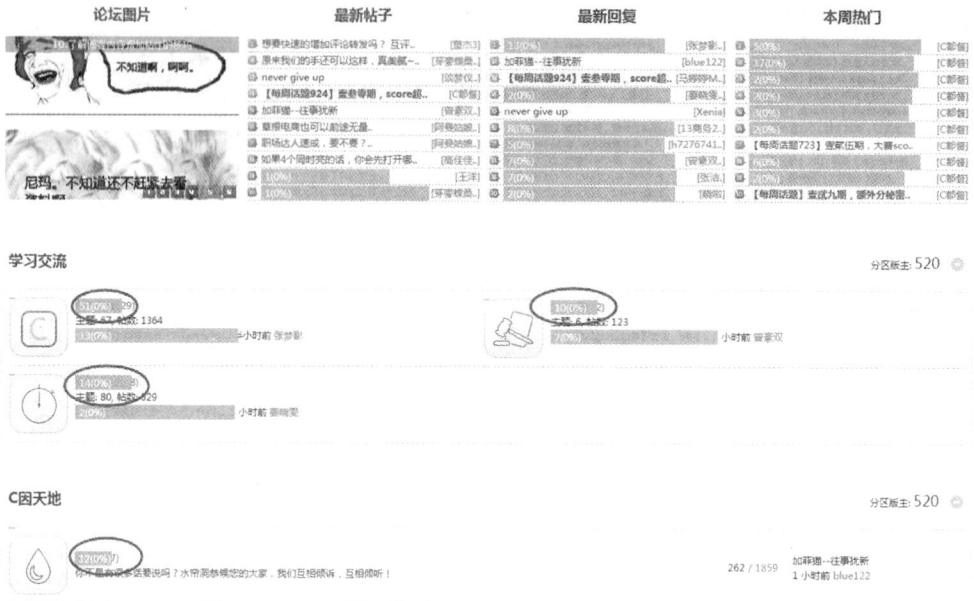

图 3 - 40　链接点击图

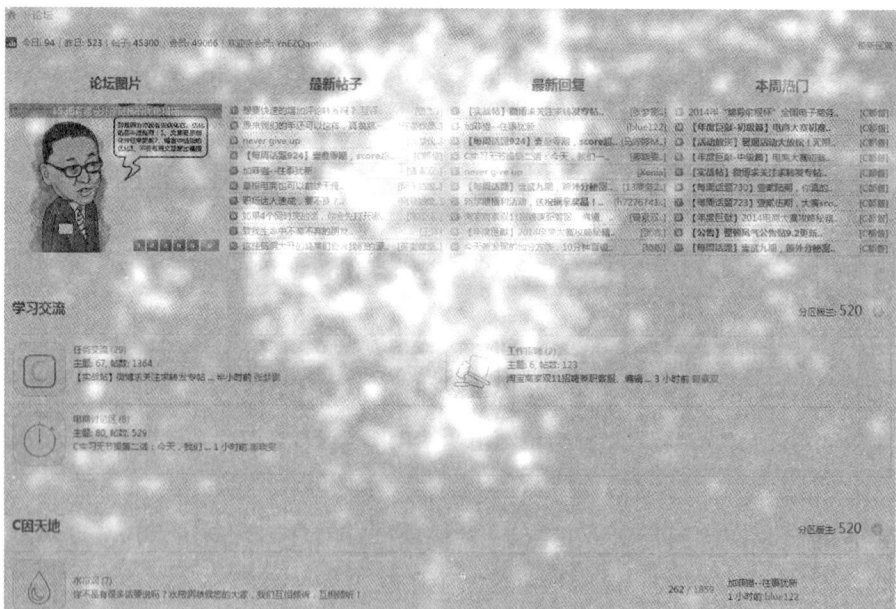

图 3 - 41　网页热力图

　　研发人员通过在网站下拉框和侧边栏提醒设置,通过链接点击图分析发现,网站对应栏目点击量上升了,同时通过网站后台对晋级人数进行统计之后,发现自开设提醒之后一周之内,网站晋级人数保持每天在 50—100 的增长(如图 3 - 42、3 - 43 所示)。

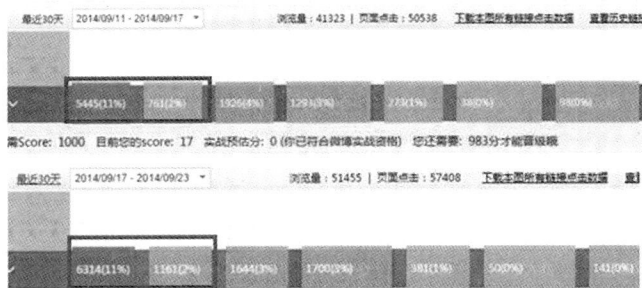

图 3-42 网站栏目链接点击图

晋级统计	参赛院校：274 晋级院校：108 参赛学生：11210 晋级学生：2142		
省份	晋级院校总数	晋级总人数	复赛队伍数
安徽	3	84	15
北京	10	244	45
福建	3	63	12
甘肃	1	13	2
广东	21	341	59
广西	4	113	21
贵州	1	9	1
海南	1	31	6
河北	4	70	13
河南	6	174	34
黑龙江	2	18	3
湖北	5	46	9
湖南	5	173	33
吉林	3	25	4
江苏	2	16	3
江西	4	37	7
辽宁	3	28	5
山东	1	16	3
山西	4	100	18
陕西	9	140	25
四川	7	135	25
天津	2	17	3
新疆	2	59	11
云南	1	11	2
浙江	2	25	4
重庆	2	22	3

图 3-43 晋级人数统计

最后,通过百度统计 SEO 建议功能,点击百度统计后台"优化分析- SEO 建议",点击"检查网站",查看百度统计给予网站的 SEO 建议结果。通过建议结果页面,查看网站可进行优化的方向(如图 3 - 44 所示)。

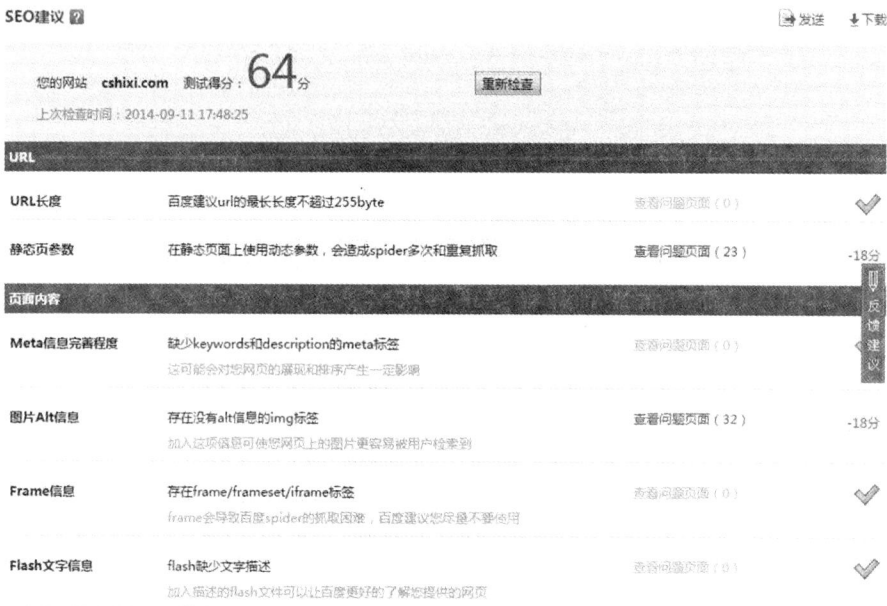

图 3 - 44　百度统计 SEO 建议

至此,网站内容优化效果评估完成,针对网站数据的分析结果进行再次优化之后,小颜团队看到了新制定的网络推广方案起到了一定的作用,但仍存在不足的地方,如对网站META 信息进行重新整理后,通过搜索词来源来看,搜索词中仍未出现主要关键词如"微信营销培训、微博营销培训"等,由于时间过短,相关关键词的页面排名还未上来,提升网站关键词排名需要一个长期的过程,同时需要增加相关关键词的外链,从而提升网站的自然排名。

支撑知识

1. 网站内容优化策略

(1) 关键词分析

关键词分析是所有 SEO 必须掌握的一门功课,大型网站虽然有海量的数据,但是每个页面都需要进行关键词分析,除了 SEO 之外,策划、编辑也需要具备一定的关键词分析能力。

关键词分析的基本原则:

调查用户的搜索习惯:只有了解用户的搜索习惯,我们才能把我用户的搜索需求,用户喜欢搜索什么,用什么搜索引擎等;

关键词不能过于宽泛:关键词过于宽泛会导致竞争激烈,耗费大量时间却不一定得到想要的效果,并且可能降低了关键词的相关性;

关键词不能过冷:关键词要与页面内容保持高度的相关性,这样既有利于优化又有利于用户;

关键词挑选的步骤:确定核心关键词,考虑哪一个词或者两个词能够最准确的描述网页的内容? 哪一个词搜索次数最多等;

核心关键词定义上的扩展:例如核心关键词的别名、仅次于核心关键词的组合、核心关键词的辅助等;

模拟用户思维设计关键词:把自己假想为用户,那么我会去搜索什么关键词呢?

研究竞争者的关键词:分析一下排名占有优势的竞争对手的网页,他们都使用了什么关键词?

(2) 页面逆向优化

页面的优化考虑到各种综合因素(例如品牌、页面内容、用户体验等),网站的页面优化价值大多数呈现逆向顺序,即:最终页＞专题页＞栏目页＞频道页＞首页。如何针对各页面进行关键词分配呢? 通常情况是这样的:

最终页:针对长尾关键词;

专题页:针对热门关键词;

栏目页:针对固定关键词;

频道页:针对核心关键词;

首页:不分配关键词,而是以品牌为主。

在进行关键词分配后,我们可以在最终页中添加匹配的内链作为辅助,这是网站内链的优势。

(3) 前端搜索引擎优化

前端搜索引擎优化,包括 UI 设计的搜索优化和前端代码的搜索优化两点。

UI 设计的搜索引擎优化,主要是做到导航清晰,以及 flash 和图片等的使用,一般来说,导航以及带有关键词的部分不适合使用 flash 及图片,因为大多数搜索引擎无法抓取flash 及图片中的文字。

前端代码的搜索引擎优化:

代码的简洁性:搜索引擎喜欢简洁的 html 代码,这样更有利于分析;

重要信息靠前:指带关键词的及经常更新的信息尽量选择出现在 html 的靠前位置;

过滤干扰信息:网站的页面一般比较复杂,各种广告、合作、交换内容以及其他没有相关性的信息比较多,我们应该选择使用 js、iframe 等搜索引擎无法识别的代码过滤掉这一部分信息;

代码的基础 SEO:这是基础的 SEO 工作,避免 html 错误以及语义化标签。

4) 内部链接策略

网站内的网页间导出链接是一件很容易的事情。提高搜索引擎对网站的爬行索引效率,增强收录,也有利于 PR 的传递。集中主题,使该主题的关键词在搜索引擎中具有排名优势。

在内链建设中,我们应该遵循以下原则:

控制文章内链数量:穿插于文章内的链接可以根据内容的多少控制在 3—8 个左右;

链接对象的相关性要高；

给重要的网页更多的关注：使重要的更有关键词价值的网页得到更好的排名；

使用绝对路径。

（5）外部链接策略

外链的建设具有很高的价值。我们通常可以通过交换链接，投放带链接的软文等方法来建设外链。

交换链接应该要遵循哪些原则：

链接文字中包含关键词；

尽量与相关性高的站点、频道交换链接；

对方网站导出链接数量不能过多，过多的话没有太大的价值；

避免与未被收录以及被搜索引擎惩罚的网站交换链接；

带链接的软文投放。指的是在商务推广或者为专门为了得到外链而进行的带链接的软文投放。

（6）搜索引擎优化写作策略

搜索引擎优化写作是创造海量数据对取得好的搜索引擎排名的很关键的一部分。而SEO人员不可能针对每个网页都提出SEO建议或者方案，所以对写作人员的培训尤为重要。

创造内容先思考用户会去搜索什么，针对用户的搜索需求而写作。

重视title、meta写作，例如META虽然在搜索引擎的权重已经很低，但是不好的meta写作例如堆积关键词，关键词与内容不相关等行为反而会产生副作用。而Title的权重较高，尽量在Title中融入关键词。

内容与关键词的融合：在内容中要适当的融入关键词，使关键词出现在适当的位置，并保持适当的关键词密度。

为关键词加入链接很重要：为相关关键词加入链接，或者为本网页出现的其他网页的关键词加入链接，可以很好地利用内链优势。

为关键词使用语义化标签。

（7）日志分析与数据挖掘

日志分析与数据挖掘是一件很有意义的工作。只是网站的日志分析和数据挖掘工作难度要更高一些，因为数据量实在太大，所以要具备足够的耐心来做该项工作，并且要有的放矢。

网站日志分析：网站日志分析的种类有很多，如访问来源、浏览器、客户端屏幕大小、入口、跳出率、PV等。跟SEO工作最相关的主要有以下三种：搜索引擎流量导入、搜索引擎关键词分析和用户搜索行为统计分析。

热点数据挖掘：通过自身的网站日志分析以及一些外在的工具和SEO自己对热点的把握能力来进行热点数据的挖掘。热点数据的挖掘主要有把握行业热点，可以由编辑与SEO共同完成。预测潜在热点，对信息的敏感度要求较高，能够预测潜在的热门信息。自己创造热点，如炒作等，为热点制作专题、活动。

2. 用户行为数据收集之后如何使用提高用户粘性。

数据本身是客观的,但被解读出来的数据一定是主观的。那么我们要如何使用这些数据为我所用呢?

(1)通过各项数据展示网站运营情况,调整网站的运营策略;

(2)通过用户操作的习惯,进行分析优化产品功能。

(3)通过关联分析,拓展产品,挖掘产品价值(最大化的释放用户欲望或需求)即运营推广、用户体验、个性化挖掘。

同步训练

学生在教师的带领下结合任务三中的同步训练,根据制定的优化方案进行实施,并撰写效果评估报告(如表3-9所示)。

同步训练任务书

表3-9 网站优化方案实施

任务名称	网站优化方案实施	
小组成员	主要负责人	
	其他成员	
小组成员分工	站内优化	主要由谁来完成这项工作?
	站外优化	
优化内容	推广优化	确定通过平台需要发表什么内容?
	关键词优化	制定网站标签表格。
	网站引导优化	对网站内容哪些关键词添加锚文本?
	网站内容优化	根据网站内容页面的点击率做哪些调整?
效果评估报告		
教师点评		

综合评价

表 3-10　综合评价表

任务编号		任务名称	数据分析部门工作流程设计
任务完成方式	☐ 小组协作完成 ☐ 个人独立完成		
评价点			分值
工作结构是否准确层次是否清晰			10
针对网站推广内容设置是否合理			25
网站引导优化中锚文本添加的是否正确			20
网站内容优化是否正确			20
效果评估报告是否正确			25
本主题学习单元成绩：			
自我评价　（20%）	小组评价　（20%）	教师评价	（60%）
存在的主要问题			

拓展任务

学生以小组为单位,讨论数据对一个网站的重要性可以分为哪几个方面?

学习单元四　淘宝店铺数据化营销

能力目标

◇ 能够分析行业数据及店铺营销数据
◇ 能够掌握数据分析的具体方法
◇ 能够运用数据来支撑营销活动的实施

知识内容

◇ 了解淘宝店铺数据分析相关的知识
◇ 掌握淘宝数据分析相关工具
◇ 理解数据分析对店铺的作用
◇ 掌握数据分析对店铺营销活动的指导方法

> 本项目包含了4个学习任务,具体为:
> 任务1:行业数据分析;
> 任务2:店铺数据分析;
> 任务3:制定工作目标和实施方案;
> 任务4:方案实施与效果评估。
> 对淘宝行业数据及店铺数据进行深入分析,从买卖双方市场、店铺访客、卖家及商品数据等各维度的解读数据化营销对于淘宝店铺的指导性作用。

任务一　行业数据分析

任务引导

小王毕业了,他成功地进入了一家以淘宝平台为依托的电子商务公司。在进入公司后,部门领导安排小王对公司淘宝店铺进行了解,了解店铺产品市场规模、买家分布等多方面的数据,并结合自身电子商务知识来分析店铺面临的问题和解决办法。

图 4-1 农享网 logo

小王通过百度了解到,上海农享信息技术有限公司是国内知名的农村互联网门户服务机构及安全农产品资源整合商,旗下农享网(www.nx28.com)是中国知名的农产品分类信息网站,涵盖全国所有农村,是中国农民朋友最喜欢的农产品供求信息发布平台(如图4-1所示)。

公司在2012年提出全新农产品电子商务概念"城市对接农村",选择自然环境优良,无污染地区的农村,将农户的安全农产品直接提供给消费者,让大家不再为食品安全而担忧。同时提高农民在农产品流通环节的直接收入。

公司目前有五常大米、安溪铁观音、青海枸杞、昆仑雪菊、九寨沟蜂蜜、山东临沂杂粮等多个原产地合作基地。我们的安全农产品被多家企事业单位长期采购,作为其员工的福利及食堂用材,如中科院、上汽及上海国拍等公司。同时,也成为本来生活,中华美食频道的长期农产品合作伙伴。

安全农产品事业得到央视新闻联播、阳光中国之声、新华社及农林卫视等各媒体的关注和报道。

任务分析

☑ 利用数据分析工作
☑ 分析买卖双方市场数据

任务实施

下面我们回到学习任务中,面对公司淘宝店铺的现状,小王首当其冲的想到是通过店铺的数据分析来分析店铺目前存在的问题。具体步骤如下:

步骤1:买方市场数据分析

在行业数据中主要观察的是买方市场数据和卖方市场数据。

买方市场数据主要研究三个方面:第一个是市场规模,第二个是买家的行为习惯,第三个根据商品特点画出自己的买家肖像。而对于小王来说,首先需要就公司网店所处的行业进行细分,通过对行业发展的概况进行深刻的理解,从中把握买卖双方的用户行为习惯、用户群体的分布等因素,使得自己更进一步地掌握网店的发展状况,更好地把握用户需求。

1. 市场规模分析

2010年,淘宝网开始启动"特色中国"项目,积极与各省市政府紧密合作,精选全国各地的名优土特产以及名优企业,联手搭建以省级为单位的特色中国地方馆,共同推进各地农副产品的网上零售市场(如图4-2所示)。

图 4‑2 淘宝网特色中国

据中国电子商务研究中心数据显示,截至 2012 年,在淘宝和天猫上经营农产品类目的网店数为 26.06 万家,涉及农产品商品数量 1 004.12 万个。根据测算,淘宝和天猫经营农产品网店数量在 2013 年就突破了 100 万家。2012 年阿里平台上农产品交易额达到近 200 亿元,而就在两年前,这一数字仅为 37 亿元,市场容量或许会在 2014 年突破1 000亿元。

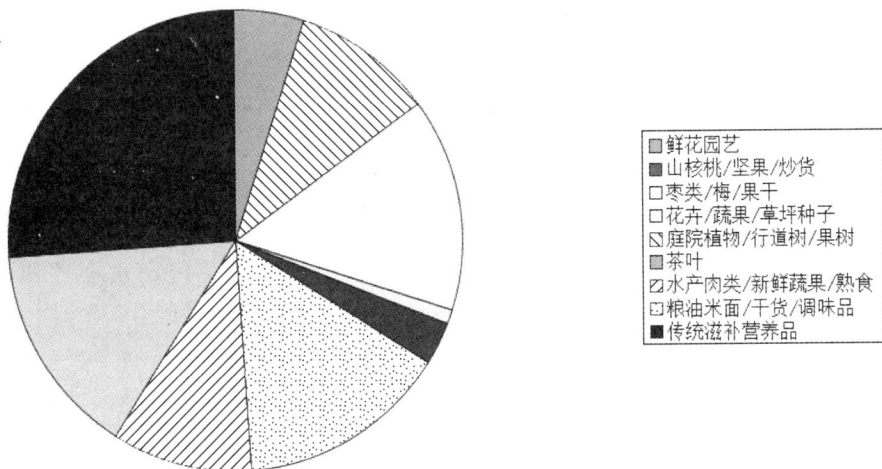

图例:
- 鲜花园艺
- 山核桃/坚果/炒货
- 枣类/梅/果干
- 花卉/蔬果/草坪种子
- 庭院植物/行道树/果树
- 茶叶
- 水产肉类/新鲜蔬果/熟食
- 粮油米面/干货/调味品
- 传统滋补营养品

图 4‑3 淘宝网部分农产品 2012 年日交易额与增长率分布图

同时,网店的农产品种类也在急剧地扩充,2010 年淘宝网所卖的农产品主要以干果山货、粮油米面、鲜花园艺为主;2011 年增加了花卉蔬果、植物树木等;2012 年又增加了茶叶和生鲜水产。2013 年几乎全类目的农产品都将迎来较高速度的增长,其中,新鲜水果、海鲜水产、南北干货、新鲜蔬菜等重点类目增幅超过了 300%(如图 4‑3、4‑4 所示)。

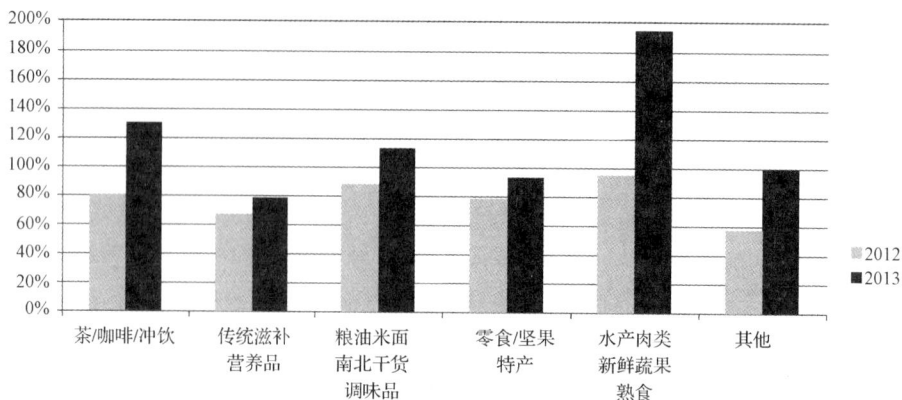

图4-4 2013年淘宝网(天猫)涉农产品类目增长率及类目分布

在 2013 年在淘宝网(含天猫)上新鲜水果的支付宝交易额更达到了 7.88 亿元,同比增长 162%。越来越多的人开始通过网络购买新鲜水果,尤其是各种预售形式成为常态,通过淘宝,消费者可以第一时间品尝到原产地保证,最新鲜且自然成熟的水果。

供本地人"自己享用"的特色农产品,因为网店的发展纷纷成了抢手货,产品价格也一路飙升。某种程度上说,正是网络经济实现了一批特色农产品价值再发现,这也为各地区域农业经济发展提供了一个成功模板。以红枣为例,淘宝网 2011 年全网仅红枣交易额 34 亿元。而其中来自红枣原产地新疆占其中 75%。各地网民在淘宝网对于当地特产有迫切的需求,2012 年 7 月,集合新疆干坚果、鲜果等商品的特色"新疆馆"正式上线淘宝网。由此可见,地方特色农副产品的网销化已经成为主流趋势。

同时,人们对于食品安全的重视让绿色生态食品更加广泛地进入了人们的视野。那些遵循可持续发展原则,按照特定生产方式生产,经专门机构认定,许可使用绿色食品标志,无污染的安全、优质、营养农产品。也都将成为农产品网店的主要热销产品。

按淘宝网生鲜类目的成交占比排序来看,南北干货、水产、肉类干货;调味品、果酱、沙拉;鲜活鱼肉蛋、米、面粉占比较重,除此以外,最值得瞩目的就是新鲜蔬菜和水果,占据了整个子类目成交的 65%,2012 年夏季时令水果销售中,也让众多电商卖家尝到了甜头。淘宝网数据显示整个夏季以黄桃为例,销售额最多的商家一个月就卖出 7.5 吨,这在平时的超市和商城,简直是不可估计的数量。

从以上各种翔实的数据统计和分析不难看出,小王公司经营的绿色天然地方特产食品淘宝店在市场规模及行业前景上都独具优势,不论是用户需求基数或是行业整体发展的前瞻性都十分可观。因此对于公司所属行业的市场规模分析使得小王更进一步地了解行业的发展现状及需求指数。

2.用户行为习惯分析

从用户行为习惯分析买方市场数据,更多的是从数据魔方软件中进行深入地了解。在此,小王打开公司淘宝店铺卖家中心,在数据魔方中看到买家市场数据(如表 4-1 所示)。

表 4-1 所示为过去 30 天特产干货买方市场数据

过去 30 天特产干货买方市场数据		
考察维度	当前买方市场状态	
买方市场规模	直接潜在买家	≈9.1 万人/月
	间接潜在买家	≈102 万人/月
	过去 30 天交易额	≈36 325 000 元/月
买家购买行为	登录浏览商品频率	≈3.43 次/月
	搜索商品访客占比	≈44.6%
	收藏商品访客占比	≈4.41%
	收藏商品访客人均收藏商量	≈1.51 个
	购买频率	≈1 次 1 月
买家偏好	品牌偏好	三只松鼠、百草味等
	功效偏好	绿色、纯天然等
	价位偏好	50 元以下占 45% 51—100 元占 35% 101—300 元占 15% 301 元以上占 5%
买方访问习惯	一天周期	高峰来访时段第一位:10:00—11:00 来访人数:1 662 462 高峰来访时段第二位:15:00—16:00 来访人数:1 542 401 高峰来访时段第三位:21:00—22:00 来访人数:1 509 107 高峰来访时段第四位:14:00—15:00 来访人数:1 470 325 高峰来访时段第五位:16:00—17:00 来访人数:1 436 221
	一周周期	周六为最低、周日次低
买方地域发布	按购买人数分布前三名	上海、北京、广州
	按购买金额分布前三名	上海、北京、广州
	按客单价分布前三名	北京、河南、浙江

从图中,我们可以清楚地看到,特产属于淘宝用户购买参与度高且周期性强的商品,无论就买家购买频率或是买家偏好度来说,特产食品的市场发展前景及买方市场都潜力十足。

3. 买方肖像分析

对于卖家而言,并不是每位进店的顾客都有价值,而怎么样把来访客户价值最大化,就是卖家在运营过程的重中之重。首先找准自己所属的行业,找出自己的产品和对应淘宝所属类目,因为找到最相关的类目,才能通过淘宝海量的交易数据精准分析出潜在客户群体特质,从中进一步地挖掘客户价值。

而这里主要利用淘宝指数来查看企业最相关的类目,在淘宝指数中,输入如小王公司经营的类目特产(如图4-5所示)。

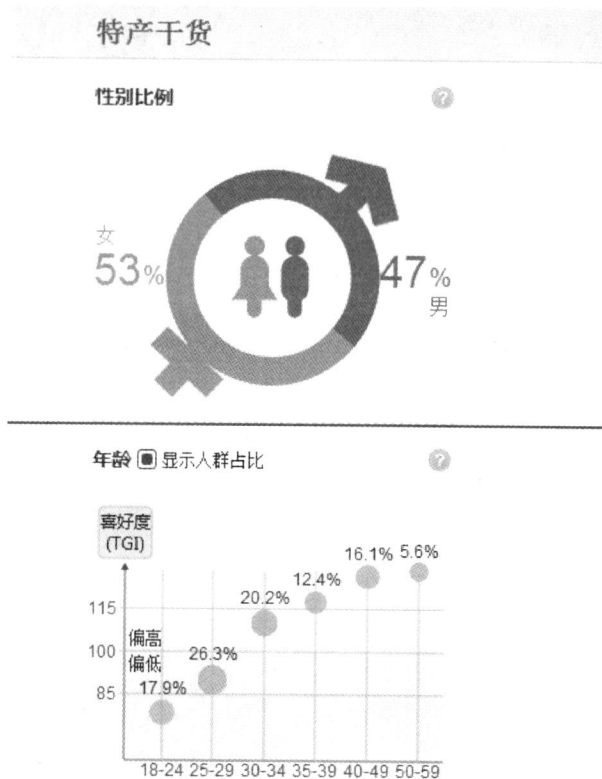

图 4-5 淘宝指数对特产干货的人群定位分析

小王在此并没有在此输入细分市场的农产品、特产、干货等词语,之所以选择以大的类目"特产干货"作为人群定位的分析,是因为就整体营销层面上小王公司更希望多元化地了解食品行业下特产干货类目人群定位,便于后续的产品开发和市场的拓展。

通过上述的淘宝指数分析,我们可以看到在特产干货类目下,核心消费人群以女性用户占比53%的优势领先,而男性只占47%的指数。其次在对于消费人群喜好度分析中,我们可以看到就年龄层级而言,25—29岁的用户群体对特产干货的喜好度最高,其次是30—34岁的人群。从上述两组数据中,我们可以清楚地看到,特产干货类目消费者整体趋势趋于年轻的学生及白领人群,而且消费人群以女性为主。因此在买家肖像分析过程中,我们不仅需要紧密地结合上述分析的特征,仍需根据更加翔实的数据进行买家肖像的策划,最终使其呈现的更加符合企业形象及符合买家购买心理等。对于买家肖像的分析,不仅是进一步地挖掘潜在用户的价值所在,而且还在明确用户群体的特征并策划制作属于自身店铺的买家肖像。

步骤2：卖方市场数据分析

1. 竞争商品数据

面对卖方市场数据的分析，主要体现在核心竞争商品的数据分析及竞争店铺数据分析。竞争商品的数据分析，主要是针对自身店铺核心竞争产品与行业同类型商品进行对比分析，包括在线商品数量，日均同类型在线商品数量及日均同价位区间商品数量等，其次竞争店铺数据主要分析方向为竞争店铺数量、成交店铺数及成交金额等因素。通过以上两点的分析，使得小王能够进一步地明确公司店铺目前存在的基础问题。

小王打开公司淘宝店铺所订购的数据魔方软件，借助软件精准的数据分析，进行浏览和查看（如表4-2所示）。

表4-2　所示为过去30天特产干货竞争商品数据

过去30天特产干货卖方市场数据		
考察维度	当前卖方市场状态	
竞争商品数据	日均在线商品数	≈2 300 458个
	日均活跃商品数	≈432 054个
	日均同类型在线商品数	≈77 824个
	日均同价位区间在线商品数	≈46 952个

通过上述数据表所采集到的数据我们分析，农产品市场属于淘宝买家参与度高且周期性购买的商品，单从日均在线商品数和日均活跃商品数，我们可以清晰地看到卖家对于市场商品的展示和推荐已经多种多样，而面对同类型产品的销售价格差异和品牌差异，使得购买消费此类商品的行为属于复杂购买行为，买家需要确认商品的绿色性、品质性及是否存在不适宜人群等信息。其次从日均同价位区间在线商品数我们还可以进一步地了解到，买家在购买同一款商品时往往会选择进行同类型商品的价格对比，之后关注并购买。

竞争商品数据的分析，使得小王更加深刻地认识到同类型商品在本公司店铺内存在的事实性问题和核心关键点。

2. 竞争店铺数据

在了解竞争商品数据的关键点之后，小王又对竞争店铺数据进行深入的了解，而作为竞争店铺不同于竞争商品的数据分析，则它侧重点在于对竞争店铺的整体数据来分析，包括日均在线店铺数量、日均成交店铺数量及成交金额大小和浏览转化率的对比等因素上，因此对于小王来说，竞争店铺数据的分析，能够使得自己更加直接地了解到公司店铺与同类型店铺的在流量与转化率上的差异。

小王同样在数据魔方里的卖家分析模块下，查看卖家分析详细数据（如表4-3所示）。

表 4－3　所示为过去 30 天特产干货竞争店铺数据

过去 30 天特产干货卖方市场数据		
考察维度	当前卖方市场状态	
竞争商品数据	日均在线店铺数	≈218 609 家
	日均成交店铺数	≈34 911 家
	日均店铺平均成交金额	≈550 元
	同等级优秀店铺浏览订单转化率	15％—22％

从日均在线店铺数量及日均成交店铺数，我们可以从数据中得知，特产干货类目的成交店铺数并不是很理想。在行业存在激烈的竞争下，买家一旦形成购买并且产品品质各方面效果良好，就会形成习惯性购买，也就对商品品牌认可和店铺的品牌认可。其次就同等级优秀店铺浏览订单转化率来说，转化率并不是很高，买家在浏览首页和产品详情页之后，是否产生订单的关键性因素还在于首页产品的布局设计、视觉效果及核心产品的卖点突出等因素上。

综合上述采集到的行业数据和对数据的初步分析，小王部门决定进一步地联合店铺相关访问数据等深入地挖掘自身店铺存在的问题。

支撑知识

如何利用行业数据分析工作

首先来看行业数据，对行业数据的采集和统计，卖家可以使用数据魔方工具来进行。因为这个工具提供的行业数据非常丰富，是一个非常有价值的工具，对于中小卖家来说，此工具完全可以满足行业数据采集的需求。在行业数据中应重点观察买方市场数据和卖方市场数据。和线下开设实体店一样，如果卖家想到一个集贸市场上开店，就必须得了解这里的人流情况、人群构成、竞争对手数量和实力，在网上开店也是一样的。

买方市场数据主要研究三个方面：第一个是市场规模，第二个是买家的行为习惯，第三个根据商品特点画出自己的买家肖像。而对于卖方市场数据研究主要看两个方面，即竞争商品数据和竞争店铺的数据。

行业数据分析的结果对于各个部门目标的制定都能起到支撑的作用。例如运营目标的制定，假设卖家经营的商品是价位区间在 385 元以上的 T 恤，团队希望今年的年销售能达到 350 万元，通过行业数据分析发现，目前在网上买这个价位区间的 T 恤，平均每个月只有 2 000 人，竞争对手却又 800 多家店铺，而且还有 100 多家是蓝冠级别的，那这个目标就不靠谱，需要调整了。所以在做店铺经营目标决策的时候，可以根据市场规模，以及竞争对手，竞争商品的多少，结合数据分析和自身店铺的实际情况来制定一个合理的决策。

对于采购部门也是如此。如果打算开网店，首先得有商品。经营什么类型的商品，不能只是简单地通过在淘宝网上随便搜索一下，找到某一类商品，发现只有十个店铺在做,竞争很小,就拍板决定采购几千件此类商品来销售,最后一个月只卖了两件。所以采购部门也需要行业数据分析去支持卖家做出合理的判断。网店推广和网店美工也是一样的,数据魔方中的买家购买行为数据告诉我们,淘宝网有的某个类目的买家对这类商品平均一个月购买一次。如果我们不知道这个信息,非要一个月针对店铺里的买家做 4 次广告推广,不仅浪费了推广资源,也对店铺里的买家进行了不必要的骚扰,导致部分客户流失。

对于设计部门来说,行业数据分析也是支持其做出设计决策的关键。打个比方来说,某类商品的大部分买家都是通过功能特性来进行检索商品,店铺的美工做商品图片的时候,就要重点体现商品的功能,而不只是让图片看起来最美观。同样的问题也发生在客服部门,如果行业数据研究分析部门告诉客服,买家对与商品的关注重点及购买习惯,那他们就很容易得到一个客服开展工作的重点方向。

物流仓储部门也是同样的。例如,卖家在研究行业数据的过程中,通过对不同城市的买家购买价位区间分布数据、购买频次数据、购买人数数据进行研究,可以确定出店铺重点推广的城市有哪些,因此这些城市就是店铺的重点销售的城市,店铺的物流部门就可以根据这个信息,与在这些城市物流能力强的快递公司进行合作。通过行业数据分析,还可以对网店经营中可能遇到的风险进行预测。例如当开始准备开店时,这时恰好冬天快来了,于是决定卖羽绒服类商品。可是通过数据研究发现,羽绒服类商品的销售周期平均只有 3 个月,而从进货到店铺发布,再到商品上线,就需要 1 个半月的时间。对于店铺来说,就会有一个销售周期短的风险评估。有了这个风险预测,卖家就可以控制好自己的采购商品数量,防止大量商品因为过季造成积压的风险。这里建议卖家至少每月进行一次行业数据分析,有些市场变化快的行业,可以一周进行一次。

同步训练

学生以小组为单位在老师的带领通过淘宝搜索找到销售相对中等的产品,如装修、家居等,分析买方市场数据和卖方市场数据,撰写训练报告,最后由教师统一点评(如表 4-4 所示)。

同步训练任务书

表 4-4　淘宝商品行业数据分析

任务名称		淘宝商品行业数据分析
店铺名称		
产品名称		
店铺首页截图		
买方市场数据分析	市场规模分析	
	用户行为习惯分析	
	买方肖像分析	

卖方市场数据分析	竞争商品数据	
	竞争店铺数据	
训练报告		
教师点评		

综合评价

表 4 - 5 综合评价表

任务编号		任务名称	淘宝商品行业数据分析
任务完成方式	□ 小组协作完成 □ 个人独立完成		
评价点			分值
对产品市场规模分析是否到位			20
对产品用户行为习惯分析是否准确			20
对买方肖像分析是否合理			20
对竞争商品数据分析是否合理			20
对竞争店铺数据分析是否到位			20
本主题学习单元成绩：			
自我评价	（20%）	小组评价 （20%）	教师评价 （60%）
存在的主要问题			

拓展任务

学生在班级内讨论行业数据分析的重要性。

任务二 店铺数据分析

任务引导

结合上述对于行业数据的分析,初步明确行业的卖家竞争数据及买家消费行为习惯数据等,面对自身店铺的概况如何清晰找到问题的重点才是小王及其团队接下来所面对的分析重点。为此,小王及其团队开始在店铺内进行流量与商品数据进行详细的分析。

任务分析

☑ 店铺数据分析
☑ 店铺流量来源结构是否健康

任务实施

通过行业数据,我们初步地分析了小王公司店铺所处行业的买卖双方市场数据情况,接下来我们进一步的通过上述数据来分析公司店铺概况。具体步骤如下:

步骤 1:店铺访客数据分析

首先是访客数据的分析,通过量子守恒数据工具我们得知,访客数据的分析主要包括访客数量、访客来源、访客结构及访客行为四大内容。为了更精准地分析具体访客数据,小王在量子守恒中选取了一周访客的发布来进行分析。一周访客来源数据分析图(如图 4-6 所示)。

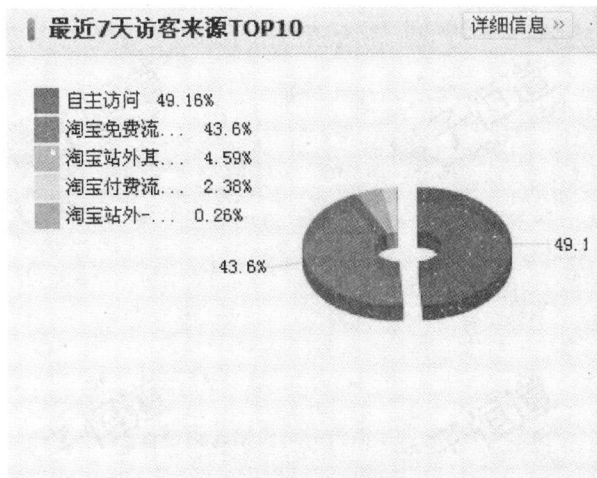

图 4-6 量子守恒最近 7 天访客来源

以小王公司店铺最近 7 天访客来源发布结构,其中自主访问占总比访问的 49.16%,其次是淘宝免费流量占比 43.6%、淘宝站外其他流量占比 4.59%以及淘宝付费流量占比

2.38%。就上述访客来源数据我们看到小王公司店铺主要流量仍是以自主搜索访问为主。而这种访问来源的访客数量及引流成本如何,是需要进一步的详细分析。为此,小王进一步地点击详细信息(如图4-7所示)。

图4-7中的分析是按照不同来源带来的访客数量来解析。首先是访客来源结构分析,对于不需要花费,但是却具有较高的流量来源来说,任何店铺都希望店铺中的访客主要来自这些来源,例如直接访问、购物车、店铺收藏等。通过这些来源的访客数量越多,店铺访客来源结构就越健康。之所以这样说是因为自主访问的流量其一都是免费搜索进入,降低企业营销成本;其二更深层的是自主访问的来源越多,说明店铺在自然搜索的优化方面已经做得足够丰富和健全。

更加深刻地分析图4-7中的数据,我们还发现小王公司在淘宝站外来源上做得相当不错,从其最近7天访客来源占比33.4%来说,其仅次于自主访问来源35.4%的数量。因此,对于小王公司店铺来说应进一步加大对于淘宝站外搜索流量来源进行优化和策划,使其不断地为店铺带来稳定的流量。

2014-09-17到2014-09-24来源构成报表　　🖨下载 🖨打印

来源	详细			到达页浏览量	百分比
自主访问	直接访问			520	26.83%
	购物车			116	5.99%
	我的淘宝			47	2.43%
	店铺收藏			3	0.15%
	合计			686	35.40%
淘宝站外	SNS			566	29.21%
	淘宝站外其他			78	4.02%
	搜索引擎			4	0.21%
	合计			648	33.44%
淘宝免费流量	淘宝站内其他			327	16.87%
	淘宝搜索			155	8.00%
	淘宝店铺搜索			73	3.77%
	淘宝首页			7	0.36%
	淘宝信用评价			5	0.26%
	阿里旺旺非广告			5	0.26%
	淘宝类目			1	0.05%
	淘宝会员俱乐部			1	0.05%
	淘宝其他店铺			1	0.05%
	淘宝客搜索			1	0.05%
	合计			576	29.72%
淘宝付费流量	淘宝客			28	1.44%
	合计			28	1.44%

图4-7　量子守恒最近7天访客来源详细信息

综合小王公司店铺中访客来源数据分析,可以得出以下结果。

(1)当前店铺访客来源分布结构正常,因为大部分的访问都是成本小的推广;

(2)引入的访客购买欲望相对强烈,商品的主图设计做得不错;

(3)但是当前到达店铺的访问流量是否能精准的产品购买及形成转化率是店铺的核

心问题,其次店铺描述页以及商品卖点体现仍需进一步的优化,以防止低成本推广与自主访问流量流失。

步骤2:店铺买家数据分析

店铺买家数据分析,主要通过对买家周期内数量、买家来源、买家行为以及买家流失等方面进行数据分析,并结合分析给出相应的结果。其主要分析的是买家在店铺内浏览了哪些商品?买家中新的买家占比,回头客的占比是多少?这些不同类型的买家,对于周期内商品偏好度等问题。通过数据分析使得我们能够找到答案,并为店铺工作开展提供有利的帮助。

在此,小王公司依然选择利用"量子守恒"软件进行店铺买家数据分析工作。首先小王选择采集量子守恒中某一时间段内的客户实时访问数据(如图4-8所示)。

序号	访问时间	入店来源	被访页面	访客位置	顾客跟踪|回访客
1	12:16:26	新浪微博	正宗东北农家五常稻花香大米 原生态未抛光	广东深圳市	顾客78
2	12:11:34	淘宝信用评价	喜马拉雅山姜粉 纯正姜茶 老姜末 暖胃窝…	广东广州市	顾客31|
3	12:08:44	店内浏览	燕麦片	四川成都市	顾客77|
4	12:07:19	店内浏览	舌尖2太湖白虾干 渔民自晒 天然野生虾干	湖南常德市	顾客75|
5	12:07:19	店内浏览	太湖土特产野生新鲜 银鱼干 淡水产品干货	湖南常德市	顾客75|
6	12:05:43	新浪微博	新疆伊犁农家天然晒干杏干杏仁 一杏两吃	四川成都市	顾客77|
7	12:03:21	直接访问	本店首页	江苏苏州市	顾客76
8	12:02:09	店内浏览	所有宝贝	湖南常德市	顾客75|
9	12:01:56	购物车	本店首页	湖南常德市	顾客75|
10	12:01:13	新浪微博	本店首页	上海	顾客74
11	11:59:20	直接访问	13年新货农家自种燕麦片 纯燕麦片 无糖	广东揭阳市	顾客73
12	11:58:05	店内浏览	腐竹	浙江杭州市	顾客72
13	11:57:47	店内浏览	所有宝贝	浙江杭州市	顾客72
14	11:57:39	淘宝站内其他	本店首页	浙江杭州市	顾客72
15	11:53:03	新浪微博	正宗东北农家五常稻花香大米 原生态未抛光	四川成都市	顾客71
16	11:52:56	直接访问	本店首页	广东江门市	顾客70
17	11:52:41	直接访问	本店首页	广东江门市	顾客70
18	11:46:07	店内浏览	正宗东北农家五常稻花香大米 原生态未抛光	北京	顾客69
19	11:45:10	新浪微博	本店首页	北京	顾客69
20	11:40:50	直接访问	广西土特产农家手工制作桂林腐竹350g干…	广东汕头市	顾客68|
21	11:39:18	店内浏览	首页	上海	顾客66
22	11:38:37	淘宝站内其他	本店首页	江西宜春市	顾客67
23	11:38:11	直接访问	正宗东北农家五常稻花香大米 原生态未抛光	上海	顾客66
24	11:32:52	淘宝搜索	舌尖2太湖白虾干 渔民自晒 天然野生虾干…	江苏苏州市	顾客63
25	11:32:06	店内浏览	13年新货农家自种燕麦片 纯燕麦片 无糖	江苏常州市	顾客65

图4-8　量子守恒中实时客户访问数据

通过某一时间段内的买家访客数据,我们可以看到买家来源大致为自主访客和淘宝站外访客两种。买家浏览商品内容从此处被访页面就可以清晰可见,例如访问本店首页和商品详情页。作为淘宝卖家,掌握买家浏览商品的数据不仅能够知晓其商品的热度,而且其有助于卖家进行商品详情页的优化,改善商品跳失率问题。这里只单一的采集了某一时间段内的被访问商品页面内容,而在量子守恒内还可以查看店铺最近 7 天及 30 天的商品浏览量数据,从对买家浏览商品的数据中分析买家某一时间内对商品的需求和喜好度,有助于店铺打造爆款宝贝或是热门产品,如图 4-9 所示,为店铺 30 天内宝贝浏览汇总和排名情况。

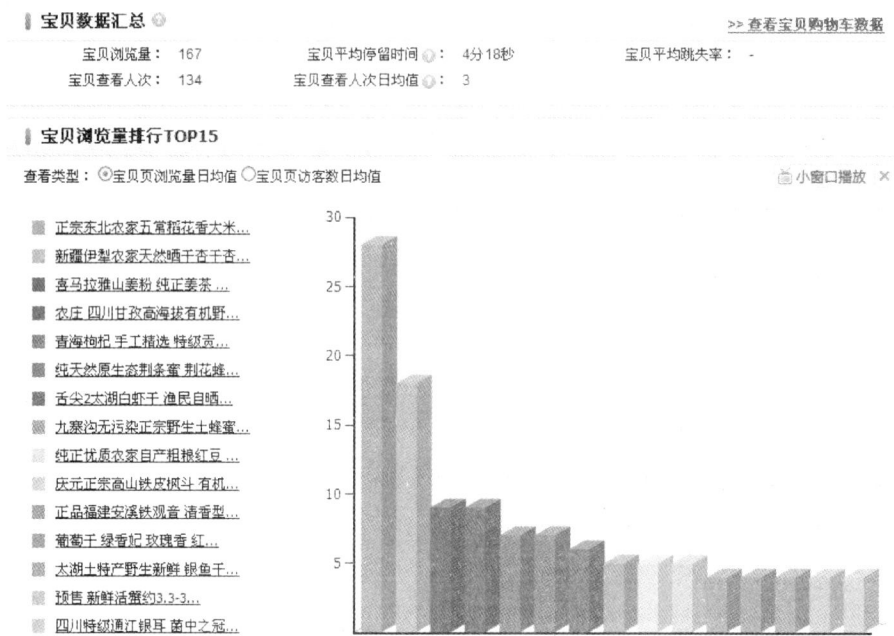

图 4-9 店铺 30 天内宝贝浏览汇总及排名

图 4-8 中我们还可以看到访客位置,这里主要是针对买家地理位置,通过分析买家来源位置,使得店铺卖家能够结合分析综合地了解某一区域内对商品的需求和喜好,制定不同营销推广策略。这里也只单一地查看了某一时间段内的访客来源地理位置,而详细的访客来源地理位置主要呈现于地图中(如图 4-10 所示)。

而最终也是最重要的是店铺顾客的跟踪和回头客的分析,在图 4-8 中我们看到新访客前在这里都标注为"顾客"加数字的形式,而是回头客的话会在其数据中以头像的形式进行跟踪,使得卖家可以一目了然地看到店铺访客的比例。而这里主要借助软件的方式来分析新访客与回头客,实际在店铺运营过程中,将采取客户关系管理的形式来集中分析,例如记录买家的 ID、电话、地址以及购买历史的价位区间。通过记录店铺买家购买行为分析,卖家可以在店铺营销推广过程中,制作回头客或者老客户 VIP 专享价格及优惠,不断地提升客户与店铺的粘性。其次,对于卖家而言,可以通过历史买家清单进行促销关键词分析,分析买家对哪些促销活动产生更高的积极性,为店铺满足不同活动偏好的买家需求提供有效的开展保障。

图 4 - 10　访客地区比例分布

其次面对新访客与回头客的分析,还有利于店铺新品的推出,在实际推出新产品之前,卖家需要进行分析,而这里的新访客与回头客购买记录的明细就作为有力的支持,卖家可以通过某种渠道向买家传递新品的信息,并且可以借助阿里旺旺的基础功能来提示买家店铺上新。这样既可以提升活动的效果,同时也保证新品的发布能够产生良好的购买业绩。

综合小王公司店铺中买家数据分析,可以得出以下结果:

(1)当前店铺访客来源主要分为自主访客与淘宝站外访客两种,店铺访问流量过于单一;

(2)进入店铺访客从本店首页的跳失率严重;

(3)但是就其店铺吸引新访客而言,其占比还是高于行业店铺,因此对于卖家而言需要不断地改善店铺首页跳失率及流量单一的局面。

步骤 3:店铺商品数据分析

前面分别分析了店铺访客数据分析、买家数据分析,下面小王及其团队开始针对店铺内商品数据进行分析。面对店铺商品数据的分析,主要是对店铺内商品的成交支付热度及客单价进行分析。

店铺商品成交支付热门,不仅反映店铺内某一款商品的热销程度,而且还能反映出买家对于某一款产品的需求。这里主要还是以量子守恒软件的分析作为主要的辅助工具，其中我们看到在小王公司店铺内支付宝成交金额前五的商品（如图4－11所示）。

就成交商品的分析，一般查看的主要是成交订单金额和访客数量。而在小王公司店铺最近支付宝成交金额中，我们看到排行第一的商品其成交金额是第一，但其成交订单数只有一笔，客单价的转化率并不是很高。其次在最后一个商品中，其虽成交金额总数和访客数都不敌第一个商品，但是它的支付宝成交订单数和转化率远远高于第一个商品。因此根据上述支付宝成交金额的商品排名，我们可以知晓对于商品单价高的商品我们不仅需要制定不同的优惠、促销活动来拉动访客成交订单数，其次对于商品详情页的提升也十分重要，使其不断地提升店铺的转化率。而对于客单价低，订单数相对高的商品，店铺需要不断地提升优惠力度、加大推广宣传的步伐使得该类商品能够持续火爆，其次在对于该类商品的营销活动上可以添加关联销售的营销策略，使得商品客单价不断上升。

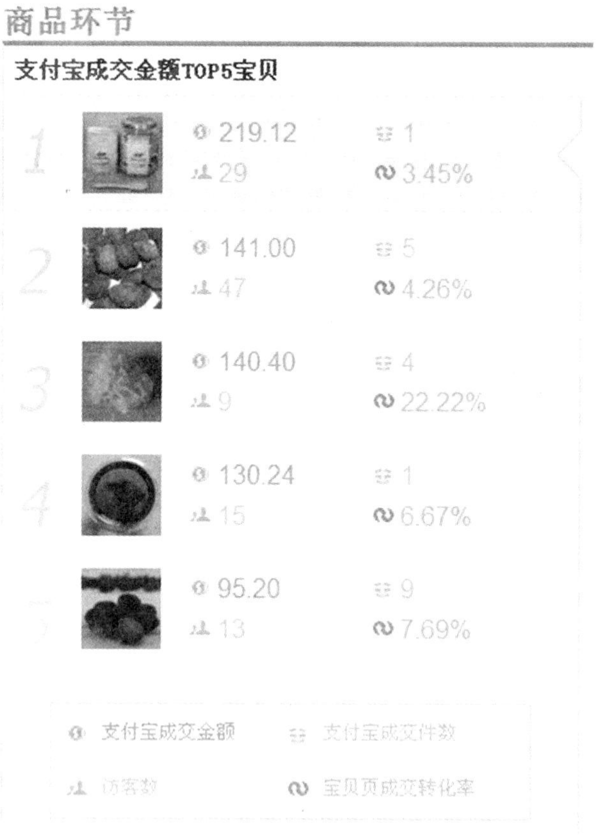

商品环节

支付宝成交金额TOP5宝贝

序号	图片	支付宝成交金额	支付宝成交件数	访客数	宝贝页成交转化率
1		219.12	1	29	3.45%
2		141.00	5	47	4.26%
3		140.40	4	9	22.22%
4		130.24	1	15	6.67%
5		95.20	9	13	7.69%

图4－11　商品环节支付成交金额前五商品

对于买家商品数据分析的周期和前面的访客数据分析与买家数据分析一样，建议每周进行一次周分析。之所以说卖家需要对商品数据分析等要素周分析，是因为在数据魔方或其他数据分析工具中，都会看到各个行业的每周访客访问曲线图上的曲线都是有规律地波动，存在明显的变化规律，因此周或者月份来分析，能够更好地记录和改善对于当前存在的问题。

　　小王在店铺商品数据分析中,不仅针对店铺支付宝成交金额进行分析,他还针对店铺里不同商品详情页跳失率等因素综合考评。对于店铺商品数据的分析,小王发现对于商品的自查不仅需要查看商品的浏览量、成交金额比及客单数,最重要的是即时自检店铺的商品是否被降权、商品异常下架风险等因素,通过店铺商品数据分析,使得自身能够更好地补救有问题的商品及营销策略上的失误,为店铺订单提供有利的监控。

支撑知识

如何科学分析店铺日常数据

　　定期进行科学的数据分析,是门店负责人掌握门店经营方向的重要手段。

　　(1)门店经营指标数据分析

　　销售指标分析:主要分析本月销售情况、指标完成情况、与去年同期对比情况。通过这组数据的分析可以知道同比销售趋势、实际销售与计划的差距。

　　销售毛利分析:主要分析本月毛利率、毛利额情况,与去年同期对比情况。通过这组数据分析可以知道同比毛利状况,以及是否在商品毛利方面存在不足。

　　营运可控费用分析:主要是本月各项费用明细分析、与去年同期对比情况,有无节约控制成本费用。这里的各项费用是指:员工成本、能耗、物料及办公用品费用、维修费用、存货损耗、日常营运费用(包括电话费、交通费、垃圾费等),通过这组数据的分析可以知道门店营运可控费用的列支,是否有同比异常的费用发生,有无可以节约的费用空间。

　　坪效:主要是本月坪效情况、与去年同期对比。日均坪效,是指日均单位面积销售额,即日均销售金额÷门店营业面积。

　　人均劳效:主要是本月人均劳效情况、与去年同期对比。本月人均劳效计算方法:本月销售金额÷本月工资人数。

　　盘点损耗率分析:主要是门店盘点结果简要分析,通过分析及时发现门店在商品进、销、存各个环节存在的问题。

　　门店商品库存分析:主要是本月平均商品库存、周转天数,与去年同期对比分析。通过该组数据的分析可以看出门店库存是否出现异常,特别是否存在库存积压现象。

　　(2)商品经营数据分析

　　便利店经营商品目录执行情况总结分析:主要是本店执行商品目录情况与经营业态主力商品情况及新品引进情况、淘汰商品是否进行及时清退。便利营运管理分中心每月1日会将最新目录主力商品货号、目录新引进商品货号、目录淘汰商品货号发至各门店邮箱,门店根据相关货号查询出经营情况,特别是主力商品、新引进商品经营情况,以及淘汰商品门店有没有及时清退。通过这组数据的分析可以了解门店是否按照商品目录的调整进行了门店的商品结构调整。

　　商品动销率分析:主要是本月商品动销品种统计、动销率分析、与上月对比情况。月经营总品种数查询方法:进入百年系统进销存分析查询出本月进销存数据,在查询出门店经营的总品种数后,同样在该模块可以将动销品种数过滤出来,商品动销率计算公式为:动销品种数÷门店经营总品种数×100。滞销品种数:门店经营总品种数－动销品种数,即可得出。通过此组数据及具体单品的分析,可以看出门店在商品经营中存在的问题及潜力。

商品品类(3级)分析:主要是门店本月各品类销售比重及与去年同期对比情况,门店本月各品类毛利比重及与去年同期对比情况。门店需对本月所有(3级)品类销售及毛利情况,特别是所有销售下降及毛利下降的品类进行全面分析,并通过分析找出差距,同时提出改进方案。

本月商品引进分析:主要是引进商品产生销售、毛利的分析。这里的引进商品需要门店日常对新引进商品建档,并跟踪分析引进商品的动销率、适销率、销售额以及毛利状况,同时分析这些引进商品是否对门店销售业绩的提升作了贡献、是否有引进不对路的商品存在,并在以后的工作中不断优化调整。

特价商品业绩评估:主要是特价商品品种数执行情况,特价商品销售情况、占比情况及与前期销售对比情况分析。特价商品与前期销售对比分析即将本档期特价商品的销售情况与特价执行前相同天数的销售情况进行对比分析(特价档期的执行天数为 14 天或 21 天)。通过以上这组数据的分析可以看出门店特价产生的效果以及门店在特价商品经营中存在的问题。

同步训练

由教师提供店铺账号,并进行分配,学生通过教师分配的账号登陆到店铺后台对数据店铺访客数数据、买家数据、商品数据进行分析,撰写训练报告,最后由教师统一点评(如表4-6所示)。

同步训练任务书

表 4-6　店铺数据分析

任务名称		店铺数据分析
网店名称		
学生分到的账号		
店铺数据分析内容		
店铺访客数据分析	访客数据	
	分析结果	
店铺买家数据分析	买家数据	
	分析结果	
店铺商品数据分析	商品数据	
	分析结果	
训练报告		
教师点评		

综合评价

表 4-7　综合评价表

任务编号		任务名称	店铺数据分析
任务完成方式	☐ 小组协作完成 ☐ 个人独立完成		
评价点			分值
对店铺访客数据分析是否正确			25
对店铺买家数据分析是否到位			25
对店铺商品数据分析是否准确			25
训练报告撰写是否正确			25
本主题学习单元成绩：			
自我评价	（20%）	小组评价　（20%）　教师评价	（60%）
存在的主要问题			

拓展任务

学生通过淘宝搜索总结淘宝中销量最高和最低商品并对其进行原因分析。

任务三　制定工作目标和实施方案

任务引导

在分析完行业数据与店铺数据之后，小王及其团队面对公司淘宝店铺凸显出的问题，开始筹划优化方案，针对存在的不足和漏洞制定不同策略的方案，使得店铺在行业高速发展中趋于不败之地。

任务分析

☑ 制定店铺推广策略
☑ 制定实施方案

任务实施

前面我们已经逐步分析了小王公司淘宝店铺所处行业数据与店铺相关数据，在分析中我们看到店铺发展的一些可喜的成绩,但对于存在的问题仍然是不可掉以轻心,对此小王及其团队开始针对存在的种种问题,制定推广策略及实施方案。具体步骤如下:

步骤 1:店铺推广策略

根据行业买家数据分析,我们了解到小王公司所处的特产干货类在整体的消费人群定位中以女性客户为主,这些女性之所以愿意购买农产品干货的原因在于:1. 对于零食,绿色食品具有极强的购买欲;2. 他们更加注重饮食健康与时尚的生活理念。

鉴于以上两点的信息,小王结合在行业买家肖像分析中的数据,将公司淘宝店铺买家群体肖像勾勒(表4-8所示)。

表4-8　所示为小王公司淘宝店铺买家群体肖像勾勒

买家肖像					
	性别	年龄	身份	收入	特征
目标客户	女	25～35岁	学生、白领、都市家庭主妇、饮食大人	月可支配收入1 000元以上	爱时尚、爱零食;注重绿色健康饮食;

在明确了买家群体肖像之后,小王及其团队开始结合之前营销推广战略进行综合筛选与分析,在这其中不仅需要针对之前营销推广数据进行汇总,而且还需要就目前存在问题进行综合评价适宜自身店铺策划与实施的整体方案。

步骤 2:推广策略

经过几番细心的分析和评估之后,并结合店铺商品的特点、买家肖像信息及行业数据的分析等因素,小王及其团队将公司淘宝店铺推广策略制定为下:

1. 内部优化

(1)特产干货类商品买家在购买时,都会仔细的了解店铺的商品基本信息与商品细节等内容,因此在此需要注重挖掘商品的买点及视觉营销的因素;

(2)面对在本店首页跳失的流失客户,需要根据商品特点及季节、节日等综合因素制定店铺装修方案;

(3)在商品详情页跳失客户,根据商品的特点、商品的使用方法及商品的适宜人群等信息二次定位和设计商品详情页去引导客户,最终使其对店铺、商品产生说服力和信任;

(4)不同商品在支付宝成交金额中的反应,针对新老客户制定不同的促销策略,进而提升新客户的转化率和老客户的回头率;

2. 推广策略

(1)在自主访问占比店铺的首要流量下,继续把握对于商品发布中的发布方式和商品上下架规则。

(2)对于企业官网微博的主营销,应加大对于微博营销的力度,核心去挖掘微博营销的信息传播性,合理地使用微博功能使其微博内容展现的更加丰富多样,并与其附属微博形成互动;

（3）特产干货类客户在购买时非常注意其他买家对于产品的评价和口碑评价,因此对于此需要实施线下口碑推广,具体包括行业内论坛的营销推广以及问答营销推广等;

（4）付费的推广策略还是得加强,加大对于站内广告投放的比例和金额,使其不断地为店铺产生良好的宣传和效益。

综合上述两点推广策略,在不断的提升店铺销售额的同时,扩大商品推广渠道、提升店铺与客户之间的互动和粘性,使其店铺在持续增长中继续健康的发展。

步骤 3:推广执行方案

由推广策略和行业数据分析的结果,小王及其团队制定的推广策略在执行中具体方案(如表 4-9 所示)。

表 4-9　所示为推广执行计划方案

推广执行计划方案				
时间范围	8 月		9 月	10 月
推广阶段	内部优化及口碑创建期		推广准备期	正式推广期
阶段目标	1. 内部优化实施基础完成 2. 获取有效、数量丰富等口碑		完成内部推广基础布局。为获取大量的自然流量做准备	店铺已经具备推广的口碑基础,同时也具备获取自然流量的基础,可以进行付费推广和维护新老客户的促销推广
推广执行	好评率调整为 DSR:上升至 4.5		好评率调整为 DSR:上升至 4.8	好评率调整为 DSR:上升至 5.0
	内部优化	商品发布、商品详情页内容	1. 制定并完成商品发布方案 2. 制定并完成店铺装修方案	每日新老用户数总和突破:2 000	每日新老用户数总和突破:5 000
		商品视觉营销内容	1. 制定并完成商品主图和详情页视觉营销 2. 制定并完成促销活动方案		
	推广策略	自主访问与微博营销的	每日支付宝订单数:50 单	每日支付宝订单数:80 单
		付费推广与促销活动	引流总比至 30%	引流总比至 40%
	浏览订单转化率:15%—22%		浏览订单转化率:7%—12% 买家返单率:20%—25%	浏览订单转化率:4.5%—5.5% 买家返单率:25%—30%

步骤4：商品发布方案

1. 入口图片

入口图片设计主要考虑的是引导自然流量的点击和提升前期购买欲望。入口图片的设计思路是，首先是要明确表达商品的价值，即本商品最大的价值是绿色、纯天然、产地直供，所以图片素材必须表达商品的这个核心价值，但也不是说就必须在商品的主图上凸显出商品的所有元素，因为对于商品的宣传和图片的设计更多的是考究设计的整体性和美观度，要不就会出现无核心等问题；其次，由于商品的品牌不具备广泛认知，商品的供应商也不具极高的知名度，所以要用形象或文字表达的方式阐述商品价值。

2. 商品标题制作方案

众所周知，淘宝店铺营销中吸引顾客的不仅仅是利用产品的图片进行的视觉吸引，还应该包括产品的文字介绍。产品的文字介绍中首当其冲的就是产品标题，而产品标题中，合理而准确的关键字会起到关键作用。那么怎么样利用关键字的合理布局来吸引客户，这很关键。

文字为顾客传递理性信息，图片为顾客传递感性信息。利用感性信息对产品进行初步定位，理性信息精准锁定产品，只有理性信息与感性信息相结合才使得一个完整的产品信息展现在顾客眼前。因此，做好产品描述的关键字布局成为重中之重。

小王公司即农享网淘宝店铺以特产干货为主要商品，所以在商品描述中主要以绿色天然特产与规格为主，以最简短的语言传达给顾客最清晰的信息。

对淘宝描述关键词的布局可以分四个步骤来进行：找词、分词、分配。

找词，淘宝网为卖家提供的最简单的找词方法有三种：淘宝搜索下拉菜单、直通车关键词推荐、同行业店铺关键词。

分词，宝贝的名称应该作为一个偏正词组出现，中心词为商品名称及商品的基本信息，再加上一定的形容词或副词作为宝贝修饰语，阐明商品特征。所以通常情况下一个淘宝商品名称由两部分组成，即基本的商品名称和简单的商品描述。

分配，如果是一家店里的不同商品，最好采用相同意思的不同关键词来扩大关键词的覆盖。

通过上述商品标题制作实施方案，对于店铺标题的掌握和了解就更深一步。

3. 商品上架时间方案

商品上架时间决定其搜索量，因此对于商品上架时间来说尤为重要。现在搜索关键字后，商品的位置是按商品下架剩余的时间来排定的，越接近下架的商品，排得就越前。因此，小王及其团队在确定商品发布上架规则之后，确定以下实施方案：

（1）现淘宝发布商品的周期统一为七天，因此对于小王及其团队来说需要更好地把握宣传机会；

（2）商品一定选择在黄金时段内上架。在具体操作中，可以从11：00～16：00，19：00～23：00，每隔半小时左右发布一个新商品。之所以不选择同一时间全部上架是因为那样店铺内所有商品也会统一下架消失。如果分隔开发布，那么在整个黄金时段内，都有即将下架的商品可以获得很靠前的搜索排名，为店铺带来的流量也肯定会暴增。

（3）每天都坚持在两个黄金时段内发布新商品。每天都有新商品上架，那么一周之后，也就每天都有下架，周而复始。其次对于新品发布而言，需要坚持做好细节，长此以往。店铺每天的黄金时段内，都有商品获得最佳的宣传位置。

（4）所有的橱窗推荐位都用在即将下架的商品上。安排合理的话，所有的推荐位就会发挥巨大的威力。

根据以上商品上架时间的方案，小王及其团队开始重新划分不同商品上架的权重比例，使得不同的商品在不同时间段内都有良好的宣传效果。

步骤 5：制定促销活动方案

为了配合店铺的整体营销方案，需要针对性地输出店铺的促销活动方案，小王在与团队商议之后，按照之前对于店铺数据分析的基础，将店铺促销活动方案制定（如表 4-10 所示）。

表 4-10　所示为店铺活动促销方案

店铺活动促销方案		
买家类型	促销活动	注意事项
新买家	新买家购买就赠送礼品，并设置礼品专区	商品数目和类目各自不同，并针对礼品内容一个月更换一次。其次价格方面应与老买家区别开，可以在价格方面比较明显
	新买家好评加图片可获得不同金额优惠券	针对新买家购买商品成功之后，5 分评论并图片者给予随机不同价值的优惠券
回头买家	老买家买就送赠品专区的开设	商品数目和类目各自不同，并针对礼品内容一个月更换一次。其次价格方面应形成 VIP 专享或老买家惊喜价等刺激消费
	老买家推荐新用户抽奖活动	拥有 VIP 卡，且推荐过成功购买的客户，随机抽取，一月二次
	老买家试用专区	店铺新品，老买家一律可以申请免费试用，限量实施。更新周期最好为一周以上
	老买家设置关联销售及分享送红包	老客户已经对店铺形成良好的忠诚度因此可以设置热销商品的关联销售并对分享食用心得赠送随机红包

根据上述店铺促销活动的巩固，在进一步地挖掘新买家购买潜力的同时，刺激其消费，给予适当的优惠力度，使得买家对店铺形成信任感。而老买家则在提升对店铺忠诚度的同时继续加大对于老买家的维护，使其店铺订单数增加的同时，通过关联销售等手段提升支付宝成交金额的总数，为店铺创造更多的利润。其次还通过老买家推荐新用户的方式，以口碑推广刺激老买家与新买家之后的互动。

步骤 6：制定店铺装修方案

考虑到店铺品牌与商品属性，其次在对店铺数据分析的特点后，小王及其团队针对店铺装修问题，需要制定不同的装修方案，选择不同节日和季节的装修方案来改变一直单一的装修风格,使得店铺从视觉营销的角度中更加吸引买家。

在制定店铺装修方案中,小王及其团队主要针对不同因素进行分析,从店铺宣传窗口来说,无非就是针对店铺的阿里旺旺账号名片等中突出店铺的特色,如在阿里旺旺打开聊天窗口中对于不同客服子账号制定不同的店铺形象卡通,使得买家更加从窗口处对店铺产生记忆。

其次店铺商品装修,买家在进入店铺首先关注的是商品的入口图片,入口图片的设计和视觉性直接决定着进入店铺的访客量,作为小王公司经营的特产干货类别在图片中不仅需要合理展现商品卖点信息,其次仍然需要不断地突出商品的特色和店铺的促销信息。通过与运营思路的结合和策划,使得店铺入口图片在不同时期凸显出不一样的色彩,使得买家赏心悦目。

店铺门面全新装修,就是要带给访客在进入店铺后,能够产生不一样的店貌。它主要包括的是店招、商品分类、公告三个方面,店招则是买家进店后首要看到的第一招牌,它的作用不言而喻。但是在店招装修中不仅可以采用传统的更新店铺图片设计内容方式,还可以通过深入的技术功能来实现更加多彩的展示效果,如利用 CSS 代码功能添加爆款商品的展示等。

商品分类,在现用的淘宝店铺装修模板中主要还是以旺铺性模板为主,因此对于卖家而言,不仅可以利用旺铺自身带有的丰富功能来实现装修风格的转变,还可以通过Dreamweaver的功能改变传统的 4 * 3 或 4 * 4 的商品分类样式。

商品公告是提醒和通知性的内容,在商品公告的装修设计中我们大部分都会采用文字的形式来表达内容,而面对不同店铺风格也需要勾勒不同的展现形式,以便给买家留下深刻的影响。

在上述装修思路中,我们不仅需要使店铺整体效果更加统一和颜色亲和,但仍需要结合营销推广的需求和诉求点,使得装修风格更加迎合不同需求的买家。

步骤 7:制定广告投放策略

由于产品的价位属于略高价位,目前淘宝的买家规模在本行业中属于偏小,同时买家通过搜索寻找到商品的概率低,因此在综合各种因素之后,小王及其团队决定针对自身店铺使用精准推广的广告渠道,流量不求多,而求精准,求提高店铺转化率。具体广告投放方案(如表 4 - 11 所示)。

表 4 - 11 所示为店铺广告投放方案

广告投放方案				
广告渠道	内容选择	注意事项	投放时间	投放区域
淘宝客	推动订单金额小,客单件数多的商品	注意对获取的数据进行实时监控和分析	8 月、9 月	自定义
直通车	效果+口碑	精准词,不要选择大流量,精准度低的词,宁可没有点击,也不要投放大搜索量的词语	9 月、10 月	客单价高且购买人数高的城市

在广告投放中,需要每天针对实时数据进行监控和分析,使得广告投放的效果事半功

倍。其次需要注意的是,在广告投放中不仅需要实时把握店铺后台的数据分析情况,还需要针对投放的金额进行周期性的调整,使得关键字的精准一直保持领先的优势。

支撑知识

网店营销策略

（1）吸引客户策略

"吸引客户策略"即如何让顾客在众多商品中发现你的商品,并被吸引进入网店仔细浏览,也就是要设法在顾客能够接触到我们信息的地方,放顾客感兴趣的信息,并吸引他们感兴趣。如前所述,当前网店数量众多,竞争激烈,要能让顾客在众多商品中发现你的商品,并产生兴趣,一是货源要有竞争力,例如某知名品牌的网络代理,或"新、奇、特"类商品,都较容易获得顾客青睐。二是信息接触点要多,即利用多手段来展示商品信息,如论坛、友情链接、QQ群、搜索引擎、博客等都是有效的网上推广工具,尤其是论坛,当把商品图片和文字巧妙设置成签名档时,它就成了一则流动的广告,在我们发、回帖时,商品信息就自然得到了宣传。此外,每个电子商务平台内的站内搜索,是顾客在购买商品时用得最多的工具,顾客通常会通过关键字来搜索相关的商品,为增大被顾客搜索到的概率,商品标题善用关键字组合是重点。我们知道,护肤品类是网上销售最多的商品,下面是对同一商品的不同标题描述:"香草沐浴露"和"五皇冠推荐! The Body Shop美体小铺香草沐浴露 250 mL 清爽柔嫩",显然,后者采用了"店铺信用等级＋英中文品牌＋商品关键字＋容量＋商品特性"等多样关键字组合方式,因此被客户搜索到的概率就较大。

（2）信任建立策略

"信任建立策略"是当顾客因为一个商品的吸引来到了店铺,卖家通过各方面展示使客户对虚拟的店铺建立信任,并愿意选购商品,甚至对店里的其他商品产生兴趣的策略。与实体店相比,网店最大特点就是虚拟性,对实体类商品,看不见,摸不着,只能通过图片和文字来了解,这容易使顾客产生不信任感,从而影响做出是否购买的决定。因此信任建立策略就是充分给予顾客想要的,使其在需求得到满足的同时建立起对商品或店铺的信任。因此首先要分析顾客心理,挖掘其需求,当顾客第一次光临店铺时,其关注的通常是商品的图片、相关说明、价格、卖家信誉、店铺的专业性与整体感觉等,因此卖家就要针对这些需求提供专业信息,如清晰、主体突出并具美感的商品图片;详尽的文字说明,如若是图书类商品,应写明出版社、作者、简介、目录、书评等,以体现出专业性;合理的价格,可采用成本导向、竞争导向、需求导向等多种方法来对商品定价。总之,我们应从多方面专业地展示店铺形象,以帮助消除顾客因商品虚拟性而产生的疑虑或不信任感,这是促成下一环节顾客下单购买的关键。

（3）销售促成策略

"销售促成策略"是在顾客对店铺建立起信任的基础上,当他对某个商品产生兴趣,具有购买欲望却又拿捏不定时,卖家如何促进其由"打算买"向"打算现在就买"转化。消费者通常都具有贪图便宜的心理,我们在实体店里经常会发现,卖家的一些打折、减价、优惠、赠送等促销手段容易激发顾客的购买动机,使其做出立即购买的决定,在网店,往往也同样有效。顾客的消费动机一旦被激起,其内心便出现一种不平衡现象,表现出一种紧张的心理状态,这时心理活动便自然地指向能够满足需要的具体目标,当具体目标出现后,机体的紧张状态便转化为活动的动机,产生指向目标的购买行为。当目的达到后,需要得到满足,紧张状态也会随之消失。现在许多网上店铺都有"买就赠……"、"限时抢购"等促销活动,就是利用了顾客的消费心理,促使其尽快作出购买决定。

（4）情感投资策略

"情感投资策略"是在顾客一次购买商品后,卖家通过感情营销,增加粘性,使其下次再来光顾,成为老顾客。许多实例表明,网店维系老顾客比争取新顾客更重要,据调查,保留一个老顾客所需的费用仅占发展一个新顾客费用的五分之一。销售学里有著名的"8/2"法则,即企业80%的业务是由20%的顾客带来的,对网店来说,同样如此。因此,网店在发展新顾客的同时,不可忽视老顾客的流失。维系老顾客的重要措施之一就是心系顾客,充分利用感情投资,方法有很多,例如发货时放点小惊喜—礼品、贺卡(手写,给人亲切感)、商品小样(对护肤类、食品类商品尤其适用)等,笔者在网上购物时就遇到过一位很有心的卖家,当时买了一件衬衣,收到货时发现多了一条丝巾,刚好跟衬衣相配,还有一张温馨的贺卡,这些小细节有时会成为客户日后再光顾的重要因素。此外,经常性的电话、短信或邮件回访,通过表达对客户的关爱,来加深双方联系,培养顾客对网店的特殊感情和忠诚度。

同步训练

学生结合任务三中的同步训练,根据分析行业数据与店铺数据针对店铺的现状制定推广方案,并对不同内容合理分配执行(如表4-12所示)。

同步训练任务书

表4-12　店铺推广方案

任务名称	制定工作目标和实施方案	
小组成员	主要负责人	
	其他成员	
小组成员分工	确定商品发布方案	主要确定由具体谁负责执行?
	确定店铺装修方案	
	确定广告投放方案	
评估方案	分析上述店铺推广策略与方案是否具有时效性	
教师点评		

综合评价

表 4 - 13　综合评价表

任务编号		任务名称	制定工作目标和实施方案
任务完成方式	☐ 小组协作完成 ☐ 个人独立完成		
评价点			分值
店铺推广策略分析是否准确			40
商品发布方案是否准确			30
制定促销、装修、广告投放方案是否正确			30
本主题学习单元成绩：			
自我评价	（20%）	小组评价	（20%）	教师评价	（60%）
存在的主要问题			

拓展任务

学生在教师的带领下在班级内互相讨论店铺推广策略及制定方案的重要性。

任务四　方案实施与效果评估

任务引导

在综合分析与店铺推广策略制定之后，接下来就需要针对制定的各种推广策略进行实施，在实施中进一步明确方案的细节和针对实施效果进行监控和分析，使得店铺较之前营销推广数据有所突围和改善。

任务分析

☑ 制定店铺推广策略
☑ 制定实施方案

任务实施

面对上述已经分析和制定完好的营销推广方案，小王及其团队首先选择从内部优化方面着手，先将店铺内部细节逐步提升，其次在根据店铺营销推广的策略实施推广手段。

具体步骤如下：

步骤 1：店铺推广策略实施

在店铺推广策略及方案都已完善的情况下，小王及其团队开始分头实施营销推广方案。具体主要分为内部优化与推广策略两个方向。

1. 内部优化实施

对于内部优化，主要是针对店铺入口图片进行优化和提升，在此小王和店铺美工进行了二次设计，使得店铺每一个商品的卖点突出，而且在入口图片中更进一步地提升视觉效果。具体操作步骤如下：

（1）针对店铺商品原素材拍摄图片曝光、摆放设计、细节单一等问题，重新拍摄商品图片，并根据商品的特点进行合理的摆放策略使得商品核心卖点突出。在本张图片中我们可以看到铁皮枫斗在借助了方形盘子的摆放策略之后，使其看起来更加丰盈，而且图片的整体色彩以墨绿为主，曝光度等都十分饱满。这样重新调整与优化之后的商品入口图片，在整体视觉上更加舒适和吸引力（如图 4-12 所示）。

图 4-12　农享网店铺入口图片铁皮枫斗优化后效果

不仅如此，在针对商品详情页跳失率略高和转化率低的问题，小王及其团队与运营人员、美工就商品核心卖点等信息进行细致的沟通，就铁皮枫斗商品详情页我们可以看到（如图 4-13 所示），在图片中商品详情页整体色彩统一而且搭配合理，图片内容与文字紧密结合，在查看图片的同时不会因为文字喧宾夺主使得文字更加突出，因此这里将文字的颜色调整的更加略淡，使得图片整体以图片内容为主，文字协助买家进一步的阅读。

[产品名称]:	特级庆元有机正宗铁皮枫斗
[产品级别]:	特级
[产 地]:	浙江省庆元县
[商品特色]:	表面呈铁绿色　有光泽　胶质
[产品规格]:	15克
[发 货 地]:	上海总部
[生长周期]:	**3年长**

[关于产地]: 庆元县是著名的铁皮石斛之
史上，庆元县曾是我国铁皮
成产区和经营区。据《中国
》记载，庆元铁皮石斛种植
300多年。庆元南峰寺中的
是庆元吴氏家族经营铁皮石
史的见证。

[生产日期及保质期]:见产品包装标签

铁皮枫斗，又名万丈须，是由铁皮石斛鲜条
加工而成，它是一种名贵的中药材，在民间，
被誉为"救命仙草"，药界的"大熊猫"。在
我国上海及浙江等一些沿海城市，特别在沿海

图4-13　铁皮枫斗商品详情页信息

（2）就前提分析我们得知，店铺在新老买家的流失上依然存在着问题。对此，小王及其团队制定了不同商品的促销活动方案，方案中针对商品定价高，支付宝成交金额高，但整体客单件数偏少的问题，实施了如添加会员积分兑换页面的添加，对于新老买家实施不同的购买积分兑换礼品的活动，为小王公司农享网淘宝店铺设置的会员积分兑换活动。

图4-14　会员积分活动

其次在针对商品单价低,而支付宝成交金额高和客单件数多的商品,在原商品的基础上实施添加了如团购秒杀价,使得商品更大范围吸引不同买家的购买欲望,提升店铺转化率和客单件数(如图4-15所示)。

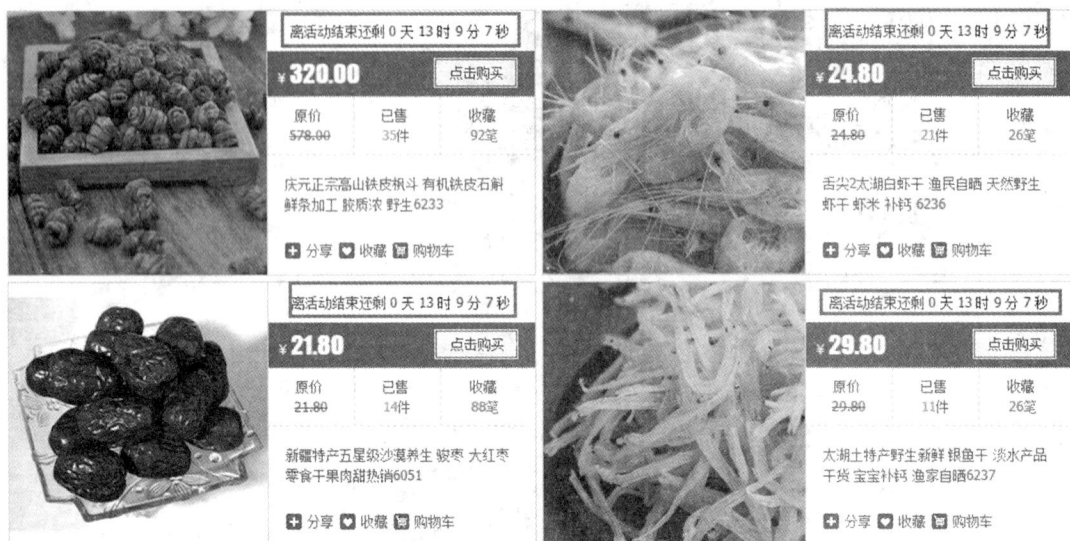

图4-15　团购秒杀活动

2. 推广策略实施

在逐渐优化完成店铺内部细节问题之后,小王及其团队其他运营人员开始实施推广手段,主要侧重着手实施的有针对自主访问的加固以及广告投放。而对于商品上架的时间策略,小王及其团队在仔细研究行业买家搜索习惯等信息下之后,将店铺商品分不同时间段和层级逐一上线,使得商品在每一天都有极高的曝光量。

(1)考虑店铺之前在自主访问方面的优势,小王及其团队在加固自主访问的实施中,主要以加大对于企业微博及其附属微博之间的交互和转发等内容,使得店铺的自主访问能够持续上升。如图4-16所示,为农享网官网微博在转发评论附属微博对于蜜柚新品的尝鲜推广,我们可以看到此条博文由其附属微博城市对接农村进行发布,其后由企业领导人微博农业博士进行二次转发和传播,使得微博内容最大限度的得到传播和宣传。

对于微博内容的策划,小王及其团队也在不断地创新,在合理利用微博功能之外,进行二次创新和挖掘自身商品及企业形象的宣传内容。

(2)广告投放对于小王及其团队而言,在前期分析过程店铺正常搜索访问趋于健康,但为进一步地提升店铺的访问量和转化率,在完善好店铺内部优化之后还是决定针对淘宝客和直通车内容进行有效地投放和监控。

而这里主要说的是直通车的实操,因为前提并没有投放过直通车,因此在此投放之前小王及其团队进行了深入的了解和学习,使得店铺投放的核心关键字在定价上不会出现投放失衡的现象。在直通车精准确定关键字时,小王及其团队仍然选择了不同的选词方式,如利用淘宝搜索方式、软件功能查找等。但最终的选词中还是综合了以上几点之后,借助直通车的关键词帮助(如图4-17所示)。

今天发货哈//@农业博士:上线新鲜红肉蜜柚,产地直发,快递包邮,几乎没利润,纯属跑量拉人气,大家赶紧下单尝鲜啦!

@城市对接农村

琯溪红肉蜜柚来啦!琯溪蜜柚已有近500年的栽培历史,它以皮薄多汁、清甜醇蜜、酸甜适中之优良品质而闻名古今中外。清朝乾隆年间被列为朝廷贡品,同治皇帝赐"西圃信记"印章一枚及青龙旗一面,作为贡品标识和禁令。柚子有多种营养功效,6斤柚子49元包快递,欢迎品尝购买链接:

淘 琯溪蜜柚 平和柚...

9月25日 14:57 来自微博 weibo.com   👍(9) | 转发(33) | 评论(11)

今天 06:25 来自荣耀6 | 举报   👍(8) | 转发(5) | 收藏 | 评论(5)

图 4–16 农享网官网微博发布博文内容

关键词	相关度 ↓	展现指数 ↑	市场平均出价 ↑	竞争指数 ↑	点击率 ↑	点击转化率 ↑
<< 大米	73.00%	585620	1.58元	1303	0.50%	3.01%
<< 东北大米	72.00%	44275	1.60元	603	0.70%	4.34%
<< 东北	72.00%	9592	0.95元	562	0.44%	1.96%
<< 大米 包邮	60.00%	37605	1.25元	540	1.31%	2.28%
<< 东北大米包邮	64.00%	5993	1.22元	219	0.97%	2.85%
<< 特价东北大米	63.00%	.	.	.	.	.
<< 有机大米东北	50.00%	10518	1.22元	285	0.02%	0.00%
<< 新大米	51.00%	7351	1.52元	152	2.24%	2.02%
<< 优质大米	53.00%	751	1.03元	71	0.93%	0.00%
<< 进口大米	50.00%	995	0.92元	113	0.08%	0.00%

图 4–17 直通车选词

直通车的出价看起来简单,其实不然,淘宝直通车的出价讲究技巧,因为它是决定直通车效果的关键指标之一。出价越高意味着排名越靠前被展现的几率越多,带来的流量也就越多。但是对于新手或者新店铺而言并不是出价越高就能获得越多的流量,那样不仅不会产生好的推广效果,反而会造成资金投入流失和供需压力的难题等。因此对于直通车卖家而言,需要不断的优化其出价的关键词,使其推广得到预想效果。

步骤2:推广策略实施效果评估

效果分析,通常体现营销推广策略成功与否的参照是用户参与热情、参与人数以及为网店带来的访问效果、销售额的提升。效果分析在整个营销推广结束后一周内完成,这样可以避免因时间过长导致部门细节问题遗忘,效果分析主要包括以下几个方面:

（1）促销活动指标

流量指标：UV、PV、首页访问数据、分类页访问数据等；

销售指标：销售额、客单价、销售量在前 10 的宝贝数据；

转化指标：转化率、访问深度、停留时间、收藏量、询单转化率、全店转化率等；

服务指标：DSR 变动、客服相应速度、投诉量。

（2）微博营销指标

粉丝指标：粉丝前后增加的数量；

内容阅读指标：营销推广前后企业微博及其附属微博所发布内容的阅读量变化；

转发指标：博文内容被转发次数统计

评论指标：博文被网友评论数量统计

需要对以上两组数据进行汇总、分析，根据数据反映出的问题进行调整。

下表是小王公司农享网淘宝店铺在推广策略实施后的数据表（如表 4－14 所示）。

表 4－14 所示为小王公司农享网淘宝店铺推广策略实施效果数据

店铺 IP/PV 数 （日均）	活动页访问量（IP）		活动页访问量（PV）	
	前	后	前	后
	754.000	2.156.000	936.982	13.546.00
微博信息传递	发送量	转发总量	留言总量	参与率
	100	125 800	112 400	76%
用户回应评价	活动前后店铺收藏数		在线咨询数		新浪官方微博关注/粉丝数	
	前	后	前	后	前	后
	2 578	5 837	日均 120	日均 263	86 238	124 300

（3）广告效果

根据活动前预备的广告投入预算，跟踪广告效果，找出在广告投放上的技巧与不足，为下次的广告投放做相应的准备。

（4）活动执行情况

根据促销活动方案，查看每个环节的执行情况以及随带来的实际效果，进行综合评估，给团队人员进行一个简要考核，对活动前、中、后遇到的问题需要进行记录、分析、总结，吸取经验和教训。

（5）活动效果对比

将促销活动后的效果与促销前的评估效果进行对比，找出差异的原因所在，这样可以为下次的活动预估提供更准确的思路和方法。

支撑知识

淘宝网店推广技巧

（1）商品的推广

商品的推广包括两个方面：一个是商品的照片，一个是商品的描述。

① 商品照片

在网上购物买家是看不到商品实物的,只能看到商品照片。商品照片一定要具有真实、清晰、突出主体、漂亮的优点。一张完美的商品是很能吸引买家眼球的。商品照片千万不要弄虚作假,一定要是商品的真实拍照,让买家投诉你照片跟实物不符就不好了,失去了一个顾客也带来了一个不好的评价。照片一定要清晰,不能模糊不清,可以使用摄影棚,摄影灯等设施,拍照后用 PS 简单处理一下就可以。商品照片要突出商品的主题,不要跟配饰物品分不开,显得主次部分就不好了。

② 宝贝商品描述

商品描述更是主要。可以在描述里面多放上几张从商品不同角度拍摄的照片或者一些商品细节地方的照片,让买家能更多地了解你所出售的商品。商品的材质、尺寸、颜色等都要明确的标明。把物流信息、售后服务、支付方式、联系方式等也都详细地说明一下。可以采用一个漂亮的、多功能的、符合你商品风格的模板,在商品描述模板里可以多推荐几个店铺内的商品,这就相当于增加了店铺推荐位一样。模板可以自己动手做,也可以在淘宝上购买。

③ 巧控宝贝亮相时间

宝贝发布的时间是大有讲究的。买家在搜索商品时,淘宝默认的结果是按照商品下架的剩余时间,由少至多来排列的。卖家把宝贝上架的时间都错开,每隔半小时发布几件商品。(可以借助淘宝助理发布,淘宝助理有定时上架的功能)并且留出一些店铺推荐位,推荐一下即将下架的宝贝商品。所有宝贝都到期下架了后,隔两周,再循环发布,让宝贝商品随时都排在最前面。

(2) 店铺推广小贴士

① 让买家知道店铺是专业做这个的网店

解释:例如在编辑宝贝商品描述的时候把商品的有关小知识等放进去。店家可以印制一些漂亮的店铺名片,把店铺的经营项目,ID,店铺地址和联系方式都印制在名片上。在给买家发货的时候,在包装里面多放上几张店铺的名片。

② 专业值得信赖

解释:店家可以把商品有关的合格证书,鉴定证书等拍照后放在店铺显眼的地方,让买家能相信你的专业,相信你的商品。

③ 促销活动

解释:店家可以在店名,公告,商品名称里添加上促销活动的信息。为店铺制定一个推广的主题,比如快到了某个节日的时候,店家就可以以这个节日的名字来为主题,还有冲心、冲钻、冲皇冠,还有店庆。这些都是很好的主题,都能起到促销的作用。促销的手段也很多,一元拍(拍卖就不要怕赔本,就当作是广告投资了。一元拍能快速地提高你店铺的流量,说不定拍下你这件商品的时候还会购买其他的商品呢)、包邮费(为了促销可以免去邮费或者满多少包邮费)、换购(设置店铺会员制度,利用会员积分加多少钱就可以换购另一个超值商品)、打折(促销期间商品打折)、送赠品(购买本店商品及送精美礼品)等。注意:促销信息要及时更新,别到了圣诞节了还打着中秋节的促销旗号哦!

（3）关系推广

把关系推广看成卖家、买家、淘宝网发生飞互动作用过程。比如，卖家可以在淘宝的个人空间和博客里面讲述一下自己的亲身故事，开店心得和对一些事物的评价，从而提高自己的形象和知名度。通过淘宝旺旺、站内信、店铺留言等也可以进行关系推广。给淘友、给买家发消息，问候一下、聊聊天，发一个祝福的邮件站内信，促进人与人之间的关系，从而达到关系推广的效果。

（4）关键字

什么是关键字呢？关键字是能够引人注目，能让买家搜索到的醒目字或词语。关键字的作用也就是能引人注目，方便买家能搜索到你的商品。现在好多买家在选购商品时，都是用关键词来检索的。因此我们在发布宝贝商品的时候，给宝贝的名称多设置几个关键词是很有必要的。这样你店里宝贝被搜索到的几率就会大大增加了。但是有一点要切记。就是不要滥用关键词，否则会被淘宝小二下架的哦。在淘宝社区里有关于关键词的使用规则，各位淘友一定要去好好看看，这里我就不多废话了。关键字的小贴士：

① 符合真实信息

解释：关键字不能乱用，一定要符合你商品的真实信息。

② 换位思考，从买家的角度来挖掘关键字

解释：店家不要乱加关键字，要学会换位思考，在买家的角度上找到合适的关键字。看看买家喜欢搜索什么样的字和词，你是买家会用什么样的关键字来搜索商品。切记要符合真实信息，不然会受到处罚的。

③ 不要一味的堆砌关键字，注意和其他信息的结合

解释：店家不要随便找一大堆关键字摆在上面，要跟这商品有密切的结合。

（5）站内信

站内信是一个很好的推广和沟通的工具，店家通过站内信可以给买家发送信息。卖家发货后给买家的通知，告诉买家物流信息、包装情况、到货时间等。节日的问候，到了某个节日，可以给淘友和买家一份温馨的祝福。新款到货，有些买家光顾你的店铺后会说，以后有新款到后记得通知我，这时候店家就可以通过站内信告诉买家。促销信息，当店铺有促销活动或者打折的时候，可以发给买家跟淘友，告诉店铺在搞活动。（注意：格式要正式，注意称呼、问候语）站内信的内容要真诚，内容长短适当，不要废话连篇。信件的结尾要表达自己的心意。

（6）淘宝旺旺

淘宝旺旺是买卖双方在淘宝的即时通讯工具。旺旺同样具有强大的推广作用。

① 旺旺的在线状态

一般旺旺的在线状态分为"我有空"、"隐身"、"忙碌"、"不在计算机旁"、"听电话中"、"外出就餐"、"稍后□□"，店家可以不用这些在线状态，自己来多设置几个在线状态，设置为你店铺的推广信息，比如你店铺商品的折扣信息、店铺促销活动信息、新款到货信息等，让这些信息滚动显示，从而达到推广的作用。大家可以旺我，看看我的在线信息是怎么设置的哦。提示：把在线状态设置为店铺的推广信息，要经常更新哦，陈旧过时的推广信息很不会被别人关注的。

② 旺旺群发

旺旺群发要慎重,不要随意乱发广告。店家可以把愿意接受广告的淘友和买家组织到一个旺旺组里,群发给这个组里的淘友和买家。群发时注意内容的长短要适当,称呼、问候等。

③ 自动回复

店家不在电脑跟前的时候,一定要设置旺旺的自动回复功能。说明一下店铺掌柜不在的原因,表示出掌柜对买家的尊重和礼貌。如果店家离开的时间过长,就需要说明一下,回来的时间,不要让买家空等。在自动回复中,店家可以委婉地推广一下你的商品。

④ 快捷短语

快捷短语是淘宝旺旺上的一个快捷回复的功能。店家可以在快捷短语中编辑一些店铺商品的推广信息,在跟买家淘友聊天的时候适当发出去。省去了店家打字的麻烦,又快速地推广了信息。在使用旺旺和买家沟通时可以充分利用旺旺的这个功能。推广的信息要长短适中,不要废话太多,便于买家的阅读和理解。在使用快捷短语的时候,店家不要过于频繁地使用。免得让买家以为在跟一部机器在说话,不受到尊重也很不礼貌。建议快捷短语和旺旺的表情结合使用,让买家更容易接受。

⑤ 旺旺头像

旺旺的头像也是很有讲究的。选择一张具有亲和力的图片作为旺旺头像。头像的图片最好是做成动态的,用你店铺内的商品照片来做。动画要适当不要闪动太快,让人看着迷糊还显得杂乱。

⑥ 旺旺大本营—旺遍天下

在淘宝社区的旺旺大本营—旺遍天下中生成在线状态。选择好样式,获取代码。在社区发帖回帖,在编辑宝贝描述的时候都可以放上。让淘友和买家都能随时联系到你。

旺旺是淘宝交易平台中必不可少的通讯工具。无论买家还是卖家,都是通过旺旺来联系沟通,完成交易的。这里提醒各位淘友一定要注意自己的文明用语,但不要过于呆板过于职业化。要用即礼貌而又有趣的语言来招呼你的顾客。语言是很巧妙的,有时一句话就能创造出良好的沟通气氛,拿顾客当做自己朋友一样,很轻松地就搞定一单生意。

(7) 店铺功能

店铺的功能很多,有很多可以为自己宣传推广的地方。不要放过任何一个。

① 店名

起一个响亮、好记、独特的店名也很重要的。一个比较好的店名能给买家留下深刻的印象。一个符合自己的好名雅号,能给人心理上以暗示和引导,获得自信与成功。

② 店标

一个漂亮的动态店标,就好比是店铺的左眼。店标可以是文字的也可以是商品照片。不管是什么,只要做的生动、漂亮,就会给买家留下一个深刻的印象。建议店标做成动态的,最好跟店铺经营的商品有关。

③ 店铺公告

店标是店铺的左眼,那么店铺公告就是右眼。同样不可忽视,在公告栏里,可以把店铺的最新动态、最新商品和店里的一些优惠促销活动写在上面。语言要精练简短,不要废话连连,否则买家不会有耐心看完,公告栏最好做一个漂亮的图片,效果很不错的,在放上一个计数器,方便掌柜自己统计每天店铺的浏览量。

④ 店铺推荐

每个店铺都有六个店铺推荐位,买家进到网店最先看到的就是店内的店铺推荐商品。可以把店铺最好、最优秀、价格最低、数量多、快要下架的商品设置在上面。吸引住顾客的眼球才能使买家继续地往下看。店铺推荐最好两三天就换换,让买家感觉到卖家是一个用心的掌柜,让买家有一种新鲜的感觉。

⑤ 店铺介绍

在网店的店铺介绍里面,内容不用过于拘谨。可以介绍一下店铺经营方式、商品特征属性、和其他店铺相比有哪些优势,等等。

⑥ 评价解释

评价解释就是在卖家和买家交易成功互相评价后,有一个解释,可以以幽默的话语来解释,可以简单地推广一下自己的商品,给自己做一个小广告。

同步训练

学生以小组为单位在教师的带领下针对店铺推广策略,实施店铺推广方案,并针对实施效果进行评估和监控(如表 4-15 所示)。

同步训练任务书

表 4-15 店铺推广实施基本内容

任务名称	方案实施与效果评估	
推广实施内容	商品发布实施	针对哪些商品进行二次设计和发布?
	店铺商品促销活动实施	确定不同需求买家商品的促销方案和实施策略?
	店铺装修实施	确定不同季节和营销活动需求装修风格的变化要素?
	店铺广告投放实施	确定店铺广告投放平台,并确定投放商品的关键词与定价等?
评估方案	分析通过哪些方面对这次优化进行评估?	
教师点评		

综合评价

表 4 - 16　综合评价表

任务编号			任务名称	方案实施与效果评估
任务完成方式	□ 小组协作完成 □ 个人独立完成			
评价点				分值
店铺推广策略实施是否正确				40
店铺推广策略效果监控是否正确				30
店铺推广策略效果分析是否得当				30
本主题学习单元成绩：				
自我评价	（20%）	小组评价	（20%）	教师评价　（60%）
存在的主要问题				

拓展任务

学生在教师的带领下在班级内互相讨论店铺推广策略实施方法和监控效果评估的核心点。

学习单元五　微博数据化营销

能力目标

◇ 能够根据企业业务状况分析用户需求
◇ 能够制定和实施微博运营方案
◇ 能够对微博进行数据化分析
◇ 能够制定微博运营优化方案
◇ 能够制定微博推广优化方案

知识内容

◇ 内容运营策略
◇ 粉丝价值评估方法
◇ 微博数据分析方法
◇ 常见的运营优化方案
◇ 常见的推广优化方案

本项目包含了4个学习任务,具体为:

任务1:项目背景和业务分析;

任务2:账号实施方案制定;

任务3:微博数据分析;

任务4:微博营销优化。

通过对微博运营的各项数据指标进行分析,明确微博推广方案的有效性,并提出具有针对性的微博营销优化方案。

任务一　项目背景和业务分析

任务引导

在当前信息化高度发达的时代,信息创造价值的观念已经深入人心,商品的营销离不开信息技术的支持。作为一种新兴的信息媒体渠道,微博在最近几年里发展得越来越快,其在社会中的影响力也日渐加深。小章作为新任的农享网运营编辑,由于其充分地认识到微博能够快速发掘和传播消息,收集各类人群的基本数据,通过对微博数据的统计分析,商家可以清楚地了解潜在客户的生活习惯、消费习惯、兴趣爱好,并以此作为出发点,挖掘潜在客户的真实需求。为此,其在农享网原有的运营基础上,对农享网的微博运营做出了新的调整。通过信息收集方式利用微博的平台,将产品信息进行更大范围的宣传,并深入挖掘潜在客户,在新时期,这种宣传模式也必将成为一种高效的营销方式。因此,小章将数据化分析与微博营销的特点优势相结合,并逐步实现将二者结合起来的微博数据化营销运作方式。

任务分析

☑ 分析业务需求
☑ 分析用户需求

任务实施

微博是一个信息交流的平台,也是新型的网络营销方式之一。随着微博用户数量的急剧增加,也逐渐开始备受各大企业商家的关注,致使企业与商家将宣传的重点放在了微博上,这也就是微博营销产生的重要原因。其次,微博营销可以极大地加快产品信息传播,让更多的消费者了解自身的产品。但是,盲目地单方面地在微博中直接进行产品发布、宣传是见不到成效的。微博在营销中最大的价值还是在于用户基数与结构的庞大,所以基于产品营销角度来看,直接客户远远少于潜在客户群体,如何开发、刺激潜在客户群体,是商家和企业成功营销必须思考的问题,这就需要结合有效的数据来规划完成。有了初步的数据化概念后,小章决定先从业务和用户两个方面着手分析。

步骤 1:业务分析

面对互联网日新月异的发展与变化,对于小章所在的公司而言,当下的首要任务就是与时俱进,稳中求进。对此,公司领导针对公司发展的总体战略,要求小章的对公司核心业务进行详细的分析,并且更进一步地明确公司的发展方向。

农享网作为上海农享信息技术有限公司,即国内知名的农村互联网门户服务机构及安全农产品资源整合商,旗下的中国知名农产品分类信息网站,其涵盖了全国所有村子,是中国农民朋友最喜欢的农产品供求信息发布平台。其在发展过程中一直谨遵食品安全的原则,以中国农业部制定的绿色产品标准来筛选站内的农业产品,要求站内农作产品"从土地到餐桌"全程质量控制。符合绿色食品在生产、加工、包装、储运过程中,严密监测、控制和标准化生产,并且科学合理地使用农药、肥料、兽药、添加剂等投入品、严格防范有毒、有害物质对农产品及食品加工各个环节的污染,确保环境和产品安全的规则。为此,农享网的产品来源均选择于自然环境优良,无污染地区的农村,主要将农户的安全农产品直接提供给消费者,让消费者不再为食品安全而担忧,也提高了农民在农产品流通环节的直接收入。

同时,随着时代的进步和健康潮流的推动,"绿色、天然、健康"的食物越来越受到消费者的青睐,而互联网的发展也使人们可以通过网购的方式满足自身的需求(如图 5-1 所示)。

图5-1 近一月淘宝农业类粮油作物的搜索排行榜

图为小章从淘宝搜集的近一个月内，农业类粮油作物的搜索排行榜数据，从数据图中可以看出，天然健康的粮油作物所占的市场比例是不可忽视的，绿色食品作为现代人们对健康的追求，每种相应的天然农作物都保持在上升和热门搜索的程度上。针对这一契机，农享网结合自身，提出了全新农产品电子商务概念"城市对接农村"。并且，农享网也清晰地认识到网购市场的强大，所以也在淘宝网开设了自身的品牌网店。

不但如此，小章根据公司的产品定位，将店铺的主要目标人群锁定在了追求健康绿色生活的都市人群，其将网店的主推产品从两大方面着重推广，一方面是农享网合作基地，如店铺主推的广西桂圆、新疆灰枣、四川银耳、湖南红莲子、桂林干八角、昆仑雪菊、山东临沂杂粮等多个原场地合作基地的农产品（如图5-2所示）。

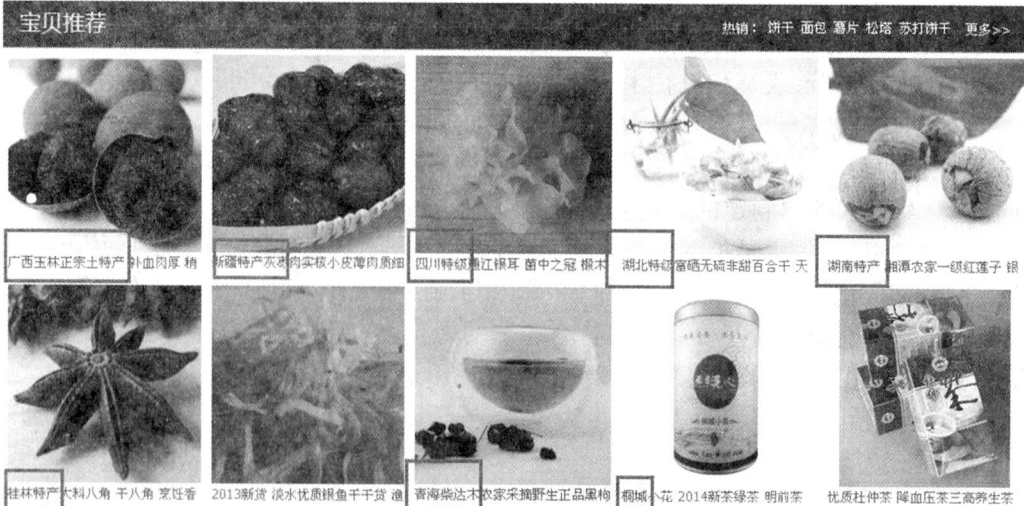

图5-2 合作基地的农产品

另一方面,来自优质农家直供(如图 5 - 3 所示)。

图 5 - 3　农家直供农产品

对于农享网来说,网店的开设无疑是业务的进一步拓展,通过以上的业务分析,小章对农享网的现状做出了一个初步的判断,也确定了农享网将持续为消费者提供天然健康的绿色食品的发展方向。接下来,小章需要从发展的方向中提炼出准确的目标用户。

步骤 2:用户分析

在对公司的业务进行分析后,小章下一步将对用户进行分析。基于农享网的网站定位与发展方向可以得出,追求健康或拥有健康理念的都市人群会是其最大的用户群体。但出于长远的发展考虑,小章还需要从网站的用户层面,根据用户访问行为特征将用户细分成各种类型,因为用户行为各异,行为统计指标各异,分析的角度各异,所以如果要对用户做细分,可以从很多角度根据各种规则实现,而这些实现,都是需要在做用户细分前确定分析的目的,明确业务层面的需求。

因此,以上述为前提,小章以指导内容层面的调整为导向,通过比较各用户细分群体对内容需求的差异,优化内容运营,将优质的产品或者符合用户偏好的产品推荐给相应的用户。从3 类用户细分规则:流失用户与留存用户、新用户与老用户、单次购买用户和二次购买用户出发,对每个分类的用户购买商品进行比较分析,明确哪些产品更加符合用户的预期。

1. 流失用户和留存用户比较

以农享网淘宝店铺为例,其淘宝店铺的内容就是天然的农产品,通过分析工具,得到基于每个产品计算购买这些产品的用户中购买后造成流失的用户比例(如图 5 - 4 所示)。

商品	购买后流失的用户数	购买总用户数	流失用户比例	与总体比较
A	379	652	58.13%	3.80%
B	195	368	52.99%	-5.38%
C	197	312	63.14%	12.75%
D	131	254	51.57%	-7.90%
E	111	200	55.50%	-0.89%
F	69	176	39.20%	-29.99%

图 5 - 4　流失用户与留存用户数据比对

现假设 A、B、C、D、E、F 商品分别代表店铺中的昆仑山雪菊、新疆大枣、自产蜂蜜、四川银耳、安徽铁观音、农家香菇。在图表中，每个商品的流失用户比例应该是购买该商品后流失的用户数在所有购买该商品的用户中的占比，假如只知道每个商品的流失用户比例，是无法评价这个商品是否对用户保留有促进作用，或者在一定程度上造成了用户的流失的，只有通过与总体水平的比较才能得出相应的结论。所以小章在这里需要重点分析的是"与总体比较"这个数值是如何得到的，为此，首先小章假设总体用户流失率为 56%，那么以 A 商品昆仑山雪菊为例，与总体比较的结果是（58.13%－56%)/56%＝3.80%，使用同样的计算方法也可以得到其他商品与总体比较的差异幅度。所以，图表中的的百分比不是直接相减的结果，而是一个差异的幅度体现。

其次，通过上图中的分析结果对运营调整得出了直接的指导性，目的是促进用户保留，所以小章要做的就是将有利于用户留存的商品推荐给用户，而将那些可能导致用户流失的商品进行优化或者下架。

2. 新用户和老用户比较

同样，用上面的方法也可以区分不同用户群的购买偏向。新老用户的细分是最常见的用户细分方法，小章通过使用类似的方法来比对新老用户对商品的不同喜好，从分析工具中提取的数据表（如图 5－5 所示）。

商品	购买新用户数	购买总用户数	新用户比例	与总体比较
A	182	536	33.96%	-2.99%
B	156	439	35.54%	1.53%
C	142	411	34.55%	-1.29%
D	83	286	29.02%	-17.68%
E	59	177	33.33%	-4.76%
F	37	101	36.63%	4.67%

图 5－5　新老用户数据比对

从上图可以清楚地看出，购买 D 商品的用户中新用户的比例明显偏低，也许新用户根本就不喜欢这个商品，而 B 商品和 F 商品显然更加符合新用户的口味。另外，小章也需要考虑到一点，比如，这个数据呈现的特征可能跟商品的推广渠道有一定的关系，比如上图的 D 商品比较多的是使用老用户比较集中的推广渠道，那么自然购买用户中老用户的比例会偏高，或者把某些商品放在新用户注意力比较集中的区域中展示，那么购买该商品的新用户比例也显然会偏高。所以，在做诸如此类的分析时需要注意根据推广渠道的差异，小章决定具体问题具体分析，并采取新老用户区分的定向推广方式以提升更大的转化率。

3. 单次购买用户和二次购买用户比较

对于淘宝店铺而言，用户的首次购物体验非常重要，这将会直接影响用户是不是会产生再次或者之后的多次购买，或者是否能够成为店铺的忠诚客户。小章作为农享网的运营编辑，自然非常明白用户关系管理的重要性，所以，其决定恰当运用用户关系管理，通过分析原有用户中的单次购买和二次购买的用户明细来达到运营的目的。如从分析工具中所得数据图（如图 5－6 所示）。

商品	促成二次购买的用户数	首次购买用户数	二次购买用户比例	与总体比较
A	310	594	52.19%	8.73%
B	156	357	43.70%	-8.96%
C	168	338	49.70%	3.55%
D	131	236	55.51%	15.64%
E	111	192	57.81%	20.44%
F	73	171	42.69%	-11.06%

图 5 - 6　单次购买用户和二次购买用户数据对比

首先,小章需要注意的是这里的基础用户群设定在了每个商品的首次购买用户而不是所有用户,所以其要分析的是所有将该商品作为首次购买商品的情况下,用户是否还会发起之后的再次甚至多次购买行为,从而评价商品对于首次购买体验的影响好坏。从上图数据可以看出,B 商品和 F 商品在促成二次购买的表现不佳,其原因有可能是商品的口感或其他一些问题影响了用户的满意度,阻碍了用户再次购买的脚步。所以根据分析结果,小章尤其需要对那些二次购买率比总体水平低的商品进行重点关注,同时也需要根据商品的特征进行分析,有些商品比较容易促成二次购买的原因,可能是存在交叉销售和向上营销的情况。

支撑知识

1. 微博营销简介

微博营销以微博作为营销平台,每一个听众(粉丝)都是潜在营销对象,企业利用更新自己的微型博客向网友传播企业信息、产品信息,树立良好的企业形象和产品形象。每天更新内容就可以跟大家交流互动,或者发布大感兴趣的话题,这样来达到营销的目的,这样的方式就是新兴推出的微博营销。

2. 微博营销的理念

"以客户为中心的精准营销和主动式服务营销,在正确的时间把正确的信息传递给正确的人"的微博营销理念,也将引领微博精准化营销的发展。

企业微博营销一个关键的原则就是"一切围绕客户"。

企业可以在客户不同的消费阶段与用客户进行互动,并逐步建立情感关系。在消费者认知阶段,可以主动发现潜在客户的需求,帮助消费者了解品牌和产品的基本功能;在消费者购买阶段,可以有针对性地回答客户咨询,促进购买决策的达成;在消费者使用阶段,通过贴心的互动让客户有更好的体验;最后关键地要倾听客户再怎么评价产品和使用体验,给予关注和奖励,促使客户更有动力地向身边的朋友推荐。

3. 微博营销特点

(1)立体化:微博可以借助多种多媒体技术手段,从文字、图片、视频等展现形式对产品进行描述,从而使潜在消费者更形象直接地接受信息。

(2)高速度:微博最显著特征就是传播迅速。一条热度高的微博在各种互联网平台上发出后短时间内转发就可以抵达微博世界的每一个角落。

(3)便捷性:微博营销优于传统推广,无需严格审批,从而节约了大量的时间和成本。

(4)广泛性:通过粉丝形式进行病毒式传播,同时名人效应能使事件传播呈几何级放大。

4. 微博营销的目的及效果

(1) 有效实现品牌建立和传播——官方微博。

(2) 树立行业影响力和号召力,引导行业良性发展,传播企业价值观——领导人

(3) 产品曝光和市场推广——市场

(4) 发现目标客户,精准互动营销,完成客户转化和订单销售,全面分析营销效果——客户

(5) 无处不在的主动客服,服务真实客户——客服

(6) 企业的口碑实时监测,确保危机公关——公关

同步训练

从身边熟悉的企业入手调查,对其业务进行详细理解,并收集与其相关的运营数据,根据数据分析其业务状况和受众群体的特点,总结出其用户的需求,结合情景要求完成(如表 5-1 所示)。

表 5-1　企业项目分析表

业务定位	营销的品牌或核心要素	
业务发展目的	促进产品销售,提升品牌知名度,提高 站点访问量等	
1. 业务营销方式选择		
营销方式	实施原因	是否可行性
微博推广		
微信推广		
…		
2. 用户分析		
用户细分类型	用户特点	用户需求
…		
总结		

综合评价

表 5-2　综合评价表

任务编号		任务名称	项目分析
任务完成方式	☐ 小组协作完成 ☐ 个人独立完成		
评价点			分值
对企业背景分析是否完善			40
对企业业务分析是否合理			40
对用户分析是否妥当			20
本主题学习单元成绩：			
自我评价	（20%）	小组评价	（20%）	教师评价	（60%）
存在的主要问题			

拓展任务

以小组为单位，寻找身边的一些企业，详细了解企业的运营现状，分析并了解其受众及企业背景。

任务二　账号实施方案制定

任务引导

小章在掌握了农享网的业务和用户需求后，为了使农享网进一步提高用户体验，其将以数据说话的方式，对现农享网的微博营销状况，策略等方面的问题做出分析与调整。

任务分析

- ☑ 建立账号方案
- ☑ 内容运营策划方案的制定
- ☑ 宣传推广策划的制定
- ☑ 活动策划方案的制定
- ☑ 建立粉丝管理方案

任务实施

步骤1:制定账号建立方案

微博从诞生到如今,以惊人的速度发展着,其庞大的用户群自然也吸引着企业的目光。根据调查数据可得,多数微博用户的初衷是放松心情,打发时间,86%的用户是为学习知识与开阔眼界。同时微博作为社交网络,结交朋友自然是其中一大目的,而微博的媒体属性则满足了用户随时随地获取咨询的需求,所以77%的用户是为了结交与联系朋友。不但如此,自新浪微博2012年全面开启商业化进程以来,其吸引了越来越多的企业微博入驻,截止到2012年底,已有30多万企业开通新浪微博账户。随着各大企业媒体等开通官方微博,微博也成了一个新闻来源,信息动态了解之处,所以59%的用户是为了知晓新闻,了解最新信息(如图5-7所示)。

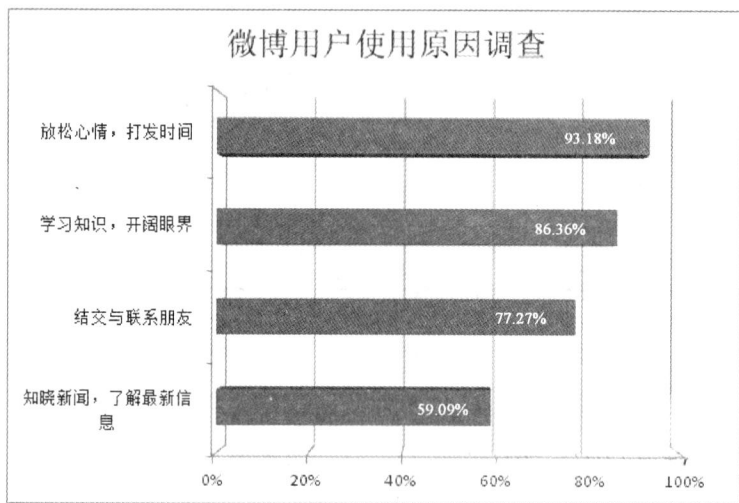

图5-7 微博用户使用原因调查

继之,大数据时代的到来,企业更可以通过微博来实现内容和广告的精准投放,投其所好。同时,企业通过微博平台,也可以让更多的人了解企业产品及文化,增强网友对企业的认知度和美誉度,甚至是提升互动性。

为此,农享网无论是立足于微博发展的宏观环境,还是从自身拓展的角度出发,如何灵活运营好自身微博账号,都将是其当下微博营销的一大要点。

掌握了企业需求后,小章第一步决定从制定账号建立方案入手。

首先,企业想要实施微博营销,就要求运营者需要对微博有深刻了解,才能确定自身企业进入微博的目的,只有了解并明确了目的,才能有针对性地根据企业本身能利用的资源,做出深入的了解和分析,从而确定出微博的营销目标和制定出全局性的方案。

农享网作为一个农产品分类信息网站,其一直坚持为人们提供纯天然绿色无公害的食品为宗旨,所以其微博账号制定方案一定要充分考虑如何突出自身的亮点与优势,在一系列资料准备好后,小章便着手在选择好的新浪平台上注册微博,微博的注册流程与一般流程相同,需要强调的是微博名称和个性域名的选择。若是企业微博可在填写昵称和微博名称时,可将企业名称或需要推广的产品品牌注明;个性域名可选择为品牌名称的全拼。这样的操作一方面从用户角度考虑,可让来访者一目了然地看到自身的品牌名称。另一方面从搜索引擎角度考虑,对搜索引擎优化,搜索品牌关键词排名靠前。为此,小章和公司领导沟通过后,决定用 nx28 的个性域名定义其新浪微博,使之与农享网网站nx28.com 形成呼应,从而提升二者的统一性与"互惠互利"。

其次,在完成微博的注册后,小章将对微博进行设置。微博设置是注册微博重要的一个环节。比如在新浪微博中,需要设置个人资料、隐私设置、个性设置,等等(如图 5 - 8 所示)。

个人资料　修改头像　绑定手机　隐私设置　个性设置　我的勋章　应用授权

基本信息　修改密码　教育信息　职业信息　个人标签　个性域名

图 5 - 8　微博信息设置

在设置中需要说明的是个人标签的设置,这里可选择描述自身职业或个人兴趣爱好方面的词语。如电子商务、互联网等。在贴上标签的同时,微博就会为你推荐贴同样标签的用户,以此增加个人的社交圈(如图 5 - 9 所示)。

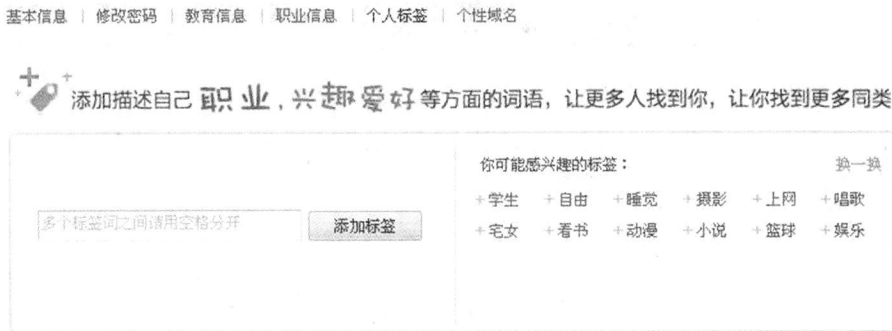

基本信息　修改密码　教育信息　职业信息　个人标签　个性域名

添加描述自己 职业、兴趣爱好 等方面的词语,让更多人找到你,让你找到更多同类

你可能感兴趣的标签:　　　　　　　　　　　换一换

多个标签词之间请用空格分开　　添加标签

+学生　+自由　+睡觉　+摄影　+上网　+唱歌
+宅女　+看书　+动漫　+小说　+篮球　+娱乐

图 5 - 9　微博标签设置

不但如此,由于微博介绍会在首页显示,是帮助用户了解这个微博的入口,那么这里的文字就显得弥足珍贵。若是做产品推广可视为营销点,可以将产品描述以精简话语放置于此。所以,小章对农享网新浪微博描述采取了一针见血的描述方法,既说明了微博和网站的关系,也说明了农享网的业务模块(如图 5 - 10、5 - 11 所示)。

再者,小章明白微博的运营是从营销的角度出发的,所以,想要把微博营销做好,不论个人还是企业,一定需要将微博进行实名认证。因为这样不仅能够提升微博的权威性和知名度,还能够带来意想不到的"粉丝收益",还能便于更好地跟名人产生互动。而新浪微博认证提供了针对个人、企业、媒体、网站等多种认证方式,可按照要求完成认证过程。

图5-10　农享网微博介绍

图5-11　城市对接农村微博介绍

　　小章考虑到农享网网站的身份,决定将农享网新浪微博申请为网站机构认证,并按照新浪微博对网站认证的要求完成如下步骤:

　　1. 提交网站认证申请;

　　2. 下载、上传检测文件,验证网站真实性;

　　很快,农享网新浪微博的认证就获得批复,认证后的微博较之未认证的微博,运营提升速度相对更快。

　　最后,小章在微博装修方面,结合之前的运营要素来凸显了农享网的特色(如表5-3

所示)。

表 5-3

要素名称	要素内容	农享网的执行
微博昵称	简洁、易记,以公司名称、品牌为宜	
个性域名	以公司、品牌的中英文为宜	
头像	以产品或企业 LOGO 为宜	
背景	简洁、清晰为主,根据微博尺寸合理设计,充分利用其广告价值	
标签	根据公司、产品或人群定位设置关键词,便于潜在用户搜索	

另外,企业微博营销要有灵活的微博账号的运维体系,企业启动微博营销之时,账号资源如果只凭单一的企业的官方微博账号是不足够的,真正的微博营销账号在资源上需要形成一个微矩阵,这些矩阵里,根据企业的账号资源可以是十几个甚至是几十个。而这些账号主要包括以下几个方面:

1. 企业的官方微博账号,企业官方账号一般只用一个,也有多个。比如一些企业,主站有一个,然后各个分公司也都有一个。

2. 企业高管账号,指的是企业的总经理、CEO 之类的微博,利用本身的影响力推广公司的品牌。

3. 企业员工的账号,根据每个企业的规模不同,一些企业有上百甚至上千个员工,那么他们的微博对企业做微博营销来说也是不可小视的力量。

4. 企业的草根账号,是企业私下大力培养的一些草根账号,这部分账号聚集了大量的粉丝。在企业做宣传和其他活动的时候就派上用场了,可以转发和评论企业官方主账号的活动内容。

为此,小章在微博账号设置方面,遵从以企业领导人的微博账号—农业博士为主,以农村对接城市与农享网官网微博为辅,彼此形成互动。之所以选择以企业领导人的微博账号为主,是因为其在微博发展初期就进驻微博平台,积累了丰厚的粉丝和用户群体。对于平台及产品后续的销售有着极其有效的作用,因为一切的微博营销,都是以账号的粉丝为基础,在这基础上做好互动并且结合相应的微博资源推广,才是营销之道。同时,也只有每一个微博账号都建立并维护好了,才算是微博营销的真正开始(如图5-12、5-13、5-14所示)。

图5-12 农业博士微博账号

图5-13 农享网官方微博账号

图 5‑14　城市对接农村微博账号

步骤 2:制定内容运营策划方案

微博营销在建立完备的账号后,进一步就需要吸引目标用户的主动关注。

但要在上亿微博用户中吸引到有"价值"的粉丝并不容易。这就要求,运营者要把握"内容为王"的原则。

微博的内容不像博客那样可以长篇大论,其有 140 字的限制。如何运用有限的字数,达到营销的效果,这就考究运营者的文笔好坏了。小章将微博的内容归为两类:原创类和转发类。

1. 原创类

小章通过浏览以往的农享网的微博,发现农享网新浪微博中的内容绝大多数为原创性质并且每一条都以微博营销的需要为主线,以农民需求的角度出发切实解决农村的实际问题,同时又对农享网和农享淘宝店铺进行了恰到好处的营销。

原创类型一:独立型—解决农户产品销路问题

如图 5‑15 所示,该微博内容是农享网微博常规原创内容之一。通过内容可以得出农享网希望通过微博平台的强大传播力帮助农民朋友解决滞销问题,微博内容有真实的姓名和联系方式,并且有图有真相。通过微博,看到图中新鲜的萝卜和焦虑的农户使得各路人民都愿意伸出援手,团结互助共渡难关。从营销角度出发,这条微博以力求帮助农户解决产品销路问题为内容焦点,共获得了 108 次转发和 29 条评论。在解决了农民朋友的燃眉之急的同时,还间接的为自身带来了流量和关注,潜移默化地将农享网的品牌植入微博用户心中(如图 5‑16 所示)。

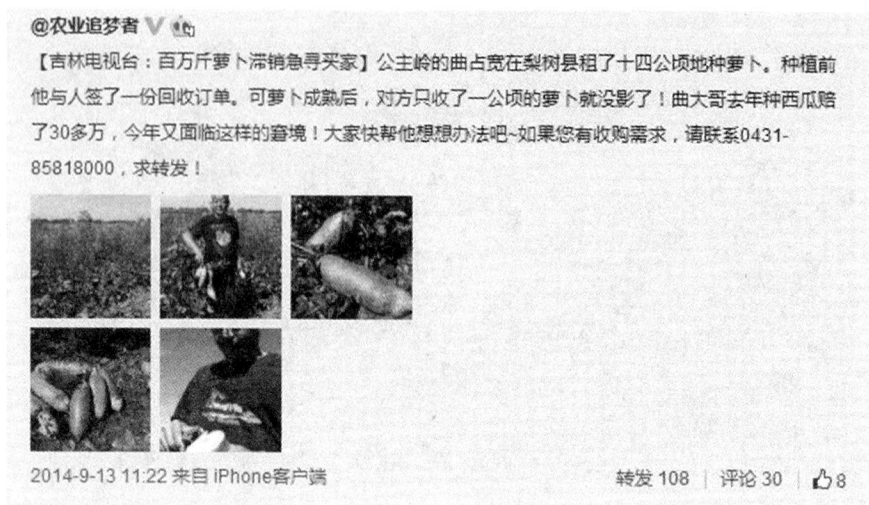

@农业追梦者 V

【吉林电视台：百万斤萝卜滞销急寻买家】公主岭的曲占宽在梨树县租了十四公顷地种萝卜。种植前他与人签了一份回收订单。可萝卜成熟后，对方只收了一公顷的萝卜就没影了！曲大哥去年种西瓜赔了30多万，今年又面临这样的窘境！大家快帮他想想办法吧~如果您有收购需求，请联系0431-85818000，求转发！

2014-9-13 11:22 来自 iPhone客户端　　　　　　　　转发108 | 评论30 | 👍8

2014-9-13 11:25 来自 iPhone客户端

| 收藏 | 转发16 | 评论2 | 👍 |

图 5-15　农享网新浪微博内容之一

全部 | 热门 | 认证用户 | 关注的人 | 陌生人

石头点头-大悟无言: 黑土地的萝卜看着不错 (9月13日 11:28)
👍 | 回复

赤脚大姐5555: 🎤 //@国文女教师: 扩散 (9月13日 11:27)
👍 | 回复

天津宝坻: @于建嵘 @老榕 (9月13日 11:27)
👍 | 回复

王志文wzhw 🎈: //@农村焦点新闻: 转 (9月13日 11:26)
👍 | 回复

农享网官方微博 V 🍑: 帮转 (9月13日 11:25)
👍 | 回复

农村焦点新闻: 转 (9月13日 11:24)
👍 | 回复

先凑合活吧: 转发微博 (9月13日 11:24)
👍 | 回复

红岛渔民 🎖🏅: 转发扩散 (9月13日 11:24)
👍 | 回复

Tiffany庞: 帮帮农民伯伯 (9月13日 11:23)
👍 | 回复

图 5-16　微博内容的转发与评论

原创类型二：扩散型—解决农户产品销路问题

#河南省酥梨求救#宁陵县石桥乡韩庄村万亩酥梨，家乡的梨皮薄肉多，脆甜汁水多，气温上升就不好存放了，万分焦急寻出路，村民郑雪荣女士：15837002454 价格0.8-0.9元/斤 她家有4万斤，全村有几十万斤还滞销在家里〈图片为她家采摘时所拍真实图片〉。@赵雅芝@孟广美@释小龙Ashton http://t.cn/zOly4OO

图 5-17　农享网新浪微博内容之二

如图5-17所示，此为农享网微博发布的另一条内容，微博的内容也是为了解决农户农产品销路问题，但较之第一条原创内容，这次的微博内容有了更强的扩散性。

为了一探究竟，小章从营销角度分析当中的差异性：

1. 双＃的使用能够让内容在话题模块中增加被展示的机会，让更多的用户发现本条微博，所以此条微博的内容使用了微博的话题功能，为内容的传播创造了更多的渠道——＃河南省酥梨求救＃，也让微博得到了更大范围的传播。

2. 积极运用微博的@功能扩大微博影响力。在公益事业面前，人人都乐于参与，其中不乏名人明星。许多名人都希望通过自己的影响力可以帮到更多有困难的人，主要表现可以总结为四个因素：

① 农享网本着解决农民困难的公益角度出发，所发布的信息都经过仔细筛选和审核，确保信息的准确度和信任度；

② 许多名人愿意通过帮助公益来实现对人生奉献的更高追求，其的评论加转发也代表了人心向善的情怀。

③ 通过微博的@功能，在一定程度上，可以拉近普通大众与名人之间的距离，方便大家与名人的交流，而且，对名人而言，虽然每天也会收到大量的@信息，但通过自身简单的评论＋转发就能促成一件公益事件，帮助到有需要的人群，这也是促就名人愿意转发的条件。

④ 农享网坚持以实事求是的原则来为中国最广大的农民朋友提供真切的帮助,拒绝一切不实的虚名,以宣扬正能量为主旨,这也是农享网能够立足至今的根基。

因此,经过上述的分析,小章对此条微博获得的成果进行了总结(如图5-18所示)。

图5-18 本条微博的评论与转发

首先,本条微博获得到846次转发和306条评论。其次,微博能取得如此可观的转发和评论,不可否认当中添加了安以轩的支持。在微博发布段时间内,安以轩就转发了本条微博。她的转发不仅带动她粉丝对本条微博的关注,也促进了更多名人的跟进。图5-18展现的便是安以轩拉动名人参与此次公益的带@的转发。农享网通过微博积极与评论或转发的用户进行互动,使得用户意识到交流的快乐,促成了本条微博的成功,也切实帮助农户解决了酥梨销路问题,推进了农享网知名度的提升,改善了网站自身流量问题。

原创类型三:营销型—解决农户产品销路问题

作为农享网的官方微博,小章与公司领导进一步沟通后,将按照农享网的两个业务分支将微博营销也向两个方向不停深入。前面的微博案例主要是农享网通过解决农户产品销路问题带动农享网作为支持农业发展,解决农民问题的互联网平台的价值和作用,而作为农享网的另一业务——"城市对接农村",即通过淘宝平台将来自农村的一手农业产品销售给千家万户,也是其关注的要点。

出于不同的营销目标,农享网为这项业务专门开辟了"城市对接农村"的业务微博,从而形成了微博营销中的"双子星"模式,不仅能够泾渭分明、地区分明两个业务分支,也可以形成相互交汇,通过相互转发、评论等功能促进两个微博共同提升的目的。

如图5-19所示,这是业务微博的内容之一,简单明了,图文并茂,对农产品进行介绍之后给出购买链接,导向农享网淘宝店铺,直接促成交易(如图5-20所示)。

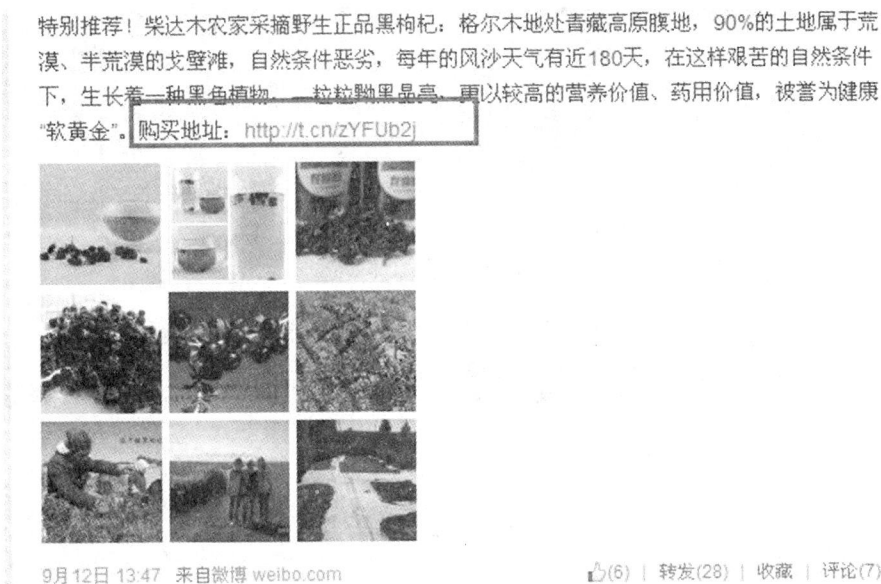

图5-19　城市对接农村业务微博内容之一

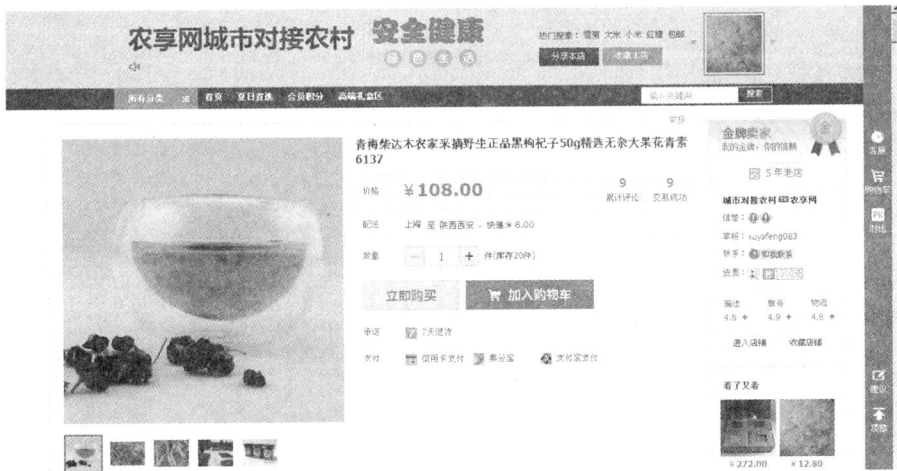

图5-20　微博指向的农享网淘宝店宝贝详情页

接着农享网官方对此微博进行评论加转发,将业务微博内容进一步扩散(如图5-21所示)。

通过两个微博交互的步骤后,不但促进了淘宝店铺的销售,还提升了两个微博的传播力,同时,解决了农民的农产品销路问题,并取得了良好的效果。城市对接农村的微博在获得到转发加评论的同时,不但以微博作为营销渠道,还将此作为客户服务平台,积极与用户交流(如图5-22所示)。

这个是好东西值得推广。👍//@农业博士:黑枸杞极具营养价值,野生采摘,推荐给大家

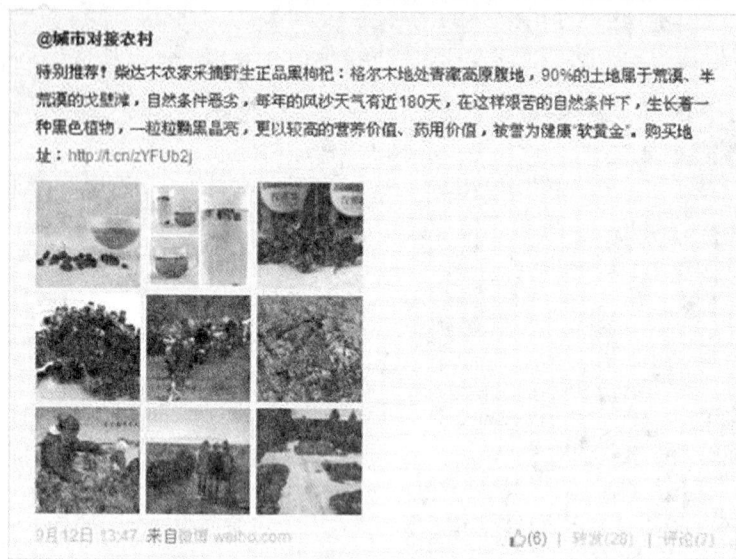

图5-21 农享网对业务微博内容的评论加转发

图5-22 与用户形成交流

此外,对淘宝店铺而言,经过微博的传播,一方面,帮助农户解决了产品销路,另一方面,也带动了店铺的业绩的增长,达到不错的月成交数量和100%好评(如图5-23所示)。

图 5-23　农享网淘宝店铺宝贝评价与销售

2. 转发类

农享网在对待转发类微博时,首先确保内容与微博、网站的主题是一致性的,均是与农村、农业和农民相关的内容。另外,农享网绝大多数的转发内容是对自身微博的再加工,通过评论加转发的形式产生"新内容"不仅极大地丰富了微博的内容,同时也与微博参与评论的用户形成交互,使得用户真切感受到微博背后来自农享网经营者的认真与用心。在农享网的运营下,微博不再是一个工具,而是对接城市与农村的桥梁(如图 5-24 所示)。

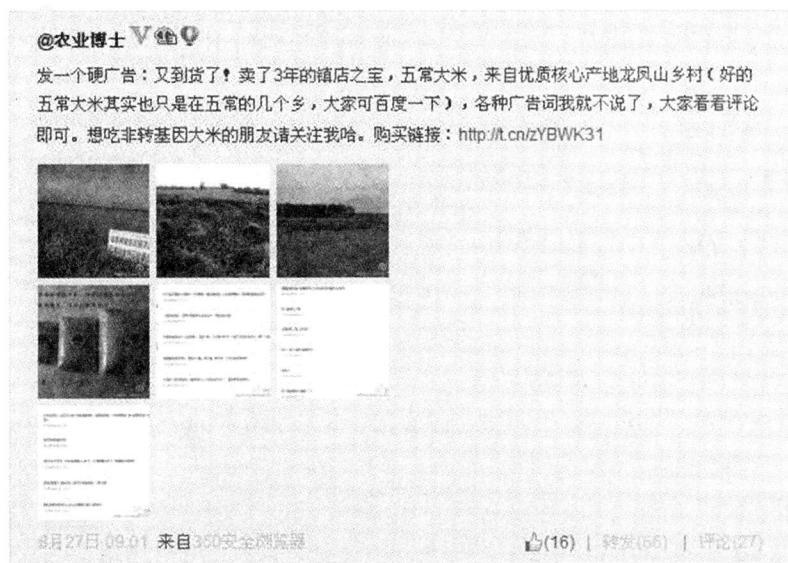

图 5-24　农享网的内容再加工

此外,利用转发功能,农享网不仅将官方微博和业务微博形成交错发展,还与新浪微博平台中的其他农业相关微博形成传播联系,共同为农业创造价值。

步骤3:制定宣传推广策划

有了好的微博内容,这时就需要更好地对外推广,如果没有跟随者,那么再好的内容也无法得到有效的传播。小章深知宣传推广对企业的重要性,所以他决定从以下几方面去制定适合农享网的宣传推广策划。

1. 开展有奖活动

微博有奖活动是提供免费奖品鼓励的一种营销模式,但是同时也是一种宣传推广手段,大多数微博用户都乐于参与到这种有奖品的推广中,并且这种方式可以在短期内获得一定的用户。图为农享网的有奖活动,通过以奖品形式呼吁收购高品质的农产品,从另一方面来说,也是在告知广大用户,农享网对农产品的要求严格,农享网的产品完全可以满足消费者对天然无公害的绿色产品的需求(如图5-25所示)。

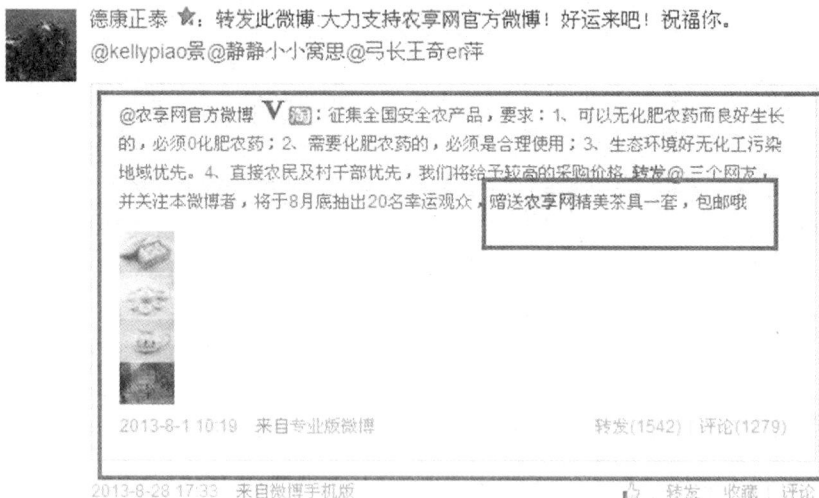

图5-25 农享网微博推广活动

2. 特价或打折信息

提供限时内的商品打折活动,也是一种有效的宣传推广方法,农享网通过定时发布一些结合节假日或时节推广的农产品,在推广时间内,用户可以以低廉的折扣购买,并且在微博内容中附上相关商品的链接,直接将有意向的用户导入到淘宝店铺中,在达到宣传效果的同时,还为淘宝店铺带来了相当的流量。这种一举两得的方法可以带来不错的传播效果(如图5-26所示)。

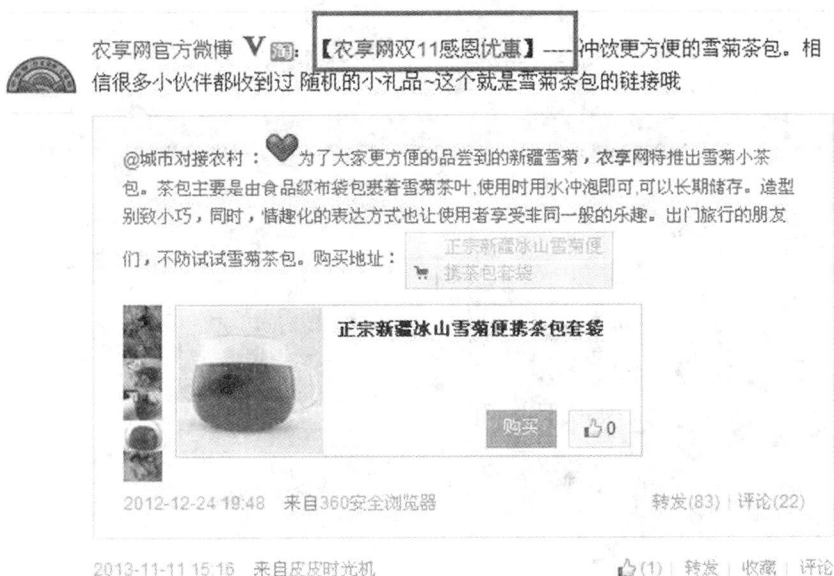

图 5‑26　农享网优惠活动

3. 关键词推广

在发布的微博内容当中,增加关键词,如♯80后♯,采用两个"♯"标注起来,这个关键词出现频率高,微博内容也更容易曝光,其他博友在搜索的时候,微博内容也更容易被搜索到。并且在发布内容、转发评论其他博文的时候尽量"@"其他博友,一次多@几个人,这样发布的内容或者评论的内容,被@的人也会收到,他们一般都会去看看发布或者评论的内容,增加了推广的几率。农享网注重的是绿色优质农产品,所以,在关键词推广中,也遵循这一初衷,选择的是以♯只卖好米♯这类突出农产品特色的关键词,再结合@农业博士,通过农业博士的号召力将宣传推广发挥到最大值(如图 5‑27 所示)。

4. 名人推广

微博上聚集这大量名人,而名人通常也是微博上的焦点,通过名人发布微博或者转发微博,可以得到较大的点击率和转发率,从而产生大量的人流量。农享网通过自身的与名人的接触沟通,建立起共同的情感联系,促成名人推广的宣传效应(如图 5‑28 所示)。

5. 话题推广

新浪每天都会在微博上发布一些热门话题,而这部分热门话题的参与者很多,通过参与这些话题,可以与广大用户进行交流,增加企业微博的曝光率,从而吸引更多的用户来关注企业微博,图为农享网就自身发起的话题推广,通过话题拉近与用户间的距离,促进与用户的交流,同时将更全面的自己推荐给更广大的用户(如图 5‑29 所示)。

6. 广告宣传

另外,广告的力量也不可忽视,小章在与公司领导商量过后,着重微博宣传外,还结合在一些门户类网站、Google、百度推广等平台发布企业微博的广告和新闻,依此来增加普通网民的关注度(如图 5‑30 所示)。

//@农业博士 #只卖好米#

@只卖好米

好消息！2014五常大米新米火热预定中！为了大家能第一时间吃到新米，从即刻起发起预定，100%纯正五常大米，非转基因，不抛光不打蜡不色选。#只卖好米#只卖东北、秦岭、湘江源头、资兴梯田等无污染地带的安全大米，专为解决大家大米安全之忧而来！预定有特价，开抢啦~店铺地址：http://t.cn/RhiNEIJ

5月16日15:31 来自微博 weibo.com   👍 | 转发(15) | 评论(5)

今天09:54 来自iPhone客户端   👍(2) | 转发 | 收藏 | 评论

图5-27 农享网微博关键词推广

农世界廖海涛 V：跟农享网小编聊过，确实不易，博士的账号倒是很牛了，怎么能把这个流量转化为消费力非常重要。公益要做，呼吁要做，但咱也是要生存的。一起加油！

@农业博士 V：中国农业问题多多，互联网应是改变农村的一个工具，但这条路太难了，俺在努力了几年，深感其中的不易。只能每天投入全部的精力，慢慢酝酿。但团队要活，安全农产品模式想只支持一下发展，但却一直亏损，感谢许多朋友一路支持，大家帮个忙，进我店铺看看，不下单没关系，感谢：http://t.cn/SAuZSS

5月15日14:10 来自360安全浏览器   转发(431) | 评论(185)

5月16日10:48 来自微博桌面   👍 | 转发(4) | 收藏 | 评论(5)

图5-28 农享网名人推广

图 5-29　农享网话题推广

图 5-30　农享网广告宣传

步骤 4:制定活动策划方案

微博活动是很多营销人的重要营销选择,小章也非常明白这一点,所以,他决定从农享网的实际出发,为农享网制定出一套合理的活动方案。但活动在实践中如何良好操作?又有哪些关键营销节点需要把控?这将是小章在策划中需要考虑的首要问题。

企业做微博活动的目的可以分为两点:一是吸引新粉丝,二是增强粉丝互动,增加活性,传递品牌。特别是在企业微博粉丝增长期,活动更是吸引粉丝最行之有效的法宝。因此对于企业开展活动营销来说,设置合理的营销目标,然后进行不同话题的时效性和趣味性等可参与指标的初步确定,把主题按照企业产品或者服务的主要特质和特征进行结合,提炼出若干个小话题,通过不断关注分析的参与情况进行控制,最终实现优质粉丝的沉淀,实现活动预设目标。

一般来说,微博活动策划的常规方法和手段有四种,分别是:

1. 有奖转发

有奖转发也是目前采用的最多的活动形式,要求粉丝们转发加评论或加@好友就有机会中奖,这也是最简单的,粉丝们几乎不用动什么脑筋,但目前有奖转发也提高了门槛,比如除了转发外,还需要评论或@好友,@的数量现在普遍要求 10 个或者更多。

2. 有奖征集

有奖征集就是通过征集某一问题解决方法吸引参与,常见的有奖征集主题有广告语、段子、祝福语、创意点子等。调动用户兴趣来参与,并通过获得奖品可能性的系列性"诱导",从而吸引参与。

3. 有奖竞猜

有奖竞猜是揭晓谜底或答案,最后抽奖。这里面包括猜图,还有猜文字、猜结果、猜价格等方式。目前用的也不太多,但是策划的好还是很有互动性的,并且将环节设计的越具趣味性越好,促进自动转发。

4. 有奖调查

有奖调查目前应用的也不多,主要用于收集用户的反馈意见,一般不是直接以宣传或销售为目的。要求粉丝回答问题,并转发和回复微博后就可以有机会参与抽奖。

小章从农享网的本身出发,选择第二种有奖征集的方式来作为此次活动策划的主要形式,农享网这次活动策划的主题主要为征集全国安全农产品(如图 5-31 所示)。

80%官方微博活动规则都太复杂,要想使活动取得最大的效果,一定不要为难参加微博活动的用户去读长长的一段介绍文字,尽可能简单地描述。活动规则简单才能吸引更多的用户参与,最大程度上提高品牌曝光率。因此,活动官方规则介绍文字控制在 100 字以内,并配以活动介绍插图。插图一定要设计的美观、清晰并且图片尺寸适度。所以,小章在活动规则策划时,尽量以简扼要,并为了让用户更好地区分活动要求,在每条要求前面都标上了序号,以方便用户的阅读(如图 5-32 所示)。

不但如此,要让活动真正的活起来,只有你满足了用户的某项需求,激发了他们内心深处的欲望,用户才会积极踊跃的参加你的活动。激发欲望最好的方式就是微博活动的奖励机制,这里面包括一次性奖励和阶段性奖励。所以官方微博活动奖品的选择很讲究,一要有新意,二要有吸引力,三成本不能太高。微博活动奖品如果是印有官方 LOGO 的纪念品之类的也很有趣。如农享网就选择了印有自身LOGO的纪念品作为奖品(如图5－33所示)。

微博
首页
热门
应用
游戏
www.nx28.com
农享网官方微博 V
http://weibo.com/nx28
我们只提供来自农村的安全农产品! PC访问店铺地址：http://nxw885.taop://shop57903746.m.taobao.com
1924 关注
149143 粉丝
36902 微博
+关注
私信
主页
微博
文章
详细资料
微商铺
征集全国安全农产品，要求：1、可以无化肥农药而良好生长的，必须0化肥农药；2、需要化肥农药的，必须是合理使用；3、生态环境好无化工污染地域优先。4、直接农民及村干部优先，我们将给予较高的采购价格. 转发@ 三个网友，并关注本微博者，将于8月底抽出20名幸运观众，赠送农享网精美茶具一套，包邮哦
2013-8-1 10:19 来自专业版微博 | 举报
(8) | 转发(1542) | 收藏 | 评论(1279)

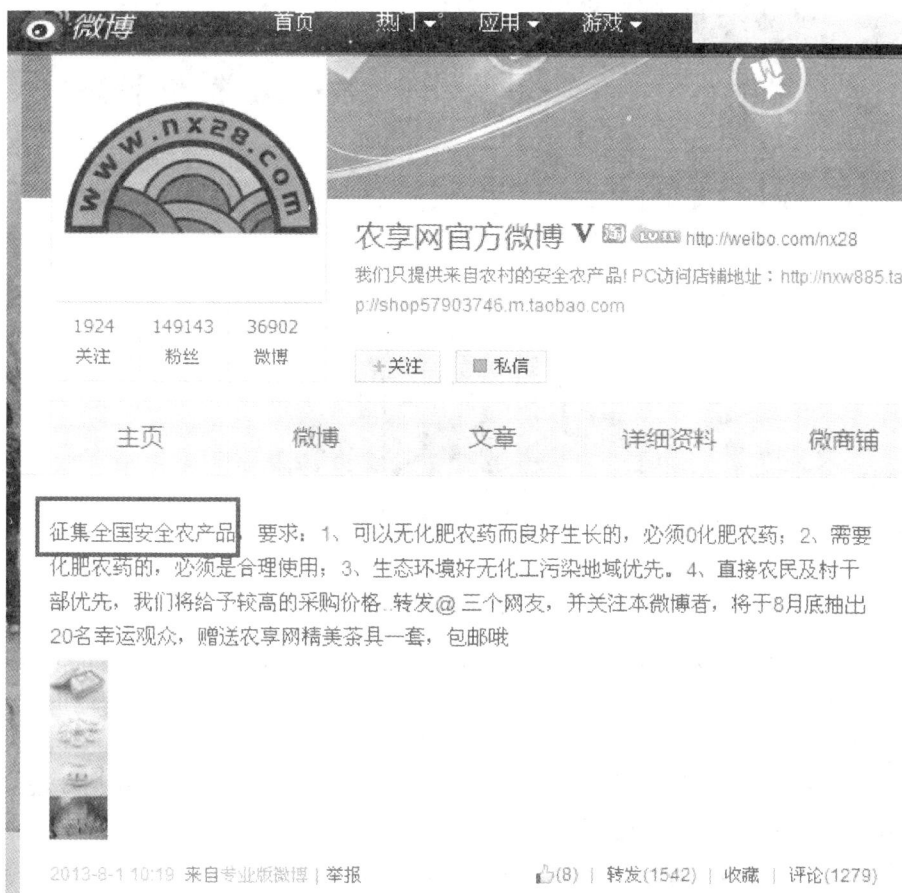

图5－31　农享网微博活动

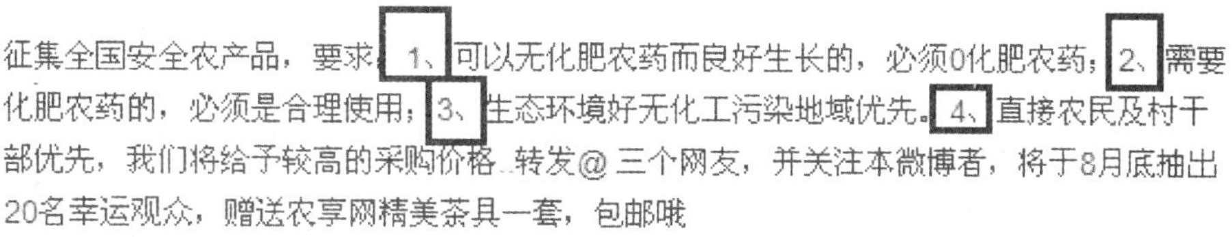

征集全国安全农产品，要求：1、可以无化肥农药而良好生长的，必须0化肥农药；2、需要化肥农药的，必须是合理使用；3、生态环境好无化工污染地域优先。4、直接农民及村干部优先，我们将给予较高的采购价格. 转发@ 三个网友，并关注本微博者，将于8月底抽出20名幸运观众，赠送农享网精美茶具一套，包邮哦

图5－32　序号标明

图 5-33 农享网活动奖品

同时,小章认为微博活动初期是最关键的,如果没有足够的人参与,很难形成病毒式营销效应。所以其通过内部和外部渠道两种方式解决,内部渠道就是初期的时候呼吁自身企业的员工参加活动,并且邀请自己的亲朋好友参加。初期积累了一定的参加人数,才会形成马太效应。外部渠道就是一定要主动去联系那些有影响力的微博账号,通过灵活掌握合作和激励的形式来达到预期成效。

不但如此,微博活动在文案策划的起始阶段就要考虑到如何沉淀优质粉丝传播的问题,同时鼓励用户去@好友,@好友的数量也有讲究,如果@的太多的话,会导致普通用户遭受@骚扰。在@好友的数量方面,农享网此次活动的数量要求取值在 3 名,另外,通过关联话题引入新的激发点,带动用户自身的人际圈来增加品牌的曝光率,促进后续的多次传播(如图 5-34 所示)。

图 5-34 @功能的运用

小章的此次活动策划为农享网带来了 1542 次转发和 1279 次评论,就这些数据来看,此次的活动不但调动了的农享网粉丝的积极性,还为微博增加了一定程度上的流量,所以总的来说此次的活动是成功的。

步骤5:粉丝价值评估方案

微博最主要的部分就是粉丝,而高质量的粉丝其营销价值对于企业来说尤为重要。如今微博用户数量众多,而且在年龄上、职业上、个人喜好、消费需求及能力上呈现非常多层次化的特点,要想分析成千上万微博用户的价值,还得关注微博用户群的细分,考虑到这一方面问题,小章首先想到的就是从分析微博用户的构成入手,通过对比用户上网年龄、地域、兴趣爱好等将用户进行有效的管理。因此,小章将用户细分为以下类别(如图5-35所示)。

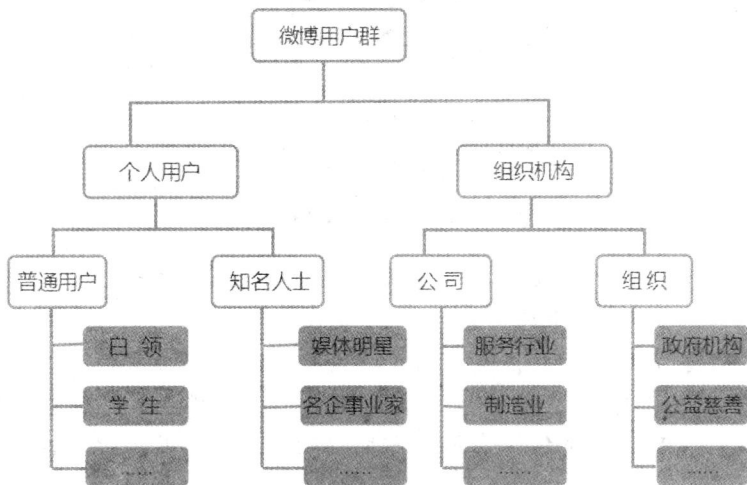

图5-35　用户细分

小章认为,微博粉丝分析应该站在运营平台和注册用户两个角度去分析,因为两者关注内容是不同的,从运营平台方面上来看,其更关注其平台下注册用户数、用户使用频次、活跃度等宏观指标。而注册用户角度则更关注自己微博的粉丝数量、粉丝质量、受关注度等微观指标。正是由于所处角度不同,对两者而言的用户价值也就各异,企业的管理方式也应该有所不同。

小章立足于农享网微博属性,决定从注册用户的角度去分析总结出自身的粉丝价值评估方案。农享网作为注册用户的本身,要想获得好的运营效果,就要作为一个信息源来制造信息。只有这样,才会具备真正的粘性和有价值的粉丝。

就数据分析而言,主要有粉丝数量、粉丝质量、主动参与量、被动参与量,这也是衡量一个微博用户价值高低的关键指标(如图5-36所示)。

粉丝数量是衡量该用户微博受关注度的主要因素之一,直接决定其广播影响面,是体现用户价值的重点指标,粉丝量可以方便直接提取数据。但是粉丝分为三种:铁杆粉丝、普通粉丝、僵尸粉,粉丝质量是另一个关键因素,现在有种不好的现象,就是涌现大量"僵尸粉",使得有些新注册微博广播一两条粉丝就成千上万,这些粉丝都没什么意义,粉丝量也就只是成为一个数字而已了。而衡量粉丝质量,小章认为可以从其粉丝的互粉率、活跃度、在网时长、信息完整程度来看,看这些大批量粉丝是否注册于相近的时点,在网时长是否都不太长,信息完整度都很低,甚至可以看看该用户的粉丝的粉丝量以及互粉率,从而衡量一个微博用户的价值高低。主动参与量主要指的就是博主的原创广播量和转播评论量,是衡量微博用户主动参与度的指标之一,也是直观数据便于提取。被动参与量主要指的其博文被转博和被评论量主要是衡量该用户发表的博文的品质高低以及受关注度,当然了,受关注度越高价值也就越高,通过主动参与量和被动参与量的测衡,能判断该用户属于"放音机"还是"收音机",从而为评估用户价值提供参考。

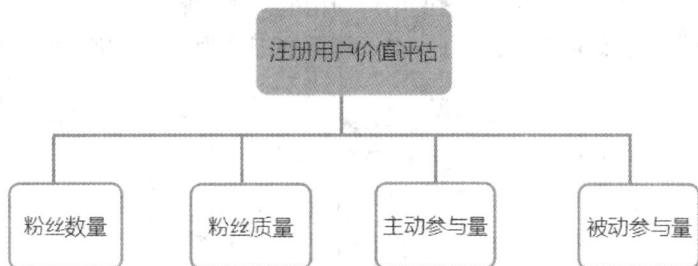

图 5-36　用户价值评估指标

支撑知识

1. 微博内容建设

(1)官方微博或微媒体,企业的微博必须是官方的,传播的内容也必须是官方的,内容较为正式,可以在第一时间发布企业最新动态,对外展示企业品牌形象,成为一个低成本的媒体。

(2)企业领袖微传播,领袖微博是以企业高管的个人名义注册,具有个性化的微博,其最终目标是成为所在行业的"意见领袖",能够影响目标用户的观念,在整个行业中的发言具有一定号召力。

(3)客服微博或微服务,与企业的客户进行实时沟通和互动,深度的交流,让客户在互动中提供产品服务的品质。缩短了企业对客户需求的响应时间。

(4)产品微博或微公关,对于危机能实时监测和预警,出现负面信息后能快速处理,及时发现消费者对企业及产品的不满并在短时间内快速应对。如遇到企业危机事件,可通过微博客对负面口碑进行及时的正面引导。

(5)市场微博或微营销,通过微博组织市场活动,打破地域人数的限制,实现互动营销。

2. 企业微博营销技巧

(1)注重价值的传递

企业微博经营者首先要改变观念——企业微博的"索取"与"给予"之分,企业微博是一个给予平台。截止至 2011 年,微博数量已经以亿计算,只有那些能对浏览者创造价值的微博自身才有价值,此时企业微博才可能达到期望的商业目的。企业只有认清了这个因果关系,才可能从企业微博中受益。

(2)注重微博个性化

微博的特点是"关系"、"互动",因此,虽然是企业微博,但也切忌不能仅是一个官方发布消息的窗口那种冷冰冰的模式。要给人感觉像一个人,有感情,有思考,有回应,有自己的特点与个性。

一个浏览者觉得你的微博和其他微博差不多，或是别的微博可以替代你，都是不成功的。这和品牌与商品的定位一样，必须塑造个性。这样的微博具有很高的黏性，可以持续积累粉丝与专注，因为此时的你有了不可替代性与独特的魅力。

（3）注重发布的连续性

微博就像一本随时更新的电子杂志，要注重定时、定量、定向发布内容，让大家养成观看习惯。当其登陆微博后，能够想着看看你的微博有什么新动态，这无疑是成功的最高境界，虽很难达到，但我们需要尽可能出现在他们面前，先成为他们思想中的一个习惯。

（4）注重互动性加强

微博的魅力在于互动，拥有一群不说话的粉丝是很危险的，因为他们慢慢会变成不看你内容的粉丝，最后更可能是离开。因此，互动性是使微博持续发展的关键。第一个应该注意的问题就是，企业宣传信息不能超过微博信息的 10%，最佳比例是 3%—5%。更多的信息应该融入粉丝感兴趣的内容之中。

"活动内容加奖品再加关注（转发和评论）"的活动形式一直是微博互动的主要方式，但实质上奖品比你那个企业所想宣传的内容更吸引粉丝的眼球，相较赠送奖品，你的微博能认真回复留言，用心感受粉丝的思想，才能换取情感的认同。如果情感与"利益"（奖品）共存，那就更完美了。

（5）注重系统性布局

任何一个营销活动，想要取得持续而巨大的成功，都不能脱离了系统性，单纯当做一个点子来运作，很难持续取得成功。微博营销虽然看起来很简单，对大多企业来说效果也很有限，从而被很多企业当做可有可无的网络营销小玩意儿。其实，微博这种全新形态的互动形式，它的潜力又有多少人能看清，发挥出的作用很小的原因是你本身投入的精力与重视程度本就不高。企业想要微博发挥更大的效果就要将其纳入整体营销规划中来，这样微博才有机会发挥更多作用。

（6）注重准确的定位

微博粉丝众多当然是好事儿，但是，对于企业微博来说，"粉丝"质量更重要。因为企业微博最终的商业价值，或许就需要这些有价值的粉丝。这涉及微博定位的问题，很多企业抱怨，微博人数都过万了，可转载和留言的人很少，宣传效果不明显。这其中一个很重要的原因就是定位不准确。假设自己为玩具行业，那么就围绕一些你产品目标顾客关注的相关信息来发布，吸引目标顾客的关注，而非是只考虑吸引眼球，导致吸引来的都不是潜在消费群体。在这个起步阶段很多企业博客陷入这个误区当中，完全以吸引大量粉丝为目的，却忽视了粉丝是否目标消费群体这个重要问题。

（7）企业微博专业化

企业微博定位专一很重要，但是专业更重要。同场竞技，只有专业才可能超越对手，持续吸引关注目光，专业是一个企业微博重要的竞争力指标。

微博不是企业的装饰品，如果不能做到专业，只是流于平庸，倒不如不去建设企业微博，因为作为一个"零距离"接触的交流平台，负面的信息与不良的用户体验很容易迅速传播开，并为企业带来不利的影响。

（8）注重控制的有效性

微博不会飞，但是速度却快得惊人，当极高的传播速度结合传递规模，所创造出惊人的力量有可能是正面的，也可能是负面的。因此，必须有效管控企业微博这把双刃剑。

（9）注重方法与技巧

很多把微博定位成短信，然后随笔或唠嗑。的确如此，但是对于一个企业微博来说，就不能如此。我们不是明星大牌，也不是普通百姓，我们开设微博不是为了消遣娱乐，创造企业的价值是己任。

想把企业微博变得有声有色，持续发展，单纯在内容上传递价值还不够，必须讲求一些技巧与方法。比如微博话题的设定，表达方法就很重要。如果你的博文是提问性的，或是带有悬念的，引导粉丝思考与参与，那么浏览和回复的人自然就多，也容易给人留下印象。反之带来新闻稿一样的博文，会让粉丝想参与都无从下手。

（10）注重模式创新

虽然微博营销诞生不久，但有一些企业已经走在了前面，尤其美国一些企业已经取得了较为显著的成效，我们应该多参考借鉴这些成功案例，而后结合企业自身特点与客观环境进行创新。

同步训练

根据自身了解，注册微博账号并设计一份账号实施方案，要求方案的制定体现以下内容：对微博营销目的以及受众群体进行微博营销策划，确定微博营销的相关主题、内容及其表现形式，同时确定合适的微博营销平台，熟悉主流微博平台的功能（如表 5-3 所示）。

表 5-3　账号实施方案表

营销目的	实施微博营销的目的	
实施原因	实施微博营销原因	
目标受众群体	营销针对人群	
微博资料	微博签名、标签等资料	
1. 注册微博		
微博名称	微博域名	相关属性设置
2. 微博内容制定方案		
内容类型	内容编辑要点	内容编写技巧

（续表）

3. 微博宣传方案制定			
宣传推广类型	特点	主要任务	具体内容
4. 活动方案制定			
活动类型	活动定位	活动实施原因	活动目标
5. 粉丝价值评估			
粉丝数量	粉丝质量	主动参与量	被动参与量

综合评价

表 5-4　综合评价表

任务编号	020101		任务名称	账号实施方案制定
任务完成方式	□ 小组协作完成 □ 个人独立完成			
评价点				分值
是否能对立完成微博注册				20
微博内容运营是否合理				25
微博宣传推广策略是否全面				20
活动策划的丰富度				20
粉丝价值评估是否全面				15
本主题学习单元成绩:				
自我评价	（20%）	小组评价	（20%）	教师评价　（60%）
存在的主要问题				

拓展任务

以小组为单位,寻找身边的一些企业,详细了解企业的微博运营现状,分析其微博,查看其内容组成占比以及话题类型。

任务三　微博数据分析

任务引导

微博自身涉及的数据大致有微博信息数、粉丝数、关注数、转发数等多种指标,其中微博的粉丝数、关注数,转发数是微博分析中常运用的数据分析指标。在进行了一系列的制定后,小章下一步将要从微博数据分析角度,规划下一步的运营方向。

任务分析

☑ 收集相关运营数据
☑ 与其他微博进行优缺分析
☑ 分析用户粉丝

任务实施

步骤 1:数据收集

在小章在对农享网运营一段时间后,为了查看这段时间的运营是否对农享网有所帮助,小章决定对微博进行数据收集和分析,以便更好地规划后期的运营。那么小章在收集微博数据时具体收集哪几方面是恰当的呢,经过考究,小章了解到应该从以下几方面去进行数据的收集:

1. 粉丝数据收集

从微博营销角度来看,粉丝数量多自然能引起用户的注意并且可以反映出微博的关注度,图 5 - 37 中为农享网近期内的粉丝数据,从图 5 - 37 中,可以看出农享网的净增粉丝数保持在稳定的增长中,新关注的粉丝数也有明显提高,从这样的粉丝情况,可以看出,农享网的初期运营基础非常巩固,后期的粉丝增长还可以随着运营者策略执行有更广阔的增长空间。

2. 内容数据

农享网的微博可以分为原创和转发两大类型。而博主每天发内容的频率如何? 内容的来源有哪些? 这些情况都可以直接影响微博的运营情况。因为微博内容非常重要,高质量的内容能引来非常多的访问者,其中一部分会成为你的粉丝,时间长了就会是粘度高的粉丝。如农享网的内容多是原创的产品资讯,通过微博内容,粉丝可以获得自身需求的行业信息,并且这些信息都具有一定的专业性和参考价值,因此微博就会收到粉丝的重视;如图 5 - 38 所示,为农享网为用户提供最新鲜、最纯正的农产品,让用户不再为找不到绿色的农产品而发愁。其次,如果内容多是各类的分享,运营者可以利用具有趣味性的内容来吸引用户的关注。

图 5-37 农享网近期粉丝增长数据

图 5-38 内容分析

3. 转发率数据

从微博转发数据,可以得出什么类型的微博转发高?该微博转发数有多少?为什么转发高?在转发的同时评论的人多吗等一系列的问题,针对这些问题,具体分析。如图5-39所示,此为农享网近期内的转发量,从图中的数据,可以得到这样的结论,转发多而且评论多的首先直观地说明这条微博内容质量好,非常受关注。转发越多,传播的范围就越广,微博的知名度也会随之提升。一般来说,活动类的微博通常转发都比较高,主要是活动奖品吸引人。

图 5-39 转发数据

4. 关注点分析

关注点分析,主要是通过关注来了解运营者都关注了些什么人,什么行业的,是否是同行,在关注的人里,加 V 认证的人是否是多数。从这些关注的点上,可得这样的结论,如果说运营者关注的人中大部分都是同行,并且多是加 V 认证的人,那么该微博就能更快地获知本行业的最新消息,或者能在第一时间知道同行的发展动态。农享网的关注点都集中在与农业相关的微博名人身上,如土豆姐姐,陕西魏延安等,在信息时代,实时获知最新发展动态对企业来说是非常重要的(如图 5-40 所示)。

图 5-40 农享网的微博关注点

步骤2：对比其他微博

1. 自身微博分析

在收集完数据后，小章将如何考量微博营销的成效呢？小章抽取农享网4月与5月的微博情况运用表格形式整理出具体数据统计图表（如图5-41所示）：

时间	粉丝增长		微博数量	转发		评论		搜索结果数	
	数量	增长率		转发总数	平均转发	评论总数	平均评论数	增长	增长率
4月	5 545	37%	208	2 196	10.6	909	4.4	4 035	18%
5月	5 461	27%	284	4 093	14.4	1 429	5	3 658	12%

图5-41　农享网4、5月微博数据

从这个图中可以看到4、5月的粉丝增量差不多，5月微博信息数量增加36%，转发总数也增长近100%倍，评论增长了64%，搜索结果数也是增加了。此外，针对具体指标来深一步分析，对粉丝数量数据来说，4、5月活动数量相当，每日自然增长粉丝也差不多，所以总体增量基本持平。平均转发和评论，5月份微博数量增加了36%，而转发总数和评论总数均增加了近1倍，平均转发评论有直接提高，说明内容受粉丝的欢迎，粉丝活跃度有所提高，其中明细，小章经过调查4月份的用户属性之后发现，相比起4月份的内容策划，5月份的内容策划更加贴近粉丝需求。

而对于搜索结果数，这个指标有很重要的意义，其可以直接反应企业在微博上被提及和讨论的程度，如果粉丝数量与搜索结果数差距太大，只能说明两点：

① 僵尸粉较多，或有效粉丝太少；

② 粉丝活跃度很低，用户不自主讨论企业，需要企业做合理的引导激发。

通过4、5月份的数据分析，小章总结了农享网的微博整体情况，通过分析平均转发和评论可以反映了农享网微博内容策略基本符合自身定位，粉丝活跃度保持平稳的阶段，波动不大。而搜索结果数的分析则反映了农享网在微博上被曝光提及的程度也处在中等程度，对于微博来说，好的微博营销就是要激发引导用户口碑传播，但微博营销的考核仅仅以粉丝增量或转发数来评判是不足够的，还必须整体综合各项数据来考量，这将是小章后期需要进一步考虑的事情。

2. 与其他微博对比

在明确自身情况后，下一步，将农享网微博与同行微博进行对比，借此来分析出自身的优缺点。但究竟如何来比较呢？是直接以粉丝数来衡量还是转发数和销量订单？面对这些问题，小章优先考虑到，要微博经营成效持久，就不应盲目追求高数量，而应该注重高质量。所以在相互比较之前一定要清楚彼此的目标群体规模，知名度影响，甚至行业局限性，避免盲目对比。

因此，小章选取了两个活跃度与农享网相似的同行微博与之进行对比，同时，为了方便数据分析，其将以字母代替企业名称，A为农享网，B和C均为同行微博（如图5-42所示）。

名称	粉丝数量	发布数量/天	平均转发数	平均回复数	内容形式	活动话题
A	2.6万	10-12条	15次/条	5次/条	图片、文字	2-3次/月
B	30万	15-20条	20-45次/条	10-15次/条	图片、文字、视频	5-10次/月
C	10万	20条	10-20次/条	5次/条	图片、文字	5次/月

图 5-42　对比其他微博数据

从图 5-42 中,可以看出在粉丝量上,B 是 A 的 10 倍,C 是 A 的 4 倍,而平均转发数和回复数假设以粉丝数为基础,理论上,应该 B 是 A 的 10 倍,C 是 A 的 4 倍,可情况却并不如此,由数据可知,B 只有 A 的 3 倍,C 与 A 基本一样,这样的数据情况让小章感到很奇怪,如果单凭表面来判断 A 的运营比 B 和 C 微博运营要好,是不够全面的。为了明了当中原因,小章决定从三者粉丝的粉丝比例来着手二次分析,小章选择粉丝的粉丝数量在10—500 之间的比例,在正常情况下,用户粉丝的关注粉丝低于 10 的可将其归类为僵尸粉和无效粉(如图 5-43 所示)。

A的100到500之间比例为72.36%		
10-49个	864	17.28%
50-99个	1440	28.8%￥
100-199个	694	13.88%
200-499个	620	12.40%

B的100到500之间比例为53.7%		
10-49个	1294	25.88%
50-99个	737	14.74%
100-199个	654	13.08%
200-499个	462	9.24%

C的100到500之间比例为45.04%		
10-49个	989	19.78%
50-99个	454	9.08%
100-199个	527	10.54
200-499个	282	5.64%

图 5-43　微博粉丝自身数据分析对比

从图 5-43 中可以看到,A 的无效粉丝数为 17%,而 B 和 C 企业的粉丝总量,虽然比 A 的粉丝数量多,但同时其两者的无效粉丝数也分别占了 25% 和 19%。由此,出现上述情况就有源可溯了。

此外,小章通过研究发现,企业微博真正的价值重心,并不在那些粉丝成千万的明星红人又或是微博达人的身上,而是微博的普通用户。根据调查,普通人在微博上正常社交范围内,粉丝数应该在 50—500 之间,而且这些用户才是大部分企业的中坚力量。这就是俗称的有效群体,或是"中间多两头少"的粉丝分布原理(如图 5-44 所示)。

粉丝属性

0.8%	1.1%	2.6%	95.5%
V蓝v	V橙v	★达人	普通用户

图 5-44　粉丝属性分析

在对比分析过后,小章明白到,比较微博之间运营成功与否的标准是多维度的,粉丝数、粉丝活跃度、粉丝构成比例、平均转发等都应该考虑进去,并且在运营中,应该更多的考虑目标用户中的活跃用户。

步骤3:用户粉丝分析

在现代的经营活动中,掌握数据就掌握了一切,因为它对你把握经营现状、预测经营趋势都有重要的参考作用。数据是微博营销活动的命脉,良好的数据管理规划是微博营销策划的核心,这些数据应该可以更详细地描述消费者的心理及行为特征。企业通过这些数据可以有针对性地将资源分类,从而满足不同的用户需求。农享网的微博运营主要有两个方面的导向性,一个是帮助农民解决滞销问题,一个是将优质的农产品带给用户。

根据这两个导向性,小章对农享网的粉丝做了详细的数据调查,发现不同的微博内容,粉丝的关注热度也有所不同,这也从侧面表现了不同性质的粉丝的需求和关注点是不同的(如图5-45所示)。

[爱心传递 ♥香瓜滞销寻出路 爱心微传递】近日,敦化市黄泥河镇团山村一社78岁老人沈县良家一筹莫展,7亩地的香瓜眼看着就要烂在地里了就是没人去收。孙子因车祸还躺在医院里急需用钱。让我们共同传递正能量,帮帮他们吧。您可以拨打13654331791与沈德明联系。

9月17日 20:40　来自iPhone客户端　　阅读(3.0万) 推广 | ✋(3) | 转发(119) | 收藏 | 评论(8)

图5-45　农享网解决滞销问题微博内容

图5-46为农享网为帮助农民朋友解决滞销问题所发布的原创微博。通过对这条微博的数据分析,可以看出关注这条微博的粉丝男女比率、地域分布都存在着一定的差异(如图5-46、5-47所示)。

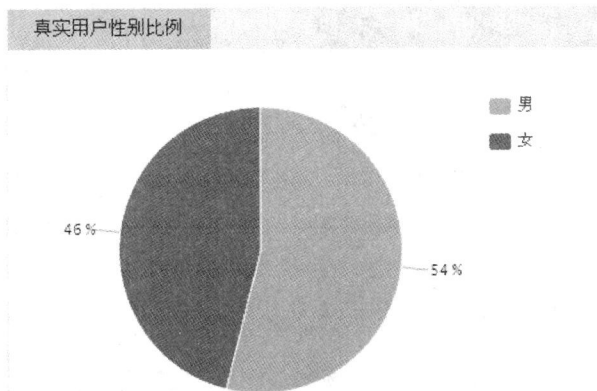

真实用户性别比例

男
女

46%
54%

图5-46　用户性别比率

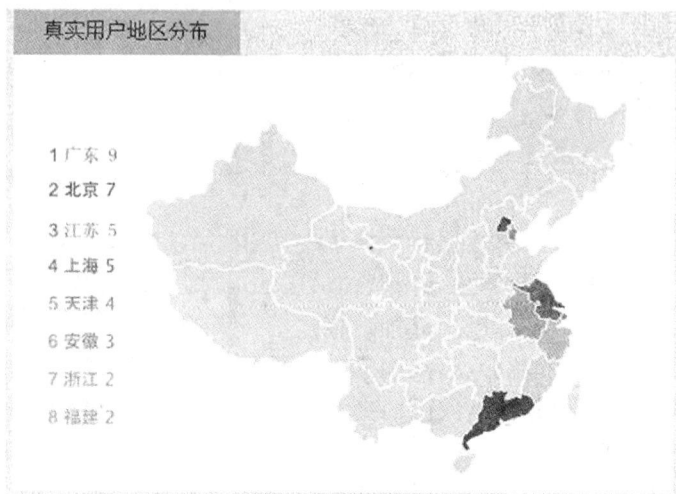

图 5-47　用户南北地区分布比率

从图中可以清晰地看出,女性占 45%,男性占 54%,这就说明在涉及民生实事的内容面前,男性粉丝比女性粉丝拥有更多的热忱。此外,在用户地域分布方面,其中南方的用户比北方的关注度也要更高一些。

这是一方面,再从农享网的另一个导向出发分析(如图 5-48 所示)。

图 5-48　农享网优质农产品推广微博内容

　　图为农享网为了将优质的农产品带给用户所转发加评论的微博内容,通过这条微博,再结合数据,可以很明显地看到粉丝群的倾向发生了新的变化(如图 5－49、5－50 所示)。

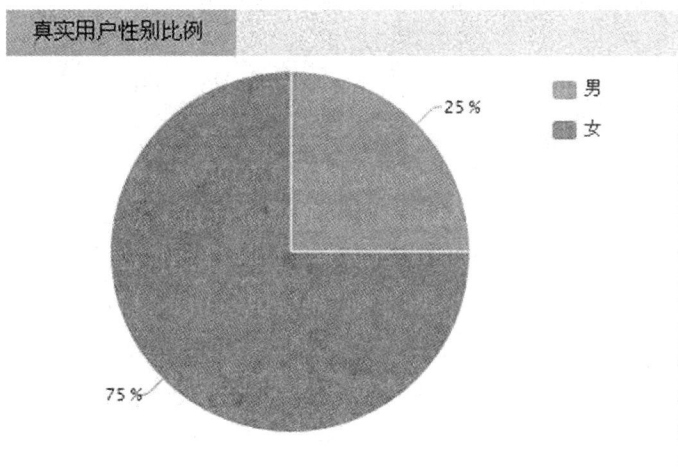

图 5－49　用户男女性别比率

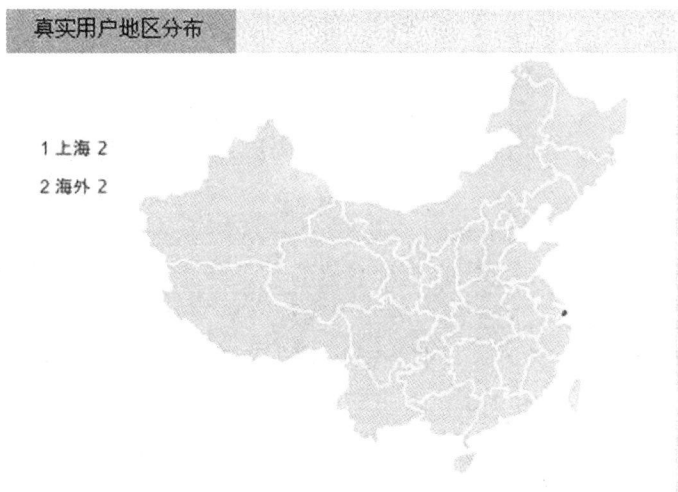

图 5－50　用户地区分布比率

　　从图中可以明显地看到,女性占 75%,男性占 24%,这就说明在关于农产品购买类信息的内容面前,相较于男性粉丝,女性粉丝更容易被吸引。另外在地域用户方面也是有很明显的差异,可以从图中看到,只有南方城市和海外城市的用户会对此类信息做出关注,出现这种情况的原因是南北农业差异问题,因此,结合上述数据分析,小章对农享网的粉丝的需求以及关注点的比例有了大致的了解。

支撑知识

1. 微博的三个基本数据

(1) 关注数

关注数是运营者所关注的微博 ID 的数量。这个数值所表示的基本含义是博主订阅了多少个微博 ID,订阅后这些微博 ID 所发布的内容,将显示在运营者微博的主页。从一般意义来说,关注数往往代表了这个 ID 的主动参与度。主动参与的动机,则可能是多种多样的。如果一个微博 ID 的关注数较多,且能保持持续或较均衡的增长,这可能意味着本 ID 在当前(统计周期内)的主动参与性较强,也就这个用户可能是活跃用户,而看一个用户是否活跃,尤其是否能在一段较长的时间内保持活跃,基本可以帮助运营者判断这个 ID 的某些重要性格特征。在微博运营中,找到主动性高的活跃用户是一个基础,也就是后期运营判断的前提。

（2）粉丝数

粉丝数是博主被多少微博 ID 关注的数量。这个数值的基本含义是有多少微博 ID 订阅了运营者自身的微博。也就是运营者的每一条微博都会被订阅者们看到。与关注数反应运营者的主动性相反,粉丝数是运营者被动得到的。从普通意义上来说,粉丝数越高,往往意味着运营者的交际能力,或者是运营者拥有权威度较高。如果忽略那些买粉丝的 ID(个人用户买粉丝的也不多),也不拿某些明星或名人的粉丝数来比较,那么粉丝数反映一个 ID 的交际能力和权威度就应该是比较准确的。但运营者在考察权威度的时候,需要设置统计周期,因为任何短期的监测都不具有代表性。因为权威度在营销和传播上意味着运营者对订阅其微博的 ID 具有一定的影响力。还有更重要的,博主声音的传播率也可能是非常高的。粉丝数高的人很可能是话题制造者,可能是人气热点,有时候他们就是引发口碑传播的关键人物。这样的人物是运营者必须从芸芸 ID 中挑选出来的。但需要记着的是,不要跟明星名人类的 ID 比较,要跟普通用户比较,不要看粉丝数的绝对数,而是需要考量相对数。

（3）微博数

微博数是博主发布微博的总数。这个数值的含义有点复杂,它可能隐含了很多意思,至少从表面看,它可能隐含着博主的在线率、开放度(是否愿意分享)、个人表现欲、创作能力、互动性等方面的内容。微博数基本上与上述的几点是成正比的。如果想了解更多,还可以通过抽查一些微博的内容了解到博主的性格、态度、学识、偏好,甚至价值观等重要信息。但这里有一个问题要注意,微博的绝对数值本身可能藏着一些虚假成分,所以,运营者抽查内容的时候,要适当关注一下,过于自言自语的,内容空泛的或者干脆话痨型的,需要慎重选择,运营者应该选择微博的数量与质量基本相符的 ID 来监测,这样的用户才是对自身的营销推广有价值的。

2. 微博营销的数据指标

微博营销涉及的数据大致有微博信息数、粉丝数、关注数、转发数、回复数、平均转发数、平均评论数,涉及的指标有粉丝活跃度、粉丝质量、微博活跃度。有些数据大家一看就知道,不做具体解释,以下拿部分数据做一个说明。微博信息数是指每日发布的微博数量,条/天。平均转发数是指每条信息的转发数之和/信息总数量,一般计算日平均转发数或月平均转发数,次/条,平均回复数原理类似。平均转发数(评论数)与粉丝总数和微博内容质量相关,粉丝总数越高,微博内容越符合用户需求,转发数和评论数就会越高。所以这个数据可以反应粉丝总数、内容和粉丝质量的好坏。粉丝基数越大,理论上转发会提高,内容越契合用户,或者粉丝中你的目标人群越多,这个数据都会上升。粉丝活跃度是一个综合数据,一般可以通过平均转发数或回复数来衡量。微博的活跃度是用做竞品微博或其他微博之间的比较。

同步训练

寻找两个或三个相同性质的企业微博,从数据的角度分析两者的运营方式与用户管理方式,总结归纳出微博数据化分析的技巧(如表5-5所示)。

表5-5　微博数据分析表

企业微博选择		
企业名称	概要	用户粉丝分析
	粉丝数	
	粉丝属性	
	转化数	
	回复/评论数	
总结如何用数据的方式分析运营成效		

综合评价

表5-6　综合评价表

任务编号	020101	任务名称	账号实施方案制定
任务完成方式	□ 小组协作完成 □ 个人独立完成		
评价点			分值
是否能对立不同企业间的完成微博对比			20
微博粉丝数分析是否合理			20
微博粉丝属性分析是否合理			20
微博转化数分析是否全面			20
微博回复/评论分析是否合理			20
本主题学习单元成绩:			
自我评价	(20%)	小组评价	(20%) 教师评价 (60%)
存在的主要问题			

拓展任务

以小组为单位,寻找多个身边的企业,通过对比不同企业的微博运营优缺,总结出企业微博用户粉丝的分析的技巧。

<h1 style="text-align:center">任务四　微博营销优化</h1>

任务引导

在微博运营过程中,数据分析有助于针对运营现状做出及时调整和优化,也有助于观测未来的发展趋势。小章在完成数据分析后,需要注意的是,在瞬息万变的新媒体环境下,仅根据历史数据采取"事后所见"的方式来决定营销是不够的,而是需要利用实时的资料分析做出迅速的判断,不断地根据实际情况对其进行优化。

任务分析

☑ 微博运营方案的制定
☑ 微博推广方案的制定

任务实施

步骤 1:制定微博运营优化方案

在上述措施运营一段时间后,小章发现农享网相较之前,虽然有了明显的改进,但总体来说还欠缺了些整体性的提高,因此,小章决定通过总结对前面的运营优缺点来优化微博的运营。

微博的运营靠的就是"内容为王"的原则,所以内容优化将是小章微博运营优化的核心。好的内容建设能赋予微博独特而生动的个性,让微博用户感觉是一个真实的人在跟他们交流,而不是冷冰冰的程序,这种情感上的互动更有利于关系建设,因此,农享网官方微博的内容优化策略是将贴合企业个性和品牌定位的元素等融入内容运营中,使其满足用户的需求的同时还能抓住用户的关注点。

小章回顾近期农享网的微博内容,将需要优化的内容的部分总结为以下几点:

1. 文字优化

日常内容是企业微博每天定时需要发布的内容,为企业微博固定板块。日常内容可原创,也可引用他人的精华内容,但无论是哪一种微博内容,最终目的都是为了吸引到更多的用户,实现内容的价值。图文结合是微博内容最常见的方式之一,也是农享网常用的微博内容表现手段。但即便是常用手段也需要把握好其中的要素才能将其的价值发挥到最大化。如图 5-51、5-52 所示,这是农享网在 8 月 28 日的一条微博内容,虽然以转发的内容展现在用户的面前,但从相关数据图可以看出,当日的微博运营效果并不理想。出现这种情况的原因,小章通过分析可得,首先,这条微博内容只有单纯的转发,过于"惜字如金",不但没有表明企业自身转发这条微博的意向,也没有对用户表达清楚这条转发微博内容的导向,所以无法引起用户的注意。

图 5-51 农享网微博内容

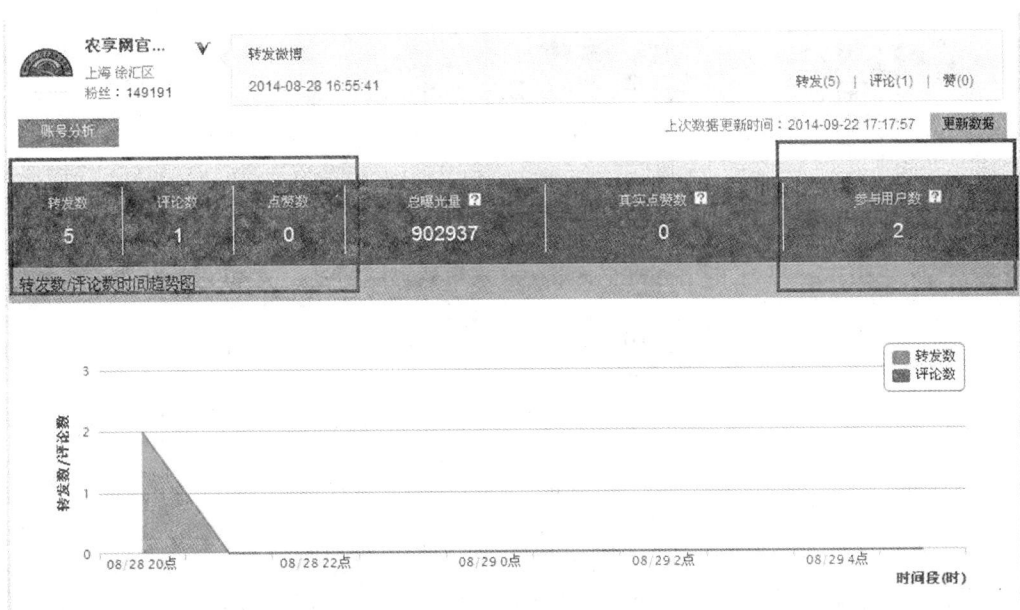

图 5-52 农享网微博数据分析

因此,为了避免再次出现这种情况,在后续的微博运营中,小章意识到应该注意文字的优化,微博的文字发布,不但需要遵循图文结合,并且在以转发作为本条微博内容时,要注意带给用户导向感,另外图文结合一定要紧密,不要出现二者无关的情况,并且文字和图片的内容要贴近微博的定位,不要发图过于频繁,以免引起用户的厌烦情绪。

另外,在发布微博时,还可以结合"三段式时间"。人们每天上网看新鲜事物的时间通常比较趋向于几个集中的时间段:上午 9:30～12:00,下午 3:30～5:30,晚上 8:30～11:30。这几个时间段就是发微博的黄金时段。按照在线用户的活跃程度来排序,一般是晚上活跃用户最多,上午其次,下午稍少一些。

2. 焦点区内容优化

另外,微博焦点区是提供给企业放置焦点图片或焦点视频的模块,位于企业主页左侧栏微博上方,焦点区展示的信息更容易在浏览时被用户看见,图片及视频的形式也更容易吸引用户关注,可用于发布企业重推信息,如企业介绍、活动等。其设置的方式一般为在管理中心——设置中心——资料管理——展示设置中进行编辑和管理(如图 5-53 所示)。

图 5-53　焦点区内容设置

其中需要注意的是该焦点区的图片尺寸 560*260px,最多能添加 6 张焦点图和 1 个焦点视频,均需增加链接地址,并且焦点图片默认按发布时间顺序,可以通过拖拽调整顺序,最后可通过右上角的显示和隐藏按钮选择焦点区是否在主页显示。农享网在微博焦点区,选择了图片和视频结合的方式(如图5-54所示)。

焦点区

图5-54 农享网微博焦点区内容

但农享网的焦点区却没能带来理想的效果,小章在经过分析后,了解到出现这种情况的原因有两个方面:第一,图片的设置没有突出农享网自身品牌的定位,意图含糊不清,并且图片单一缺乏新意。第二,视频内容,不够严谨,重心不明确,没有详细的产品介绍,难以触发用户的共鸣。综合这一系列的问题,农享网的焦点区内容并没能发挥出其应有的价值。因此,小章决定将对焦点区的内容做出新的调整优化方案:

(1)定期修改图片,这样做就相当于把网站首页的幻灯片搬到了微博上,可以促进产品的传播。

(2)优化视频质量,这样做可以让消费者对这个品牌及这个产品有一个比较形象化的认识。

3. 微博功能优化

不但如此,微博功能的灵活运用,也是微博运营成功的要素之一。

其中,微博的标签是一个好工具。一般每个微博有加10个标签的上限,这些标签怎么加也是有讲究的。标签有两个作用:第一,它起着一个为微博博主素描的作用,让粉丝方便进入你主页的人识别你的类别,从而判断微博的主人大概会是哪样的人,最后决定是否去关注你;第二个作用是在标签搜索结果的列表中出现,以被对这类标签感兴趣的人关注。

既然如此,小章应该如何善用标签呢?

首先,要标签凸显微博内容的专注点。如图 5 - 55 所示,图为农享网微博的标签,从标签的内容中,用户就可以了解农享网的内容方向。♯健康♯、农副产品♯、♯蜂蜜♯、♯特产♯,等等,这些凸显了农享网经营微博的基本定位——健康和天然。对于很多追求健康和绿色食品的目标人群就会产生吸引力。

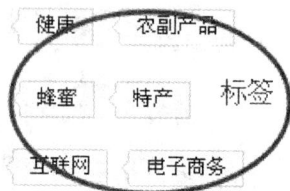

图 5 - 55 农享网微博标签

其次,不要写过于热门或冷门的标签。如果企业的标签太热门,比如♯吃货♯、♯美食♯等,那么很有可能在前几十页的搜索结果中都找不到自身的标签,影响微博的曝光;如果企业的标签非常冷门或者偏门,像♯自家蔬果♯、♯自营农产品♯等,因为几乎没有人搜索这些标签,所以失去了标签的作用。当然,使用微博标签不能够最终决定企业粉丝的增长,但是不容否认的是,经过优化的标签的确能够让自身的微博更加专业,从而获得更多的用户关注。

步骤 2:制定微博推广优化方案

有了微博运营优化方案,小章下一步将对微博的推广做出进一步的优化以配合运营方案的实施。

既然是做微博推广,首先要知道推广的重点在哪里。农享网的宗旨是为消费者提供绿色健康的农产品,所以小章根据农享网的运营重点,明确了其微博推广的三个目标,分别是增加粉丝数量、品牌推广宣传和产品宣传促成消费。而微博推广通常是以活动来实现的,微博上开展的活动形式一般分为两种,一种是有奖参与,一种是友情参与。有奖参与形式是指有奖关注、有奖评论、有奖转发、有奖互粉、回答问题赢奖品等,友情参与形式是指投票、加关注、评论等形式。

有奖参与的形式,是农享网运营中用的较多的方式,但根据小章的分析,并不是每次推广都能达到理想的效果。为此,小章结合以往活动效果,对推广优化方案进行了优化调整。

1. 加强互动

活动推广能否成功,效果取决于粉丝的热情,所以企业在做微博活动的时候,一定要注意粉丝之间的互动,互动是增加粉丝粘性的一个重要的方法,保持与活动参与者的互动能够最大限度地激发他们参加活动的积极性,以及增加他们的好感度,让网站推广更上一层楼。更为重要的是,与获奖者保持沟通,确保奖品的自然流入,增加活动的深入性以及彻底性。这里除了及时回复参与者的评论,还要从中有选择性地进行一定的互粉。

2. 保持活动的全线跟踪,做好数据统计

活动做的好不好,需不需要再进一步的推广以及网络营销,要靠数据说话。通过数据的整理以及分析,我们能得出活动进展的状况,所以尤其是企业网站在做微博推广的时候,要对评论、转发、粉丝数等各个细节做好监测,充分掌握活动进展的状态,即使是活动结束了也要对总体进行一个概括,总结活动的效果,以便下次再次进行相关活动的推广。

3. 保证活动的透明性以及公平性

另外,有时候活动各方面都规划很全面,但在执行时,却往往会遇到粉丝热情不高的情况,面对这种情况,小章整理分析后发现,关键是很多用户处于观望状态,由于用户在不确定这个活动真实性之前是不会参加活动的,这份谨慎心理直接导致了活动的运营效果,针对这种情况,农享网决定将在后期的推广活动中,及时公布活动的进展情况,对于用户参与的情况以表格的形式展现出来,并且对于中奖的用户给以真实的奖励,并且鼓励用户在微博上晒晒自己的奖品,以此增加活动的透明性以及公平性。

4. 增加推广的渠道,做好微博宣传的补位

微博推广有效,但是流量毕竟过于单一,还会存在无法挖掘没有玩微博却对自身企业有很大价值的人群的情况,所以企业网站在微博上进行推广的时候,一定要及时地在论坛、贴吧等会员众多的平台发布一些促进推广的信息,比如软文、广告帖、弹窗等,只要能让更多的人知道我们这个活动就行,因为只有让越来越多的人知道活动的存在,企业才能将活动的影响力打造到最高峰。如农享网有自身的官网,其可以利用在官网与微博结合的方式,在官网的边栏放置微博的二维码,只要用户扫描二维码即可即时关注官网微博,了解官网的最新动向。不但如此,还可以积极运用"双子星"微博模式,将企业官网账号与农业博士或城市对接农村的淘宝店铺微博相互结合,导入更多的流量与扩大活动的影响力。

此外,也可以积极参与微信平台的互动,实现多方位的推广,获取更多的关注。但归根到底,企业微博营销的核心还是针对不同群体,不断调整所发布的内容同时要根据实际情况做出合理优化,并且持之以恒,才能获得最终的成功。

支撑知识

1. 微博营销的原则

(1)个性,创新原则

现如今,微博的潜在商机使得企业和个人的微博推广越来越多,微博营销也因此竞争激烈。而往往千篇一律的事物容易使人产生视觉疲劳,这就要求,想要获得成功就要使自身的微博推广,具有突出的个性,能够脱颖而出。创新的需求也由此而来。因为微博营销不单是一种营销手段,它更是企业的网络形象大使,它的个性就代表了企业的魅力。

(2)真诚"交友"原则

真诚的美德在企业中尤其适用。对于一个企业来说,好的名声就是财富的基础。微博营销是一个长时间的作战,能否在微博上与用户交上朋友,是微博营销能否成功的又一关键。真诚的企业是最能让客户心动的。

(3)趣味原则

有趣的事物总能最先引发人的好感与兴趣。适当地分享一些有趣好玩的东西对自身的微博营销有百利而无一害。

（4）宽容原则

做一个宽容有价值的企业,这样的形象会使自身的微博营销有很好的反响。

（5）积极乐观原则

积极乐观向上,这些正能量的传播往往会带来让人无法想象的号召力与支持。

（6）互动原则

"活动、奖品、关注、评论再加转发"是目前微博互动的主要方式,但实质上奖品的吸引力才是前者方式中最受关注的一项,甚至还会出现无视企业实际宣传内容。故要扭转这样的情况,微博经营者的用心温情战就要打起来,认真回复留言,用心感受粉丝的思想,唤起粉丝的情感认同。这些是朋友之间的交流,会在时间久了之后,使相互间产生微妙的情感连接,而非利益连接,但这种联系持久而坚固。当然,适时结合一些利益作为回馈,会更加增加粉丝的忠诚度。

（7）利益原则

粉丝内心需求的事物的满足感是需要我们去创造的。所以企业自身可以去多关注粉丝合理的利益需求,比如通过微博发布一些打折信息和秒杀信息。对于微博来说,粉丝就是它存在的意义,只有粉丝的存在才能确保微博营销的价值。

2. 微博营销的技巧

（1）取其精华,去其糟粕

所有的事物都是在不断学习中发展的,在做好自身的同时,可以多去借鉴学习其他企业微博的营销方式,尤其是国外的一些企业。

（2）巧用工具

使用微博检索工具对品牌,产品相关的话题进行有效的监控。

（3）把握"两化"

保证日常微博对话,并形成一个制度化,正常化的良好环境。

（4）善于倾听,及时反馈

要善于从粉丝群中获取建议与意见,及时反馈,及时处理。

（5）以客为本

尊重每一位用户,以和平的手法去处理事件。如遭遇到客户的负面消息时,应先检索相关留言,了解情况后再联系相关客户,不要贸然发表回复或声明。

（6）善于引导

善于引导粉丝参与公司的活动或是新产品的开发,积累人气。

（7）公平公正公开

所发布的信息一定要真实,透明,包括一系列的优惠信息或是危机信息。只有以诚意经营的产品才能牢牢地抓住用户的心。

（8）要"人性化"

企业要牢记微博作为一个互动性平台的本质,品牌信息发布的语言要拟人化,要具有人性化,只有这样才可以引起用户的兴趣。

（9）适当性

凡事有度,不要仅仅使用微博来推广产品,这样容易使人反感。

（10）信息有序有价值。

企业微博不是个人的日常流水账簿，信息的分享要有价值和有娱乐性。这样才能达到目的效果。

同步训练

从微博运营角度出发，收集两到三个微博的数据，并根据数据所得情况，制定相关的微博运营优化以及推广优化方案（如表 5 - 7 所示）。

表 5 - 7　微博运营推广优化方案表

企业微博选择		
企业名称	运营优化方向选择	推广优化方向选择
1. 运营优化策略选择		
2. 推广优化策略选择		
总结如何用数据的方式分析运营成效		

综合评价

表 5 - 8　综合评价表

任务编号	020101		任务名称	网站开发与运营
任务完成方式	☐ 小组协作完成 ☐ 个人独立完成			
评价点				分值
微博运营优化是否合理				50
微博推广优化是否涉及全面				50
本主题学习单元成绩：				
自我评价	（20%）	小组评价	（20%）　教师评价	（60%）
存在的主要问题				

拓展任务

以小组为单位,寻找多个身边的企业,分析企业微博存在的问题,根据问题制定相关的微博运营以及推广方案。

学习单元六　微信数据化营销

能力目标

◇ 能使用微信公众账号进行微信营销
◇ 能对微信营销的数据做出正确的分析
◇ 能独立完成微信认证

知识内容

◇ 把握微信营销的各种方法
◇ 了解服务号与订阅号的区别
◇ 知道微信统计中各项指标的意义

> 本项目包含了4个学习任务,具体为:
> 任务1:项目背景和业务分析;
> 任务2:账号实施方案制定;
> 任务3:微信数据分析;
> 任务4:微信营销优化。
> 　制定微信营销方案并实施,通过对运营的数据进行收集、整理并分析,明确用户偏好,明确图文编辑内容方向,并形成微信营销优化方案。

任务一　项目背景和业务分析

任务引导

小王就业于一家在线教育企业,企业主营项目为以大学生实习、就业为出发点,糅合线上学习讨论、线下实训、就业服务,为大学生们提供各种帮助并专注于提升大学生就业能力的学习成长型互动网络平台C实习,C实习一直以PC端网站的形式运营,为了适应移动端互联网服务的发展,决定使用微信朋友圈和微信公众账号等功能对C实习进行微信营销,并合理地利用微信为企业用户所提供的数据统计功能对移动端平台未来运营方向作以规划。

任务分析

☑ 业务分析需要提出

☑ 用户分析

任务实施

步骤 1：业务分析需要提出

移动互联网时代的发展让越来越多的人成为"低头一族"，也让广告主和网络营销策划人员把注意力投向了手机这个新兴营销渠道。微信是移动互联网时代下新兴的社交媒体平台，截至 2014 年，微信已拥有超过 5 亿的庞大用户群体，微信平台的营销计划也在悄然兴起。C 实习作为新兴大学生实践创新训练平台，迫切需要贴合用户使用习惯对平台进行有效的营销计划，在大学生智能手机和手机应用使用率普遍增加的环境下，推进 C 实习的微信营销的实施，于是在 2013 年正式推出以"C 实习小助手"为名的微信公众号，以满足大学生对 C 实习的应用需求。

步骤 2：用户分析

C 实习平台受众主要包含学生/个人、院校、教师、企业及行业专家五种角色。就学生或者个人而言，分为 2 个层面：

1. 全国各本科院校、职业院校在校学生；
2. 已毕业进入工作的社会个人与工作团体。

C 实习所面向的院校用户可以分为：全国各本科院校、职业院校；

C 实习的教师用户群体包含：全国各本科院校、职业院校专业教师、实训教师；

C 实习所面对的企业用户是愿意依托 C 实习平台分摊部分工作内容及愿意发现并接收应届人才的各类企业；

应用 C 实习的专家用户群体中，主要包含 C 实习相关培养方向下的各行业专家，如电子商务方向、职场应用方向等。

支撑知识

1. 什么是微信

微信是腾讯旗下的一款语音产品，当前比较火爆的手机通信软件，支持发送语音短信、视频、图片和文字，可以群聊。相信喜欢体验移动 APP 用户手机里都会有这么一款应用，而作为深度体验用户的笔者也使用将近一年了。

2. 什么是微信营销

微信营销主要体现在以安卓系统、苹果系统、windows、ios8.1 系统的手机或者平板电脑中的移动客户端进行的区域定位营销，商家通过微信公众平台对接微信会员云营销系统，展示商家微官网、微会员、微推送、微支付、微活动、微 CRM、微统计、微库存、微提成、微提醒等，已经形成了一种主流的线上线下微信互动营销方式。

微信营销是网络经济时代企业营销模式的一种创新，是伴随着微信的火热而兴起的一种网络营销方式。微信不存在距离的限制，用户注册微信后，可与周围同样注册的"朋友"形成一种联系，用户订阅自己所需的信息，商家通过提供用户需要的信息，推广自己的产品,从而实现点对点的营销。

微信营销,包括微信平台基础内容搭建、微官网开发、营销功能扩展;另外还有微信会员卡以及针对不同行业,还有微餐饮、微外卖、微房产、微汽车、微电商、微婚庆、微酒店、微服务等个性化功能开发。

3. 微信公众平台

微信公众平台是腾讯公司在微信的基础上新增的功能模块,通过这一平台,个人和企业都可以打造一个微信的公众号,并实现和特定群体的文字、图片、语音的全方位沟通、互动。

不同于微博的微信,作为纯粹的沟通工具,商家、媒体和明星与用户之间的对话是私密性的,不需要公之于众的,所以亲密度更高,完全可以做一些真正满足需求和个性化的内容推送。

随着腾讯推出微信公众平台,那么微信的营销又将怎样变化呢? 在具体说明之前,我们应该看看微信营销到底有怎样的逻辑基础。这里不建议企业将微信作为销售平台,企业不缺渠道,开个网店再容易不过了。企业缺的是品牌,缺的是信任,如果用户不接受你的品牌,不信任你,你的销售只会让用户反感。

企业应该将微信作为品牌的根据地,要吸引更多人成为关注你的普通粉丝,再通过内容和沟通将普通粉丝转化为忠实粉丝,当粉丝认可品牌,建立信任,他自然会成为你的顾客。营销上有一个著名的"鱼塘理论",微信公众平台就相当于这个鱼塘。

4. 微信账号类型

微信账号分为微信个人账号与微信公众账号两种,分别针对使用微信的个人与企业,微信个人账号刚推出的时候可以使用手机号码或 QQ 号码进行申请,后来由于对用户隐私与安全角度考虑,仅能使用个人手机号码进行申请,申请后会绑定手机号啊,手机号码可以在忘记微信账号密码时起到密码找回的作用。

微信公众账号是微信公众平台的使用账号,分为订阅号和服务号两种,微信公众平台主要面向名人、政府、媒体、企业等机构推出合作推广业务。在这里可以通过渠道将品牌推广给上述平台作用。微信公众平台于 2012 年 08 月 23 日正式上线,曾命名为"官号平台"和"媒体平台",创造更好的用户体验,形成一个不一样的生态循环。

用户在手机端 App 中看到的某个精彩内容(比如一篇文章、一首歌曲),想转发给好友,点击"分享给微信好友"通过微信,好友收到信息,轻轻一点,可以查看详情还可以使用你的 App 来查看内容,没有安装你的 App 的用户将会被提示去下载安装。

用户在手机端 App 中看到的某个精彩内容,比如文章、歌曲、视频等,想分享给微信朋友圈的好友们,点击"分享到微信朋友圈",完成授权后,内容就可以发送到微信的服务器,好友在朋友圈中就能马上看到这个内容了。

微信在 2013 年 8 月 5 日从 4.5 版本升级到了 5.0 版,同时微信公众平台也做了大幅调整,微信公众账号被分成订阅号和服务号,运营主体是组织的,比如企业、媒体、公益组织等,可以申请服务号,运营主体是组织和个人的可以申请订阅号,但是个人不能申请服务号。

同步训练

学生需要根据教师要求,对目标企业进行微信营销前的业务分析和项目背景分析,并完成下表(如表 6 - 1 所示)。

表 6 - 1　微信营销业务分析表

微信营销业务分析		
企业名称		
概要	主营业务	分析企业业务方向
	目标项目	分析企业所运营的项目
总结		

综合评价

表 6 - 2　综合评价表

任务编号	060101	任务名称	前期分析
任务完成方式	□ 小组协作完成 □ 个人独立完成		
评价点			分值
对企业业务范围的分析是否正确			30
对企业经营项目是否明晰			30
对企业产品目标用户分析是否正确			40
本主题学习单元成绩:			
自我评价	(20%)	小组评价	(20%)	教师评价	(60%)
存在的主要问题			

拓展任务

以小组为单位,寻找身边的一些企业,详细了解企业业务范围、产品信息与目标用户群体。

任务二　账号实施方案制定

任务引导

确定了微信营销的项目背景和用户资料,接下来就要准备微信营销的账号了。进行微信营销的第一步就是先拥有一个微信账号,小王决定开始对要使用的微信账号进行设计。

任务分析

☑ 微信公共账号的设计
☑ 内容发布方案
☑ 制定宣传推广策划
☑ 制定活动策划方案

任务实施

步骤 1:微信公共账号的设计

1. 头像设置

就像每个使用微信的个人用户一样,公众账号也需要一个代表企业或公众形象的标识,公众账号头像会让用户在第一眼了解公众账号,由于公众账号常常可以给用户起到客服的作用,一些公众账号会使用客服的人物形象作为头像,如招商银行信用卡的微信公众账号(如图6-1所示)。

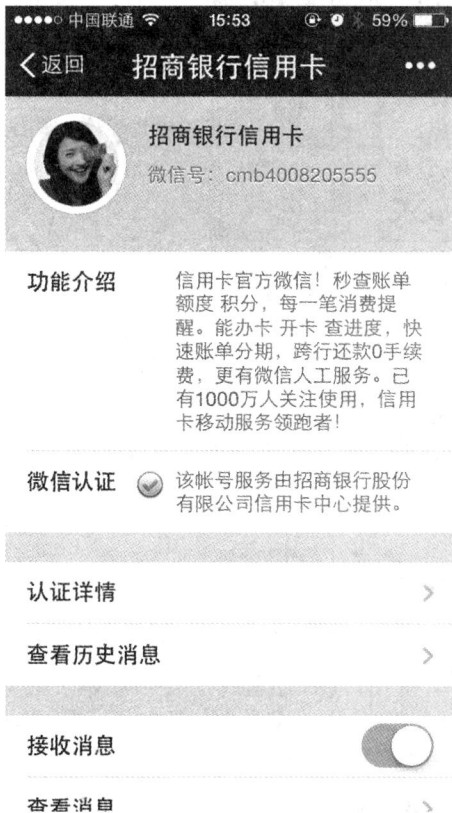

图6-1

大多数公众账号会使用企业的 logo 作为头像，由于企业在线下的知名度与影响力，可以让企业的用户在公众账号平台可以很快进行识别，另一方面，从微信公众平台的运营过程中也会让企业 logo 为客户熟知。小王在选择 C 实习的微信公众账号头像时，决定采用 C 实习 logo，C 实习的 logo 由橘黄色的背景和灯泡的形象组成，远看为一个大写"C"的字母，灯泡代表 C 实习的口号"发现你的光芒"，字母"C"迎合 C 实习的 China、Change、Chance、Colorfur 理念，代表 C 实习的整体形象（如图 6 - 2 所示）。

图 6 - 2　C 实习 logo

设置微信公众账号头像，首先要登录腾讯微信官方主页，在浏览器的地址栏中输入微信公众平台的官方网站（mp. weixin. qq. com)，然后在网站中的登录页面输入微信公众账号的账号和密码，然后点击"登录"按钮登录公众平台（如图 6 - 3 所示）。

图 6 - 3　登录微信公众平台

登录微信公众平台后，就可以看到公众账号的操作后台，选择页面左下方"设置"栏目的"公众账号设置"（如图 6 - 4 所示）。

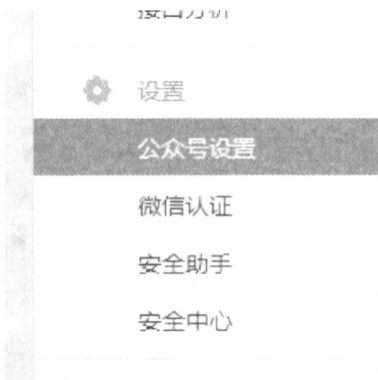

图 6 - 4　公众账号设置

打开公众账号设置页面,就可以看到头像修改栏目,选择头像修改,阅读修改协议并根据提示进入下一步(如图6-5所示)。

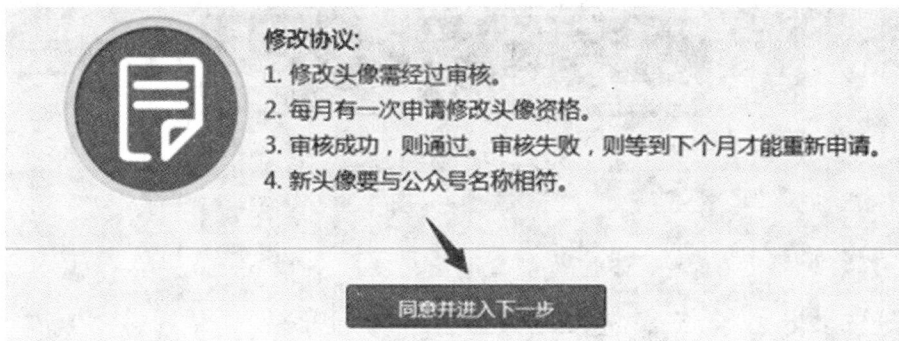

图6-5　头像修改协议

在打开的文件对话框中选择您的头像图片,然后点击"保存"按钮。上传完成后即可显示头像(如图6-6所示)。

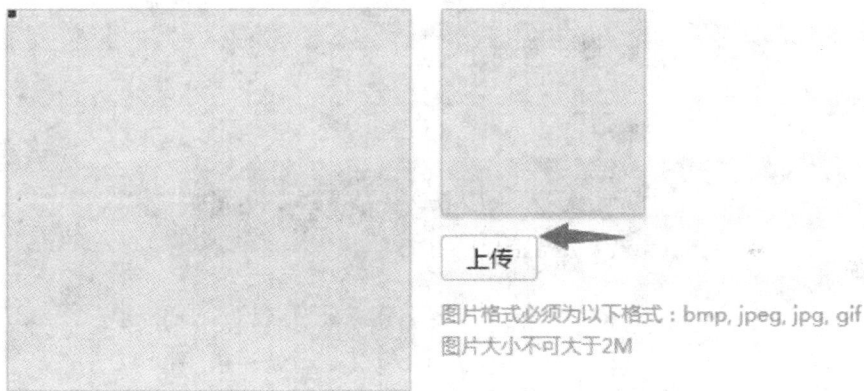

图6-6　头像上传

可以适当调整头像显示以达到最佳效果,然后点击"下一步"按钮。根据提示上传头像,这里要特别注意的是,微信公众号头像每个月只能修改一次,所以公众账号与微信个人账号的区别之一就是不能随时修改头像(如图6-7所示)。

图6-7　微信公众账号修改头像

微信头像设置完成后,用户在移动端看到的微信公众号信息如下图所示(如图 6 - 8 所示)。

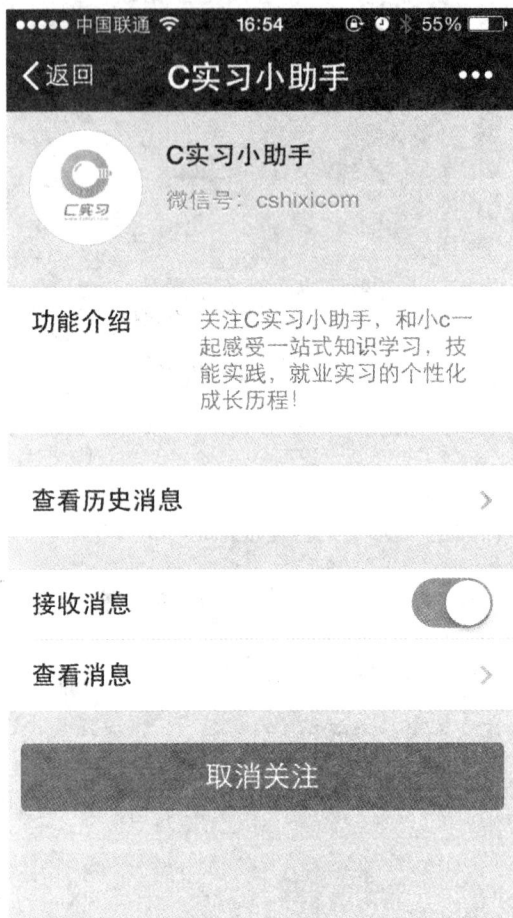

图 6 - 8 移动端公众账号

2. 微信签名设置

现阶段的微信公众平台没有为公众账号特别提供微信签名设置栏目,但是大部分公众账号为了让自己从公众平台发出去的信息比较工整,另一方面加强对自己品牌的宣传,通常会在公众平台编写微信消息的时候在消息顶端或底端上传一个统一的图片或发布同样一段文字作为微信签名。

怎么进行微信签名的设置呢? 在推送微信消息的时候,事先确定一幅图片或一段话,登录微信公众平台账号,进入微信发布后台,选择管理,再选择素材管理,就可以看到如图所示页面,素材分为图文消息、图片消息、语音消息、视频消息四类,选择图文消息中的单图文消息(如图 6 - 9 所示)。

图 6 - 9　微信公众平台素材管理

打开单图文消息编辑页面,按照要求依次输入标题、作者、封面图片(如图 6 - 10 所示)。

图 6 - 10　微信公众平台图文消息编辑(1)

在消息内容编辑完成后,需要在消息底部手动添加签名图片,这个时候可以选择编辑器里的图片上传图标进行图片的添加(如图 6 - 11 所示)。

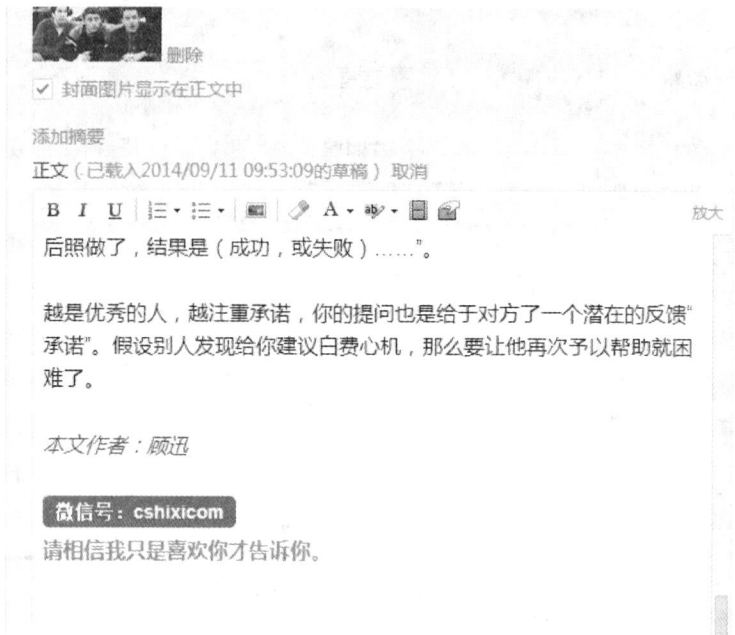

删除

☑ 封面图片显示在正文中

添加摘要

正文（已载入2014/09/11 09:53:09的草稿）取消

B *I* <u>U</u>

后照做了，结果是（成功，或失败）......"。

越是优秀的人，越注重承诺，你的提问也是给于对方了一个潜在的反馈"承诺"。假设别人发现给你建议白费心机，那么要让他再次予以帮助就困难了。

本文作者：顾迅

微信号：cshixicom
请相信我只是喜欢你才告诉你。

图 6 - 11　微信公众平台图文消息编辑(2)

点击图片上传图标，会出现微信公众平台的图片上传界面（如图 6 - 12 所示）。

图 6 - 12　图片上传(1)

点击"添加图片"按钮（如图 6 - 13 所示）。

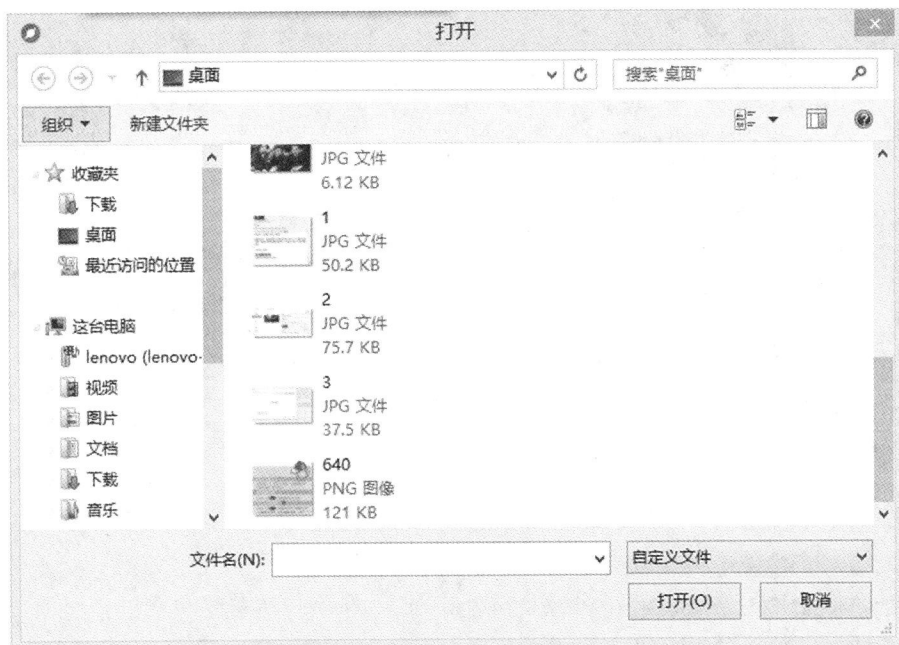

图 6‑13　图片上传(2)

选择需要上传的图片以及图片的对齐方式,点击"开始上传"按钮(如图 6‑14 所示)。

图 6‑14　图片上传(3)

图片上传成功后,就会看到,我们想作为签名的图片已经位于正在编辑的文字内容的底部(如图 6‑15 所示)。

图 6-15　图片上传(4)

这个时候图片签名就已经可以说是设置完成了,在用户浏览手机端的消息时,就会出现如下图所示的样子(如图 6-16 所示)。

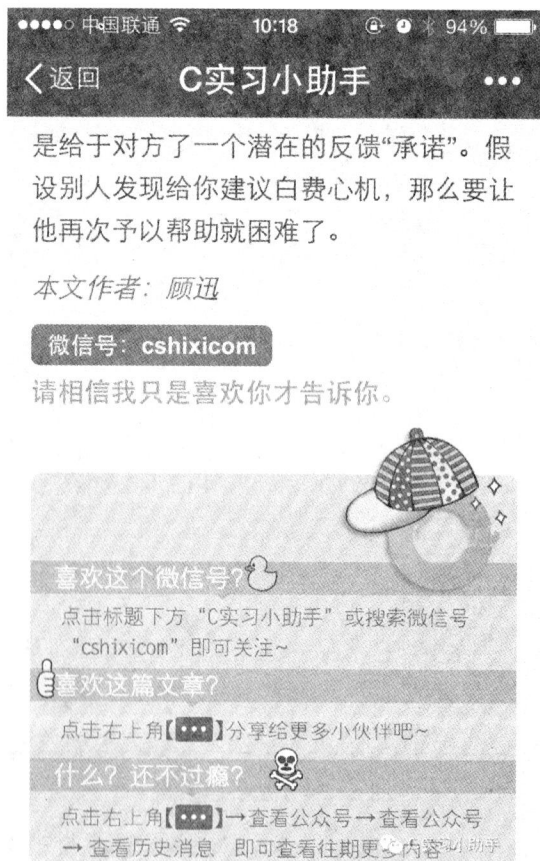

图 6-16　手机端显示的消息签名

3. 服务号菜单设置

前面已经讲过微信公众账号分为订阅号与服务号两种,订阅号的主要功能是为微信好友推送消息与接收来自微信好友的消息,而服务号则更像是客服的角色,服务号可以给企业和组织提供更强大的业务服务与用户管理能力,帮助企业快速实现全新的公众号服务平台。服务号一个月内仅可以发送一条群发消息。服务号发给用户的消息,会显示在用户的聊天列表中。并且在发送消息给用户时,用户将收到即时的消息提醒。

另一方面,服务号相对于订阅号的不同之处在于服务号可以设置微信端的菜单,用户可以根据菜单进行自主信息了解与自主业务办理,小王所在公司是北京博导前程信息技术有限公司,公司的官方公众账号采用的是服务号,服务号既然具备自主菜单的功能,如何进行自主菜单的设置呢?

要进行菜单设置,第一步还是登陆微信公众平台的后台,可以看到与订阅号不同的是,服务号在后台的管理中新增了"自定义菜单"项目(如图6-17所示)。

图6-17 微信服务号自定义菜单

选择自定义菜单,在自定义菜单页面就可以看到"菜单管理"和"设置动作",二者分别代表出现在手机端微信服务号底部的菜单名称和对应回应,单击菜单管理旁的"+"图标是用来新增菜单的,每个服务号最多可以设置三个一级菜单,对应每个一级菜单下可以设置五个二级菜单。

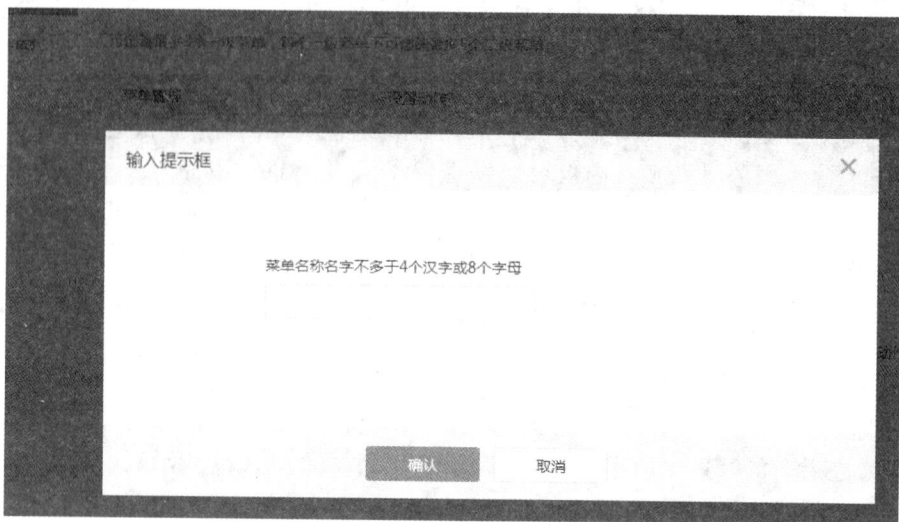

图 6 - 18　设置菜单名称

菜单名称设置完成后,可以根据每个菜单设置菜单给予用户的回应,点击设置好的一级菜单或二级菜单,就可以看到在右边的"设置动作"栏目下出现的回应动作选项(如图6 - 19所示)。

图 6 - 19　设置菜单动作

服务号可以设置的菜单动作分为两类,即发送消息和跳转到网页,分别可以给予用户消息的回应或者跳转的回应,可以将用户的微信界面直接跳转到某一个网址上,只需要选择相关的回应动作,进行设置即可(如图 6 - 20 所示)。

图 6 - 20　设置菜单动作

服务号的菜单设置完成后，在移动端的用户看到的界面如下（如图 6 - 21 所示）。

图 6 - 21　服务号菜单

步骤2：内容发布方案

对企业而言，使用微信公众账号的目的就是可以实时对企业产品用户进行内容营销，那么如何才能对企业产品进行有效的内容营销，这就成为企业微信公众账号运营是否成功的关键问题。企业对用户进行内容传播，首先要遵从的一个重要原则就是与企业自身经营的产品和所在行业有一定关联性，另一方面，需要结合时事热点，利用公众对时事热点的关注提升公众对企业的关注。

对企业微信公众账号来说，首当其冲的是增加曝光度，其次则是引导用户对企业的关注，最后形成转化。一个企业的微信公众账号需要定位明确，这样才能源源不断地吸引潜在用户去阅读企业发布的内容。

C实习小助手运营团队经过会议讨论认为，C实习面向的校园群体，通常会对校园话题和实习经验有很大的兴趣，所以前期的推送消息内容应该为关于电子商务行业或者计算机行业课程相关的内容，于是C实习小助手的第一期内容就为粉丝推送了一篇关于Photoshop的技巧内容（如图6-22、6-23所示）。

图6-22　C实习小助手消息内容

图 6-23　C实习小助手前期推送内容

步骤3：制定宣传推广策划

拥有一个微信账号和确定好精彩的内容，这仅仅是微信营销的第一步，微信营销之所以称之为"营销"，就是指在运营微信公众账号的时候，起到了一个宣传与推广的作用，那么怎么样才能让微信达到合理的宣传和推广效果呢？

微信有一个二维码功能，进行微信宣传要注意线上与线下的结合，企业在线下的活动中打出二维码，并利用一定的奖励措施让用户方便的扫描二维码关注企业的微信公众平台，这样就会涌现大量微信用户，在将来的消息推送中也会有更加广阔的覆盖面。

C实习小助手上线初期正值年底，C实习平台准备举办一系列年底活动，所以在活动页面添加上C实习小助手微信二维码，参加年底活动的学生用户可以直接通过扫描二维码关注C实习微信，同时在活动结束后，将这个二维码长期挂在C实习官方网站底部，方便学生在使用时可以随时添加，这样就得到了C实习小助手的首批用户（如图6-24所示）。

图 6-24　C实习将微信二维码放在主页底部

凡事有计划才有经营的依据，微信运营也是如此，在进行微信公众账号运营时，合理的计划微信的运营策略是非常重要的,企业运营微信时要善于利用微信平台的 LBS 功能,LBS 功能是微动力开发的一个微信精确定位的营销软件,它可以以任意一个点为中心,方圆十公里内只要有使用微信"附近的人"功能的微信用户,都可以通过微信打招呼推送自己的信息,LBS 功能具有 100% 到达率,不会被微信封号。每个微信号可以打 200 次招呼,一天可以设置 60—500 个微信号,这样就很容易产生直观的营销效果了。

另一方面,C 实习在线下经常有学校的宣传和演讲活动,利用线下活动进行微信公众账号的宣传,2014 年 4 月 10 日,C 实习走进学校举行了一次校园演讲活动,并在演讲课堂上以 C 实习小助手为例讲解了微信公众账号的运营,根据后台统计数据,在 2014 年 4 月 10 日这天新增的关注用户突然达到 64 人,所以这次活动达到了预期的宣传效果(如图 6 - 25 所示)。

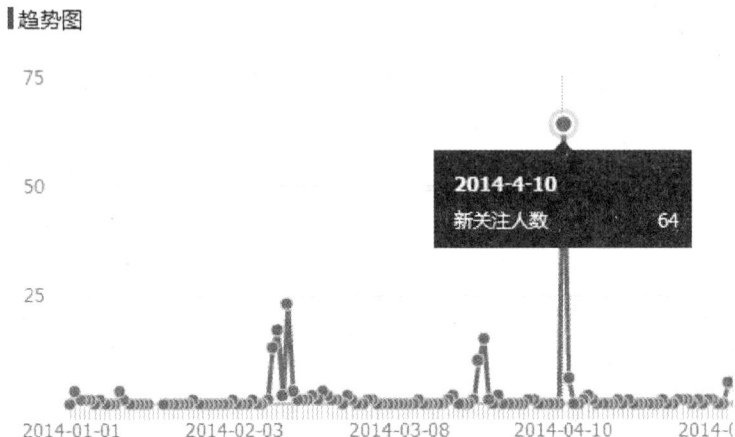

图 6 - 25 线下活动对公众账号的宣传

最后,成功的微信平台运营离不开企业的支持,对微信平台而言,是一个全新的企业宣传渠道,只有企业领导层对微信平台的重视,再加上微信运营团队对微信公众账号的合理运营和适时互动,微信会为企业的知名度与商品销售起到非常积极的作用。

步骤 4:制定活动策划方案

首先,合理的利用活动。我们一般接触到的微信公众账号推送的消息大多是一些文章,其实在微信内容中穿插一些活动宣传也是微信宣传的一个好方法。微信的用户活跃度日益降低,说明微信对用户的吸引力在下降,所以隔三差五的一个微信营销活动能够利用活动奖励拉动用户对微信公众号的关注。

其次,活动周期合理,一次微信活动推送出去后,阅读率大约只能维持在 30%,所以在选择微信活动的时间上要做充分的考虑,尽量让登录不频繁的用户三五天后看到的时候,微信活动还没有过期,用户还可以参与进去。

最后,活动的推送时间是关键,微信消息推送要看微信面向人群的使用习惯,根据粉丝数量的多少,目前一条信息群发全部完毕估计在 1—15 分钟不等,故信息发送时间选择,最好选在午饭后与睡觉前,因为微信消息有声音提醒,不少人还不知道如何取消声音提醒。

支撑知识

1. 微信内容营销8个小技巧

(1) 账号定位明确,对自己可以做的内容类型归类,明确自己的账号可以提供哪几类的文章,围绕一个核心企业是做什么的? 用户需要什么? 他们的交集,就是你能做的。

① 产品/行业有深度的内容;

② 结合热点的软文;

③ 活动类文章(娱乐性,互动性最佳);

④ 用户日常会关注的周边内容;

如果定位明确,那么愿意关注你的用户基本都是你的潜在目标用户。

(2) 关注10个行业竞争对手账号和3个网站

研究他们的内容风格、发布时间段、发布消息类型和数量。对他们的内容和动态保持一定的敏感性。

(3) 素材选取方面,创作与整合优质内容,对于多数企业订阅号而言,每天发布一条含4篇文章的多图文最好。起码要对得起读者吧。

四篇文章选材结合第一条要求,最好是有两种以上不同类型的文章,展示出自己的风格。如果每篇都是原创最佳,互联网行业最缺少的就这个了!

(4) 内容编辑工作,段落整齐、格式统一、有特点、配图合适清晰。

如果你点开一篇文章,图片模糊,段落排版不整齐,图文无关,内容不知所云,你不会有读下去的欲望。除了上述几个细节之外,还要注意到色彩搭配鲜明。

(5) 标题党

读者第一眼看到是标题,它会决定用户会不会点进去阅读,甚至决定用户朋友圈好友看到后是否会关注以及二次传播这篇文章。

(6) 关注和分享的引导

标题、原文作者、文章正文、底部原文连接。处处留心皆可做文章。一篇好的文章可能会让关注账号粉丝量上升一个数量级。

(7) 关键词自动回复引导工作

200个关键词自动回复不要求用完,用户关注之后,什么回复都没有,或者回答的内容与问题不一致,有可能导致用户取消关注。可以通过设置关键词回复,引导用户阅读文章或互动,进一步了解账号内容与意义,能做出特色内容留下深刻印象给用户最好。

(8) 及时互动

不要求你对接CRM管理系统,但是用户的问题,最好能够及时给予答复,或者做出引导,给出能够满足用户或者让用户能够找到答案的方法。确定了目的,明确了账号定位,以及选材,编辑的细节之后。最后要确定的是编辑的文字风格。

2. 内容营销注意事项

内容营销,首先要确保所提供的内容具有优质性,尽可能的引导用户对企业发布的内容进行分享和扩散,这样才能达到传播效果。对微信内容的引导可以从两方面出发。

(1)在发布时要注意,所发布的文章要具有内在的驱动型,满足"内容驱动"的要求。所采用的文章具有精彩和独特的特点,同样也可以采用公众喜闻乐见类型的文章,让用户看到文章就有分享的冲动。这类文章通常有两类,一类是心灵鸡汤和健康百科类文章,另一类是行业或产品相关类文章。

(2)结合时事热点的产品或行业相关文章。这类文章最好是与消费者日益贴合的快消品、生活用品、日用品等相关文章,一些冷门企业,如加工制造、化工业、工业设备、建材等行业不易令对大多数公众产生兴趣,只能让业内人士进行圈内分享。

另一方面,如果产品本身没有太多的文章可以做,不能很好地满足消费者对公众账号的关注和对文章内容的兴趣,这类公众账号可以从两方面进行内容设计。

(1)进行延伸内容广度的工作,从周边或者整个大行业做文章进行内容编辑。

(2)从自己行业内入手,进行口碑营销,让用户产生内容。举例来说,凡客、小米等本身都具有一定影响力的企业,他们的产品并没有太多的软文发布和内容营销,却善于利用企业公众账号进行活动宣传和制造话题,做口碑营销。当然,所谓的口碑营销并非让运营人员完全模仿,只有深度挖掘做出自己的特色,才能让用户真正参与进来。

内容规划非常重要,每一个月都要把下一个月的内容规划好,这样就能每一天都有内容推送给读者,不用每一天思考今天推送什么内容给读者,明天推送什么内容给读者,这都不用担心,每一天只要按一个发送按钮,所以最好的方法就是集中时间,把公众号要推送1至3个月的内容都准备好,甚至可以把一年的内容都准备好,这样经营公众号就会很轻松。

同步训练

学生按照教师要求,利用实训软件模拟环境对微信公众账号的申请和设置进行训练,要求学生懂得通过微信主页申请微信公众账号,并进行一定设计;掌握微信公众账号内容发布、宣传推广、活动策划的具体方法。

1. 确定微信公众账号信息

根据情景设置,确定微信公众账号名称、头像、签名等信息,并确定公众账号类型(服务号/订阅号)(如表6-3所示)。

表6-3 微信公众账号信息表

公众账号名称		账号类型	订阅号/服务号
头像规范	使用企业 logo 或其他		
签名设计	签名文字		

2. 确定内容发布方案

学生根据教师提供的素材,对微信公众账号推送的消息内容进行规划,包括图片消息、图文消息、推送区间、推送时间等(如表6-4所示)。

表6-4　微信公众账号推送消息内容表

消息性质	图片消息、图文消息
推送区间	每天推还是每周推
推送时间	主要是推送时间段,早上、中午、下午+时间点
推送规格要求	文字、图片、Flash、视频等大小的要求
每次推送数量	每次推送一条或不定
其他	

3. 指定宣传推广方案与活动策划方案

根据微信内容和推送区间,指定宣传推广方案,对微信前期宣传推广进行设计,同时利用实训软件和教师指导进行微信运营前期的活动方案策划。

4. 班级内部互评

学生可将方案提交至"博星卓越网络营销实训"共享平台,相互查看班级内各同学对公众账号内容的设计与推广活动方案的制定,并对其他人的微信运营状况进行投票。

综合评价

表6-5　综合评价表

任务编号	060201	任务名称		账号设计与宣传
任务完成方式	□ 小组协作完成 □ 个人独立完成			
评价点				分值
对公众账号的类型是否明晰				20
对公众账号的设计是否合理				20
对消息的推送内容、推送时间是否设计合理				20
对账号的宣传推广方案策划是否合理				20
对微信账号的活动设计是否吸引人				20
本主题学习单元成绩:				
自我评价	(20%)	小组评价	(20%)	教师评价　(60%)
存在的主要问题				

拓展任务

学生在教师的指导下,利用学生电脑和手机,完成对一个公众账号的运营流程,并总结微信客户端常见的公众账号应该如何运营。

任务三　微信数据分析

任务引导

微信运营数据对微信运营具有很大的参考价值,在微信公众平台的后台,微信为微信公众账号的用户推出了"数据统计"功能,能够为公众账号运营人员提供基础的用户分析,包括用户分析、图文分析、消息分析三大板块,对运营人员的数据统计和日后的运营计划制定提供了非常大的帮助。

任务分析

☑ 图文数据收集
☑ 消息分析
☑ 用户分析

任务实施

步骤1:图文数据收集

微信平台为用户提供图文数据统计分析,这样就节省了用户手动信息收集,也让微信不用特别开放用户接口就可以达到自身统计功能。

图文分析是微信提供的一个可视化统计与分析的功能,它可以从直观的角度为运营人员提供传播转化的漏斗模型图,包括对"送达人数"、"图文页阅读人数"、"原文页阅读人数"、"分享转发人数"四项指标的详细统计和分析。微信消息的图文转化率对图文信息的标题和内容都提出了很严格的要求,一篇好的图文信息,首先要吸引粉丝在手机上打开阅读,成为图文阅读的转化;之后,如果图文信息内容十分有吸引力,将触动粉丝点击原文,访问目标网页(如图6-26所示)。

图6-26　图文分析查看

1. 图文群发查看方法

图文群发包括所有图文的查看和图文对比两个项目,所有图文查看可以通过选定时间内的图文或者按照标题进行图文搜索,栏目会显示对应的图文指标,图文对比可以将一个或者多个图文选定,通过多个图文对比得出数据差异。

图文群发的指标包括了送达人数、图文页阅读人数、图文页阅读次数、原文页阅读人数、原文页阅读次数,同时可以计算出图文转化率和原文转化率,另外还包括分享转发的人数和次数(如图 6-27 所示)。

图 6-27　图文群发

2. 图文统计方法

包括昨日关键指标模块,昨日关键指标会针对昨天的图文阅读、转发、分享次数变化,以及与前天、7 天前、30 天前进行对比,体现为日、周、月的百分比变化。

关键指标详解趋势图,可选择 7、14、30 天或某个时间段的阅读人数、次数变化,也可以选择按时间对比,可查看图文页阅读人数、图文页阅读次数、原文页阅读人数、原文页阅读次数、分享转发人数、分享转发次数等数据(如图 6-28 所示)。

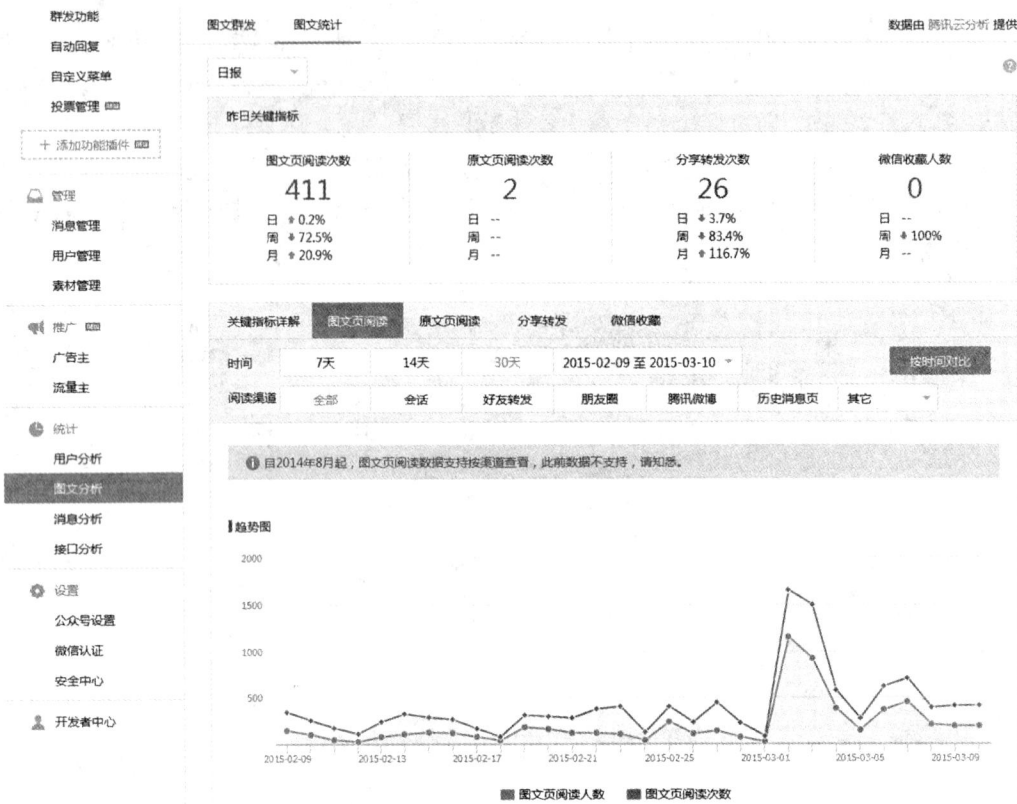

图 6 - 28　图文统计

3. 指标分析

在 C 实习小助手发出第一篇图文消息后,运营团队对图文消息的效果进行了监控,在图文消息统计中看到了(如图 6 - 28 - 1 所示)。

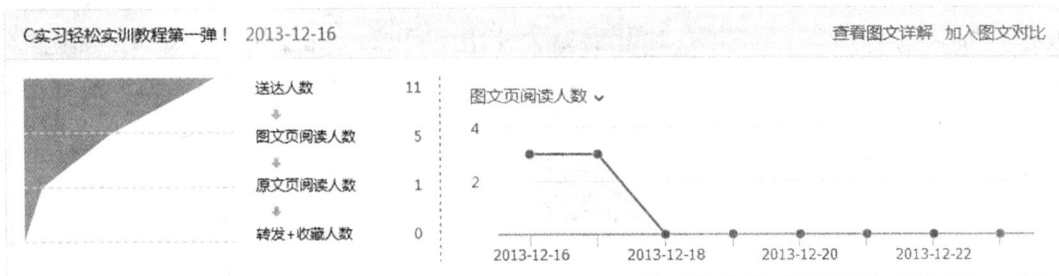

图 6 - 28 - 1

可以从图中看到,"C 实习轻松实训教程第一弹"文章送达 11 人,图文页阅读人数 5 人,原文负阅读人数只有 1 人,并且转发数为 0。

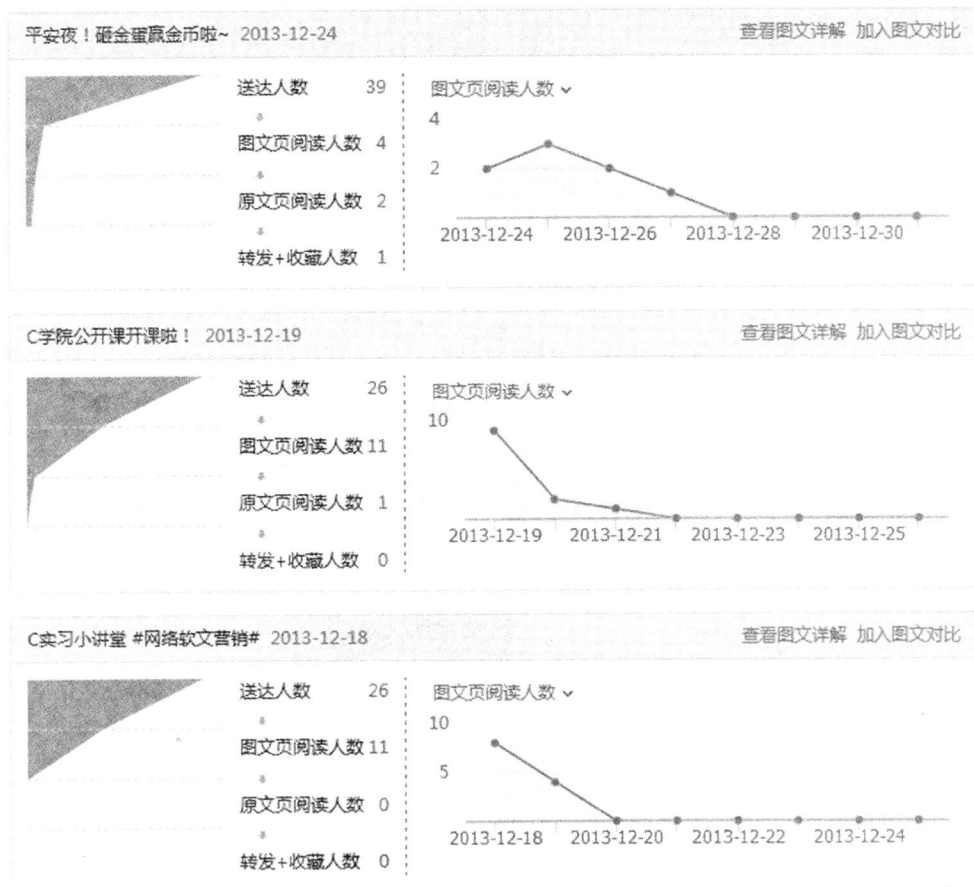

平安夜！砸金蛋赢金币啦~ 2013-12-24   查看图文详解 加入图文对比

送达人数 39
图文页阅读人数 4
原文页阅读人数 2
转发+收藏人数 1

图文页阅读人数
4
2
2013-12-24 2013-12-26 2013-12-28 2013-12-30

C学院公开课开课啦！2013-12-19   查看图文详解 加入图文对比

送达人数 26
图文页阅读人数 11
原文页阅读人数 1
转发+收藏人数 0

图文页阅读人数
10
2013-12-19 2013-12-21 2013-12-23 2013-12-25

C实习小讲堂 #网络软文营销# 2013-12-18   查看图文详解 加入图文对比

送达人数 26
图文页阅读人数 11
原文页阅读人数 0
转发+收藏人数 0

图文页阅读人数
10
5
2013-12-18 2013-12-20 2013-12-22 2013-12-24

图 6-29 C 实习图文消息统计

可以看到继 16 日"C 实习小助手推动原创课程第一弹"后,分别在 12 月 18 日、12 月 19 日推送了"C 实习小讲堂的原创课程"、"C 实习公开课"两条消息,随着 C 实习公众账号在 C 实习官方网站和 C 实习论坛的推广,关注人数也在上升,所以到 12 月 18 日推送时,已经有 26 个微信账号的推送量了,但是转发和收藏量依然为 0。在 12 月 24 日,C 实习官网举办了一次砸金蛋赢金币活动,并通过微信进行消息推送,首次看到了 1 个收藏加转发(如图 6-29 所示)。

步骤 2:消息分析

消息分析是针对微信公众账号推送的图文消息进行分析,包括对一周、半月、一月的数据统计,消息分析可以对某个时间段的消息发送人数、次数变化进行统计,也可以选择按照时间对这些进行对比。由此也可以按照如下公式计算出人均发送次数,即人均发送次数＝消息发送总次数/消息发送的用户人数。

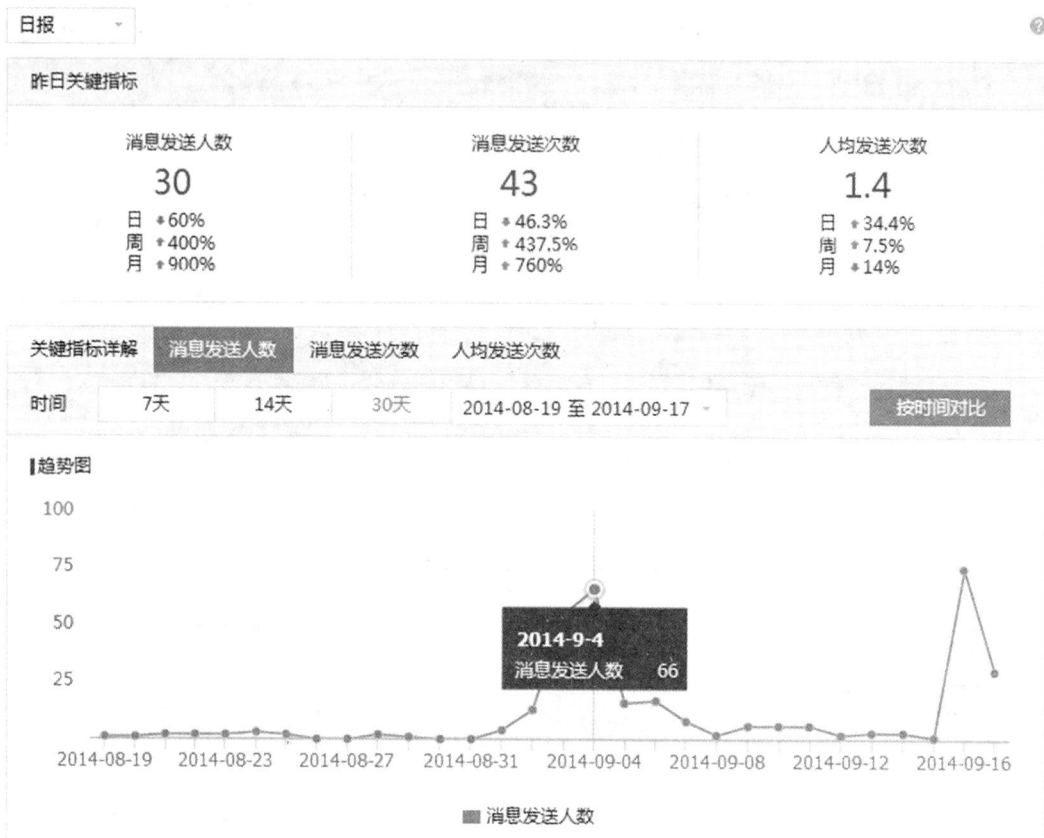

图6-30 消息统计模块

在消息分析中,可以看到由微信统计后台统计出的消息发送人数和消息发送次数以及人均发送次数,可以以每周、每半月、每月为周期进行统计找出消息送达的高峰点,从图中可以看到,在2014年9月4日,也就是新学期开学伊始,C实习小助手的消息送达人数达到了一个峰值,另外在2014年9月16日,达到了第二个峰值。再看看这两天C实习小助手推送了什么消息,看到在微信后台的素材管理中,从9月1日开学当天起,C实习小助手就在为准备在校进行实习的同学推送关于淘宝兼职招聘的消息,有很多同学非常感兴趣,继而这几天的推送量达到了30天内的第一个峰值(如图6-30、6-31、6-32所示)。

图 6-31　推送峰值当天的推送内容

图 6-32　第二个峰值的推送消息

这样就可以知道,推送与学生息息相关的内容,就会取得消息推送成功率很大的提升。

另外,在消息分析中还有一个栏目,叫做关键词分析,是帮运营者分析哪类关键词会更加引起用户兴趣的,在C实习小助手公众账号微信后台可以看到,C实习小助手的关键词分析所包含近期出现频率最多的关键词使用次数(如图6-33所示)。

图6-33 近期出现最多的关键词

由于C实习小助手从9月1日后开始为在校电子商务专业学生推送淘宝"双11"招聘客服兼职的消息,所以近期"11"这个关键词是出现频率最高的,其次,由于全国大学生电子商务大赛初赛正在进行中,关于比赛技巧类消息也应该会受到学生用户的关注,所以"秘籍"、"竞赛"、"电子商务"、"帮助"这几个词分别排在近期关键词使用频率第二到第五位。

步骤3:用户行为分析

在微信公众账号的统计页面,可以看到微信统计中的用户分析模块,从公众账号的用户层面统计给予了微信公众账号运营人员很好的参考数据。统计平台提供了粉丝增长统计与粉丝属性分析。

在"微信公众平台→数据统计→用户分析→用户增长/用户属性",即可查看粉丝人数的变化/当前公众平台粉丝的分布情况。在用户属性中可以看到昨日关键指标模块、关键指标详解趋势图,其中在各种指标中有新增关注人数、取消关注人数、净增关注人数、累积关注人数四个指标供运营者进行参考(如图6-34所示)。

其中要特别注意粉丝增长统计下方的"取消关注人数"这一项,对运营人员来说有很大的价值。很多运营人员在查看微信用户统计的时候只看到粉丝的增长数量,却没有注意到先关注后取消的情况。"取消关注人数"这一项可以很清楚地观察到关注量和取消关注量。

通过对"取消关注人数趋势图"的分析,我们可以从反面角度查看所运营的微信公众账号的用户体验。以微信后台目前所提供的服务,还无法判断用户取消对账号关注的原因,但是通过对"取消关注趋势图"的分析,可以确切地知道某一个具体的日期取消关注的情况。这样对比运营中当天所做的运营工作,也是可以大致分析出用户取消关注的原因。

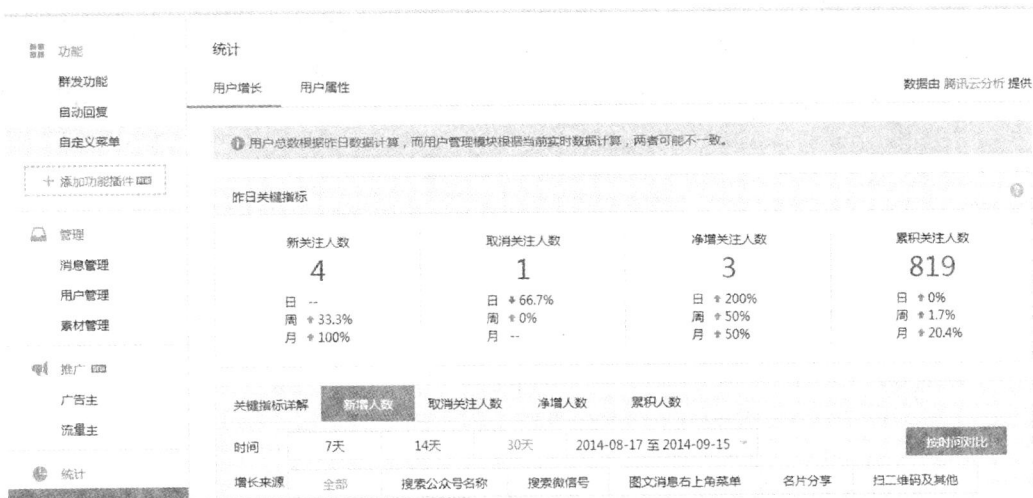

图 6-34　用户分析

3. 用户属性说明

在用户属性分析方面,微信提供了"性别"、"语言"、"省份"、"城市"四个维度,由此将用户粉丝进行细分,对精准营销有一定的帮助。性别分布按男、女和未知(如图 6-35 所示)。

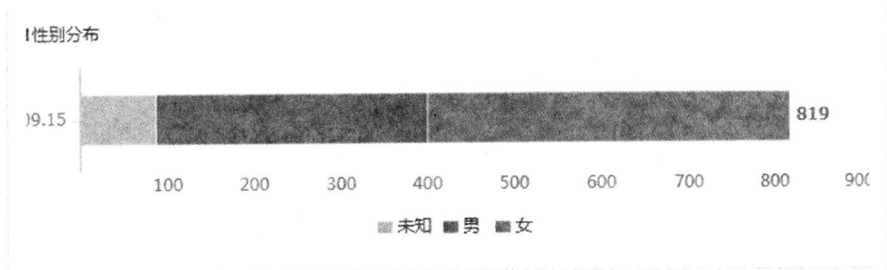

图 6-35　用户属性性别分布

通过性别分布统计图可以看到,关注 C 实习小助手的男性和女性比例不大,男性比女性略少,还有部分用户性别未知。语言分布按简体中文、繁体中文、英文、未知分类(如图 6-36 所示)。

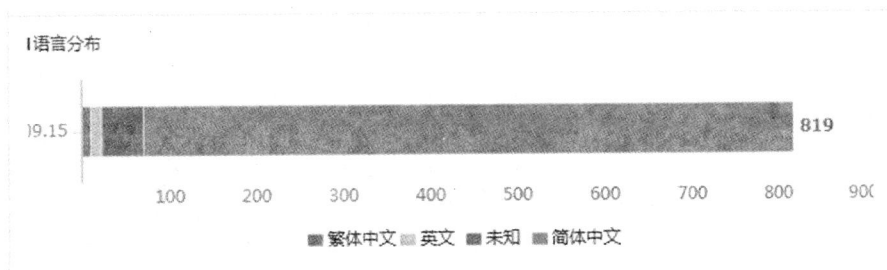

图 6-36　用户属性语言分布

关注 C 实习小助手微信公众账号的用户大多数使用简体中文语言,只有极少部分使用繁体中文或英文,这样就可以确定 C 实习小助手在平时推送消息的时候使用简体中文消息是覆盖用户使用语言最广的。省份分布按省份、未知城市分类(如图 6-37 所示)。

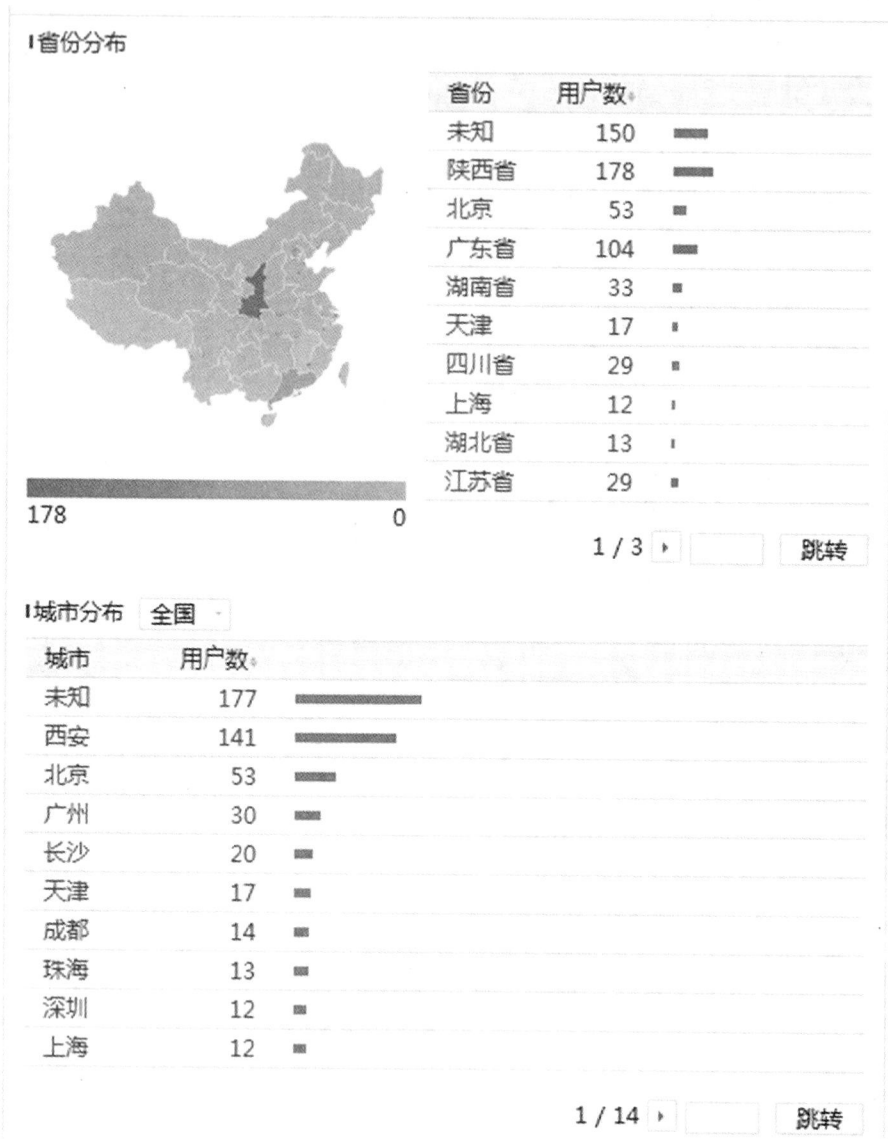

省份分布

省份	用户数	
未知	150	
陕西省	178	
北京	53	
广东省	104	
湖南省	33	
天津	17	
四川省	29	
上海	12	
湖北省	13	
江苏省	29	

178   0

1 / 3 ▸ [   ] 跳转

城市分布 全国 ▾

城市	用户数	
未知	177	
西安	141	
北京	53	
广州	30	
长沙	20	
天津	17	
成都	14	
珠海	13	
深圳	12	
上海	12	

1 / 14 ▸ [   ] 跳转

图 6-37 用户分析地区分布

从图中的数据可以看到,关注 C 实习小助手微信公众账号的用户有很大一部分分布在陕西省西安市,其次是北京市,另外沿海的广东省广州市也有不少用户关注。

另外,在微信公众平台的用户统计属性分析中,还为运营人员提供了用户终端设备统计、机型分析等(如图 6-38 所示)。

在最底部有对数据百分比的显示,运营人员可以通过选择不同的分类进行查看(如图 6-39 所示)。

终端分布

0.15 ████ 819

100　200　300　400　500　600　700　800　900

■ S60V2 ■ S60V5 ■ Wp7 ■ 未知 ■ iPhone ■ Android

机型分析 TOP10

> ❶ 由于Android机型的版本编码复杂多变，无法合并Android机型的不同版本，请知悉。

机型	用户数	
未知	617	━━━
Apple-iPhone4;1	49	ı
Apple-iPhone5;2	35	ı
Apple-iPhone6;2	34	ı
Apple-iPhone3;1	22	ı
Xiaomi-MI 2Sarmeabi-v7a	19	ı
Xiaomi-MI 2SCarmeabi-v7a	17	ı
Xiaomi-MI 2armeabi-v7a	14	
Xiaomi-MI 1Sarmeabi-v7a	12	

图 6‑38　终端分布与机型统计

属性分布表　　性别　　语言　　省份　　**城市**　　终端　　机型

详细数据

城市	用户数	占比
未知	150	18.32%
西安	141	17.22%
北京	53	6.47%
广州	30	3.66%
未知地域	27	3.3%
长沙	20	2.44%
天津	17	2.08%
成都	14	1.71%
珠海	13	1.59%
深圳	12	1.47%

1 / 14　▶　□□□　跳转

图 6‑39　属性分布表

支撑知识

1. 微信数据分析后台结构（如图6－40所示）。

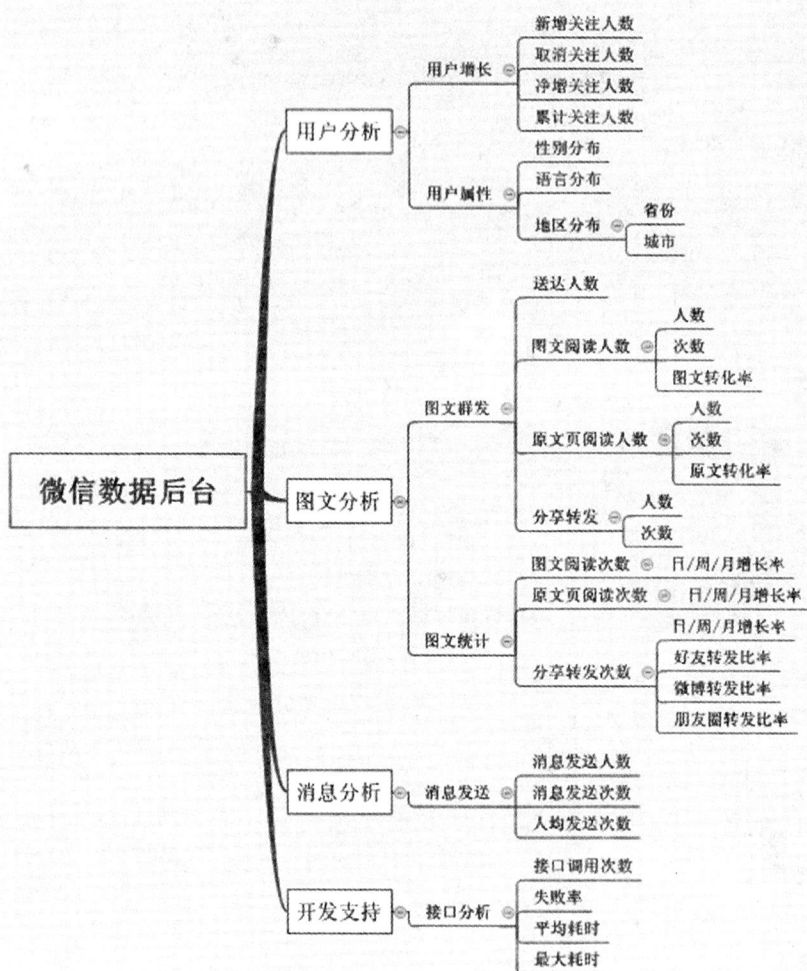

图6－40　微信后台统计结构

2. 图文分析

图文分析包括图文群发和图文统计，图文群发包括：

（1）所有图文，可以选择选定时间内的图文，或者指定按标题搜索，会显示图文对应指标的数据。

（2）图文对比，将一个或者多个图文，点击"加入图文对比"，图文对比页就是把一个或多个图文排到一起来方便对比查看。也可以点击"立即去图文对比"去到图文对比页。

（3）指标说明：

① 送达人数：图文消息群发时送达的人数；

② 图文页阅读人数：点击图文页的人数（不包括重复点击），包括非粉丝人数；

③ 图文页阅读次数:点击图文页的次数(同一粉丝重复点击计算在内),包括非粉丝的阅读;

④ 图文转化率:图文阅读人数/送达人数;

⑤ 原文页阅读人数:点击原文页的人数,不包括重复点击,包括非粉丝;

⑥ 原文页阅读次数:点击原文页的次数,同一粉丝重复点击计算在内,包括非粉丝的阅读;

⑦ 原文转化率:原文页阅读人数/图文页阅读人数;

⑧ 分享转发人数:转发或分享至朋友、朋友圈、微博的用户数(不包括重复转发),包括非粉丝分享或转发。

⑨分享转发次数:转发或分享至朋友、朋友圈、微博的总次数,包括非粉丝的分享或转发。

图文统计包括:

(1) 昨日关键指标模块,会针对昨天的图文阅读、转发、分享次数变化,以及与前天、7天前、30天前进行对比,体现为日、周、月的百分比变化。

(2) 关键指标详解趋势图,可选择7、14、30天或某个时间段的阅读人数、次数变化,也可以选择按时间对比,可查看,图文页阅读人数、图文页阅读次数;原文页阅读人数、原文页阅读次数;分享转发人数、分享转发次数。

3. 什么是用户分析

用户分析包括用户增长说明和用户属性说明,其中用户增长说明包括在"微信公众平台→数据统计→用户分析→用户增长",可查看粉丝人数变化情况。

(1) 昨日关键指标模块是针对昨天的关注人数变化,以及与前天、7天前、30天前进行对比,体现为日、周、月的百分比变化。

(2) 关键指标详解趋势图,可选择7、14、30天或某个时间段的关注人数变化,也可以选择按时间对比。

(3) 指标说明:

① 新关注人数:新关注的用户数(不包括当天重复关注用户);

② 取消关注人数:取消关注的用户数(不包括当天重复取消关注用户);

③ 净增关注人数:新关注与取消关注的用户数之差;

④ 累积关注人数:当前关注的用户总数。

用户属性说明包括:

① 微信公众平台所有用户会按性别、语言、省份的分布情况进行统计;

② 性别分布:按男、女和未知分类;

③ 语言分布:按简体中文、繁体中文、英文、未知分类;

④ 省份分布:按省份、未知城市分类。

4. 消息分析

消息分析是指对用户消息发送的分析,包括的指标主要有:

① 昨日关键指标模块:会针对昨天粉丝主动的消息发送人数、次数变化,以及与前天、7天前、30天前进行对比,体现为日、周、月的百分比变化;

② 关键指标详解趋势图:可选择7、14、30天或某个时间段的消息发送人数、次数变

化,也可以选择按时间对比;

③ 消息发送人数:关注者主动发送消息的用户人数;

④ 消息发送次数:关注者主动发送消息的总次数;

⑤ 人均发送次数:消息发送总次数/消息发送的用户人数。

同步训练

要求学生根据教师提供的微信素材,对微信公众账号后台的统计功能进行充分理解,利用后台的数据对微信公众账号的当前运营情况作出判断,并针对运营存在的问题作出优化解决方案。

1. 收集图文消息数据

根据情景设置,对公众账号的图文消息数据进行收集(如表 6-6-1 所示)。

表 6-6-1　图文信息表(1)

送达人数	
图文页阅读人数	
原文页阅读人数	
分享转发人数	
分析结论	

2. 对消息进行分析

学生根据教师提供的素材,对微信公众账号推送的消息数据进行分析(如表 6-6-2 所示)。

表 6-6-2　图文信息表(2)

消息发送人数	
消息发送次数	
分析结论	

3. 对用户行为进行分析

根据微信后台的统计数据,对微信公众账号的用户行为进行分析,并完成下表(如表 6-6-3 所示)。

图 6-6-3　图文信息表(3)

新增关注人数	
取消关注人数	
净增关注人数	
累积关注人数	
分析结论	

4. 班级内部互评

学生可将方案提交至"博星卓越网络营销实训"共享平台,相互查看班级内各同学对公众账号的数据分析过程,并投票选出分析最准确最详细的一个。

综合评价

表 6 - 7　综合评价表

任务编号	060301		任务名称		微信数据分析
任务完成方式	□ 小组协作完成 □ 个人独立完成				
评价点					分值
图文数据分析是否到位					30
消息分析是否透彻					30
用户行为分析是否正确					40
本主题学习单元成绩:					
自我评价	(20%)	小组评价	(20%)	教师评价	(60%)
存在的主要问题					

拓展任务

学生根据教师提供的其他公众账号信息,自己独立分析公众账号的图文信息、消息统计与用户行为。

任务四　微信营销优化

任务引导

有了充分的准备,接下来就是准备对微信公众账号进行进一步的优化,以此来帮助用户对微信公众账号产生使用习惯。这时发现,微信营销需要通过进一步地进行优化,微信优化可以让微信公众账号更快地被用户接受。

任务分析

☑ 制定微信运营优化方案
☑ 制定微信推广优化方案

任务实施

步骤 1：制定微信运营优化方案

微信运营如何做好，就是要注意好微信的运营方法。

1. 微信名称

根据 SEO 相关知识，标题、描述、关键词是网站的核心。所以微信也一样，微信名称如何选择很关键，企业账号的名称有一点点受限，但不影响微信 SEO。另一方面，注册企业公众账号后一定要尽快进行认证，这样有利于用户查找添加。

微信认证全过程完成后，用户将在微信中看到认证公众号特有的标识，账号资质审核认证通过后，订阅号将获得自定义菜单接口权限和服务号将获得高级功能接口中所有接口权限和多客服接口，以及可申请微信支付（如图 6‑41 所示）。

图 6‑41　已认证微信订阅号

2. 微信介绍

类似于网站的描述,公众账号可以给用户提供什么服务或者是带来什么价值,都要体现出来,这样有利于发展针对性用户(如图 6－42 所示)。

图 6－42　C 实习小助手微信介绍

3. 微信内容

(1) SEO 时代是内容为王,微信公众账号也是内容为王,如果微信推送的消息大多数是在网上复制下来的,相信看的人不多,并且会导致粉丝取消关注,所以内容一定要具有一定的原创性,结合企业服务范围,根据用户喜好去发布内容信息,当然这个是需要时间去优化和反复尝试。

(2) 图文内容,图文内容一定要注重图片的尺寸、质量和相关性,群发消息前一定要预览查看,在预览查看时考虑用户的体验,进行对应修改。活动对微信用户的影响还是很大的。有用户关注活动并转发活动消息,这就成为了微信图文消息编辑的一个很好的切入点。

另一方面,在参考了同类微信公众号后,C 实习小助手决定尝试推送对毕业生和实习生更加有用的技巧类消息和轻松的图书推荐信息,发现在校学生这类用户似乎对这类消息很感兴趣(如图 6－43 所示)。

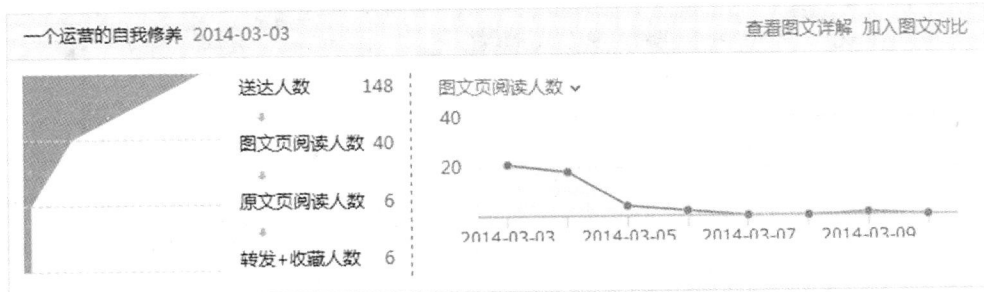

图 6－43

周末书荐 2014-03-02   查看图文详解　加入图文对比

送达人数　　　　148

图文页阅读人数　74

原文页阅读人数　1

转发+收藏人数　3

写给刚工作的和快要工作的同学 2014-03-01   查看图文详解　加入图文对比

送达人数　　　　148

图文页阅读人数　76

原文页阅读人数　0

转发+收藏人数　10

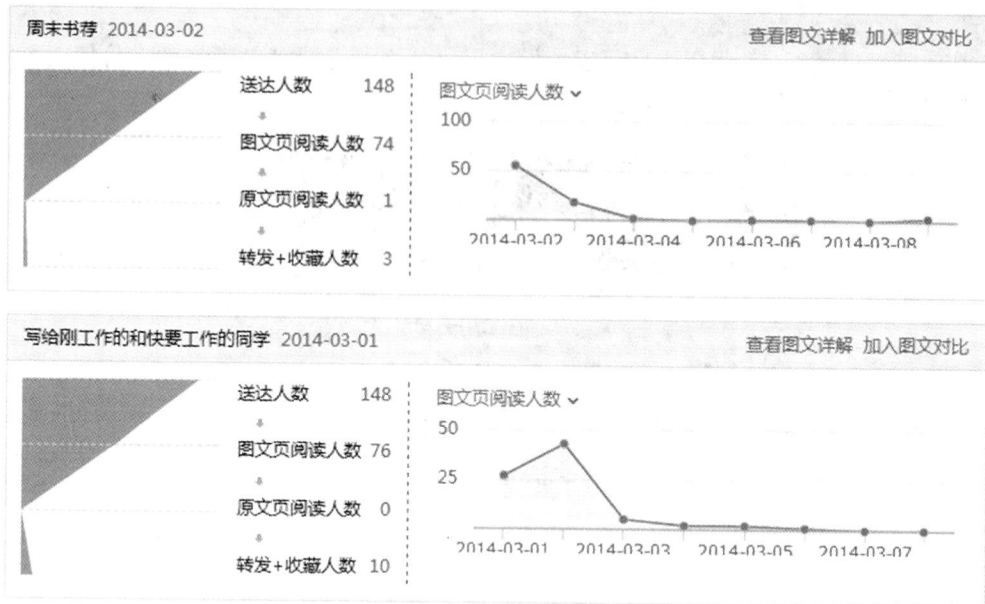

图 6 - 43　尝试推送轻松和技巧类文章的数据（续）

从图 6 - 43 的数据中看到,在 2014 年新学期伊始,C 实习小助手推送的技巧类信息"写给刚工作和快要工作的同学"消息获得了转发和收藏人数 10 人,图文阅读人数占到送达人数的一半以上。

另一方面,带有"惊人内幕"、"深度剖析"、"吐槽"等关键词的消息明显受到用户的推崇,各类"标题党"关注度非常高(如图 6 - 44 所示)。

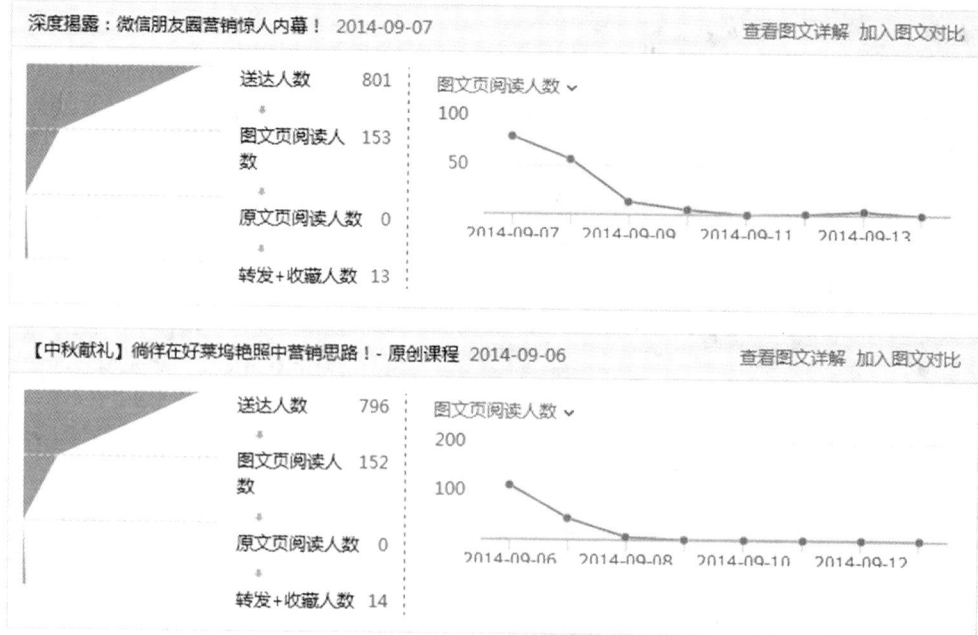

深度揭露:微信朋友圈营销惊人内幕! 2014-09-07   查看图文详解　加入图文对比

送达人数　　　　801

图文页阅读人数　153

原文页阅读人数　0

转发+收藏人数　13

【中秋献礼】徜徉在好莱坞艳照中营销思路!－原创课程 2014-09-06   查看图文详解　加入图文对比

送达人数　　　　796

图文页阅读人数　152

原文页阅读人数　0

转发+收藏人数　14

图 6 - 44

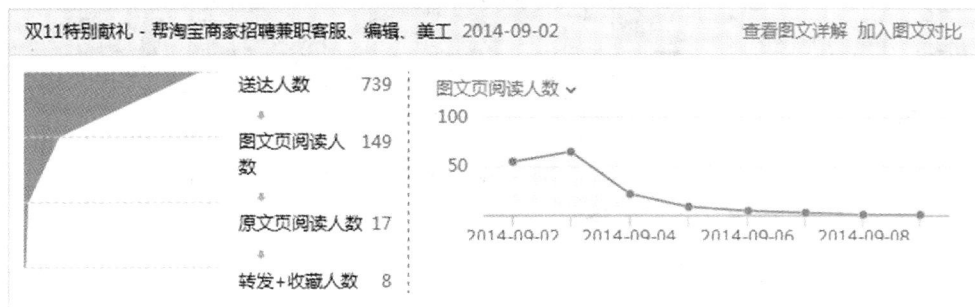

图 6‑44　标题党关注度（续）

（3）内容发送，内容发送一定要选择好时间段，才能带来最大的效果（如图 6‑45 所示）。

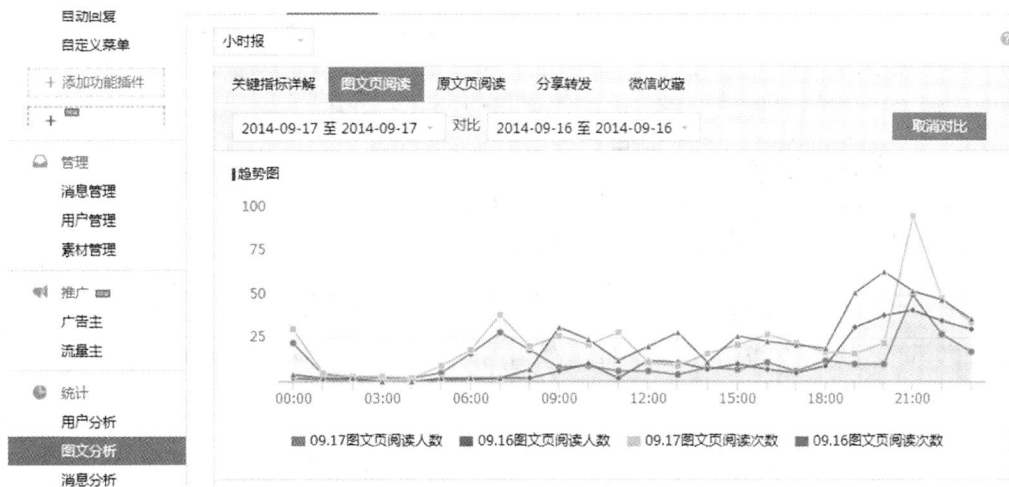

图 6‑45　用户阅读时间分布

从微信统计的图文趋势分析图中，可以采集到近期用户对推送消息的阅读时间，从统计的曲线图上来看，每天早饭后 7 点前后、午饭后 12 点前后、晚上 21 点是阅读的高峰期，尤其是下午 18 点后到 21 点期间是持续一个上升的趋势，所以在这三个时间点发微信阅读人数应该是最多的，效率也是非常高的。

4. 微信外链

微信怎么做外链，其实很简单。把分享到朋友圈当做是外链，1 个朋友分享，N 个朋友看到，那么把 1 乘以 N 的话，效果就很可观了；我是利用自己个人微信账号，分时间节点，转载到个人微信的朋友圈里，同时可以发动公司玩微信的朋友一起分享。切忌尽量不要无限开小号去做推广，自身使用的微信号和特意开小号的效果完全不一样的效果。

5. 利用接口

丰富微信功能，因微信公众平台的自定义规则设置相对麻烦，并且有一定的限制，所以才用接口模式能够很好地完善官方微信的功能以及趣味；人生日历官方微信就采用了接口的方式,为微信用户提供一些和产品相关的信息,如天气查询、火车票查询、翻译等日常生活实用的功能。

步骤2:制定微信推广优化方案

随着微信的使用越来越普及,微信推广成为人们关注的焦点。那么怎么做才能将企业的公众账号为用户所熟知,通常会采用以下几种方法:

1. 软文推广

软文推广是企业推广自己的公众号最常用的一种方法,自媒体类的公众账号也比较适合。软文推广就是将软文写好,发布到大流量的平台,如果发布出去的软文可以达到很可观的点击量,那么软文中涉及企业微信也会引起不少粉丝的关注。软文推广的重点在于软文的质量,以及软文的发布平台。

2. 微信推荐

现在的个人微信已经禁止互相推荐了,然而适当地推荐公众账号还可行。但是腾讯对微信的把控也越来越严格,推荐公众账号也需要把握一个度,推荐账号数以一个为好,避免被腾讯误判而导致封号。经常关注腾讯热门公众号的用户应该可以看到,很多公众号会在发布的软文中推荐一些其他的公众号。

3. 手机通讯录推广

有不少企业或者个人拥有很多客户的手机号码资源,我们都知道,微信可以与手机通讯录进行绑定,这样就可以看到很多利用手机号码注册的微信账号,这样推广首先需要利用一个新的手机号来绑定QQ通讯录,然后将这个手机号码绑定到微信小号,再利用微信小号加通讯录里的好友微信,最后将私人微信的好友转化到公众号。使用过程比较麻烦,但是也能有效地获得一些资源。

4. QQ推广

这是一个比较实用的推广方法,利用私人微信小号加QQ好友微信,将微信小号的好友转化为公众账号粉丝,这种方法可以先加目标人群的QQ,让客户既是QQ好友,又是微信粉丝。

5. 软件推广

现在互联网市场有很多软件,可以帮助微信账号自动打招呼,可是腾讯公司一旦发现有软件影响微信的正常使用,对此会进行封号处理。

6. 利用已有资源

企业一般都具有自己的产品和官方微博等渠道,可以利用这些渠道,将微信公众账号形成的二维码印在产品包装或直接将公众账号放在微博里推广,也不失为一种有效的推广方式。

7. 利用活动

活动推广非常适合企业的公众账号,可以分为线上推广和线下推广,线上又可以进一步分为互联网活动和微信活动,活动的方式有很多种,可以在微博发起活动,关注有奖,也可以直接在微信中发起活动。线下活动的方式同样可以采取关注有奖或关注有折扣的方法,以一些奖品作为鼓励用户关注微信公众账号的方法,会获得很好的效果,因为是奖品吸引的用户尤其要注意维护，维护不当很容易造成用户流失，或者用户在取得奖品或折扣后取消关注。

8. 微信小号

小号主要还是得利用朋友圈，可以分享一些知识，心情等各种有意义的东西，差不多按照微博一样做。再温柔地插入一些广告，在不知不觉中做推广，并和好友互动，这样慢慢地去影响别人，最后真的对你所推广的东西感兴趣的人自然会找上门来。欲速则不达。如果要追求速度和数量，就比较难了。小号式的推广适合很多个体商家和中小企业配合推广，可以叫员工利用自己的小号去推广，方法只是点到为止，关键还在于执行，并在执行中总结。每一种方法用到极致都是能产生意想不到的效果。

9. 内容为王

现在很多公众号是可以实现自然增粉的，每天增加几十个甚至上百个粉丝都是有的。如何实现自然增长呢？有如下两个方法：(1) 取一个好的名字，重点是名字中的关键字，然后认证微信号，如果微信排名靠前，这样被微信用户搜索到的关注概率就比较大了；(2) 把内容做好，好的内容粉丝会主动分享到朋友圈，这样也能吸引粉丝关注。

支撑知识

1. 申请微信认证

(1) 申请微信认证入口。

① "设置→账户信息→认证情况"点击"申请微信认证"进入(如图 6-46 所示)。

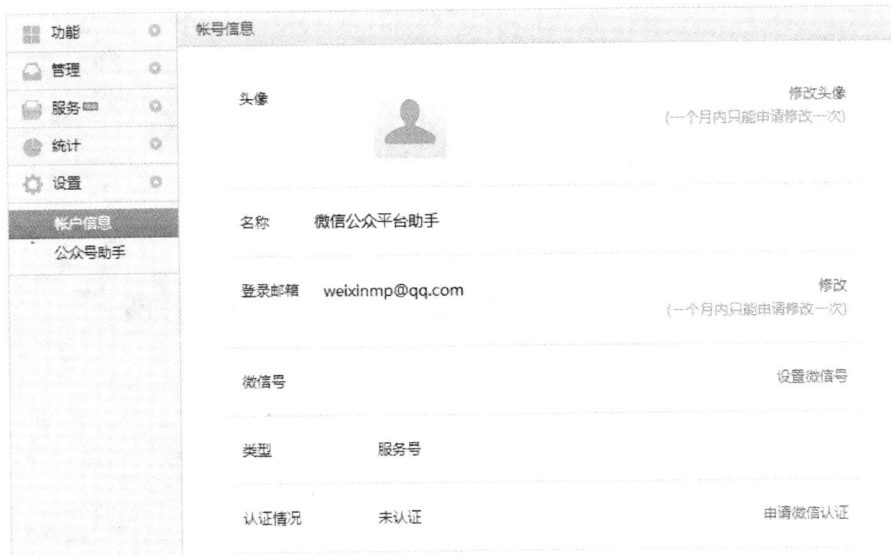

图 6-46　微信认证入口(1)

②"服务→服务中心"点击"微信认证"进入(如图 6 - 47 所示)。

图 6 - 47　微信认证入口(2)

(2) 申请微信认证操作全攻略

① 签署《微信公众平台认证服务协议》,勾选同意,点击下一步(如图 6 - 48 所示)。

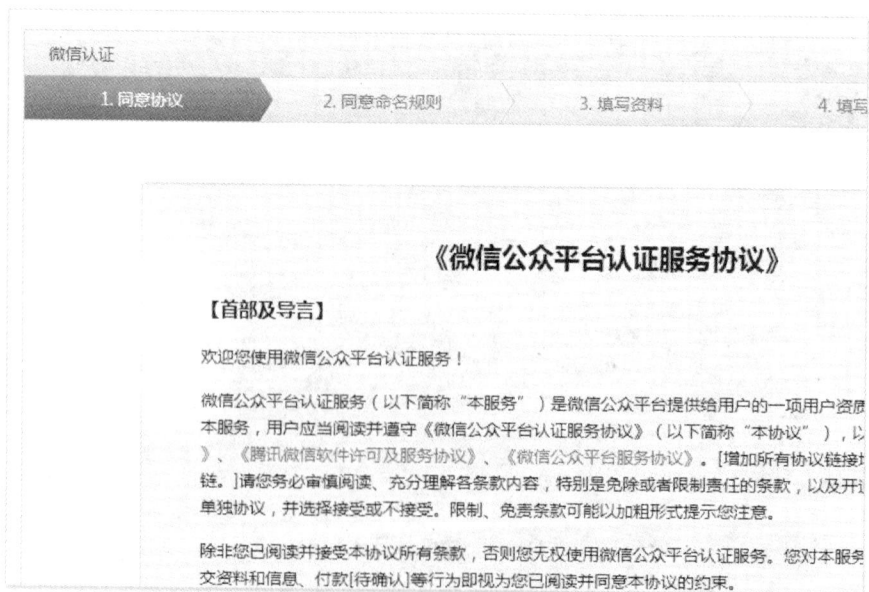

图 6 - 48　微信认证操作(1)

② 同意《公众号命名规则》,勾选同意,点击下一步(如图6-49所示)。

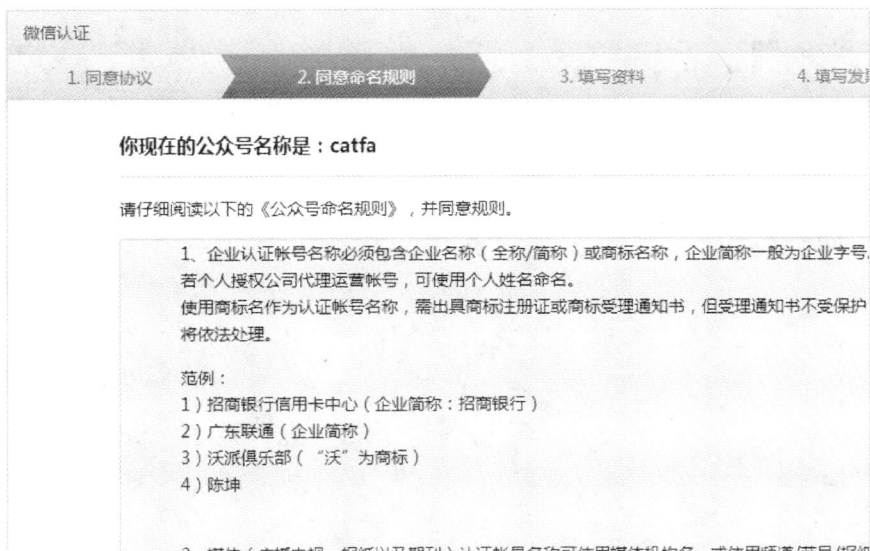

图6-49　微信认证操作(2)

③ 填写资料是根据账号类型选择企业或媒体(目前只支持这两种类型),并如实填写认证资料。特别说明是企业对公银行账户为必填项,在审核过程中第三方审核公司会向该账户进行打款验证,请务必如实填写,以免影响认证结果。

认证资料包括:

a. 企业业务资料(如图6-50所示)。

图6-50　认证资料(1)

b. 运营者信息(如图 6－51 所示)。

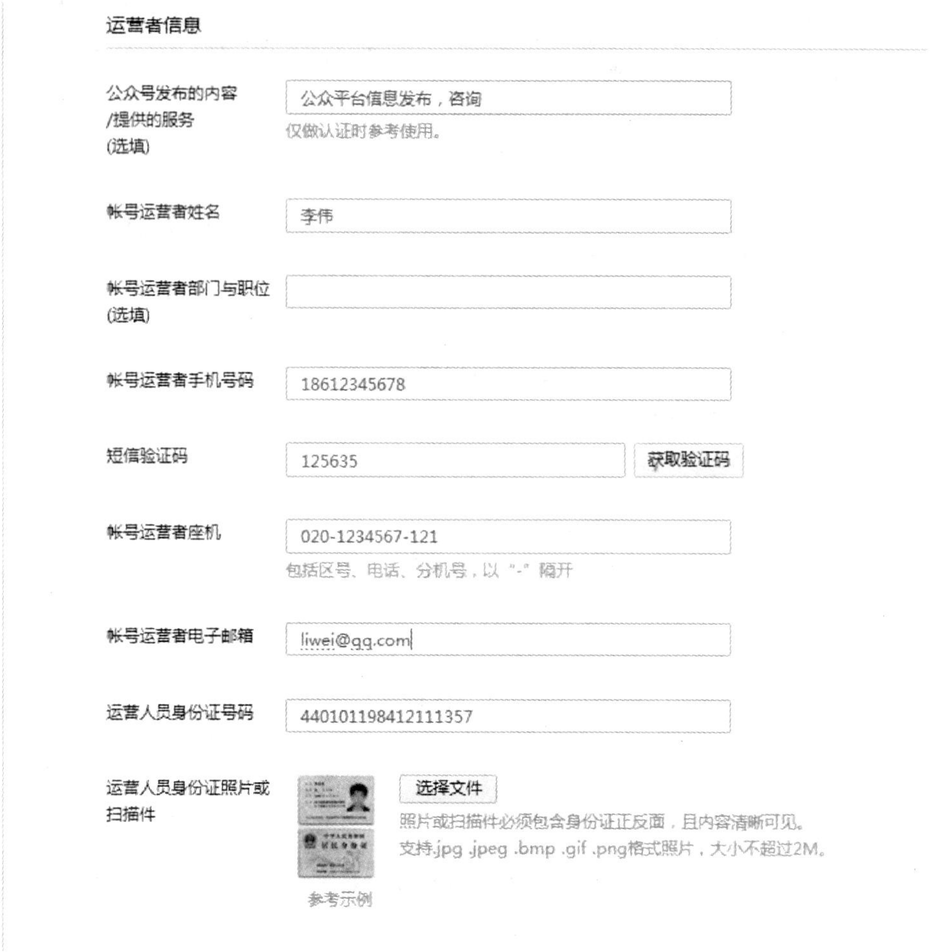

图 6－51　认证资料(2)

c. 企业基本资料(如图 6 - 52 所示)。

企业基本资料

组织机构代码证　　重新上传

请上传原件照片或扫描件，或者复印件加盖企业公章后的扫描件
支持.jpg .jpeg .bmp .gif .png格式照片，大小不超过2M。

企业工商营业执照副本　重新上传

请上传原件照片或扫描件，或者复印件加盖企业公章后的扫描件
在有效期内且年检章齐全（当年成立的可无年检章）
由中国大陆工商局或市场监督管理局颁发
支持.jpg .jpeg .bmp .gif .png格式照片，大小不超过2M。

申请公函　　　　重新上传

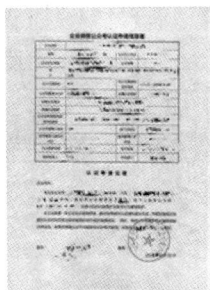

上传加盖企业公章的原件照片或扫描件
支持.jpg .jpeg .bmp .gif .png格式照片，大小不超过2M。

商标注册证或商标注册　选择文件
受理通知书　　　　如涉及商标，请上传原件照片或扫描件，或者复印件加盖企业公章后的扫描件
(选填)　　　　　支持.jpg .jpeg .bmp .gif .png格式照片，大小不超过2M。

图 6 - 52　认证资料(3)

④ 填写发票。默认开具增值税普通发票,如需开具增值税专用发票,请联系微信客服获取(如图 6-53 所示)。

图 6-53 填写发票

⑤ 支付审核费用,目前只支持微信支付。支付过程如下(如图 6-54、6-55 所示)。

图 6-54 支付审核(1)

支付费用

请使用微信扫描
二维码以完成支付

￥300

交易名称	微信认证
创建时间	2013-10-16 17:33

支付费用

支付成功

￥300

交易名称	微信认证
创建时间	2013-10-16 17:33

客服
0755-83763333

查看详情

图 6-55　支付审核（2）

⑥ 支付完成后，进入认证审核。页面上会公布第三方审核公司的热线电话，在审核过程中该公司将有可能与你联系沟通，如果在审核过程中遇到问题，可以拨打该公司的热线电话进行咨询（如图 6-56 所示）。

图 6 - 56　认证审核

（3）公众账号的认证信息的显示。

认证成功的公众账号，会在账号详细页面展示认证标识（如图 6 - 57 所示）。

图 6 - 57　认证信息显示

点击认证详情可查看主体信息(如图6-58所示)。

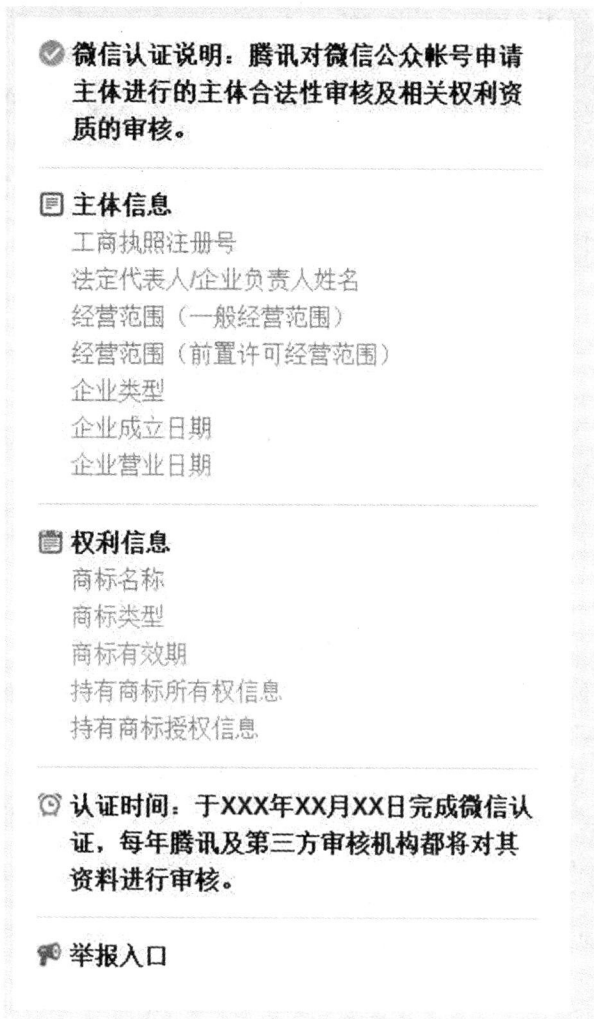

图6-58　认证评情

(4)认证条件,微信认证服务暂时对企业、媒体类的服务号提供。

(5)认证账号命名规则。

① 企业,企业认证账号名称必须包含企业名称(全称/简称)或商标名称,企业简称一般为企业字号。若艺人授权公司代理运营账号,可使用艺人姓名命名。使用商标名作为认证账号名称,需出具商标注册证或商标受理通知书,但受理通知书不受保护,如涉及侵权将依法处理。

范例:

招商银行信用卡中心(企业简称:招商银行)

广东联通(企业简称)

深圳沃派("沃"为商标)

陈坤

② 媒体,媒体(广播电视、报纸以及期刊)认证账号名称可使用媒体机构名,或使用频道、节目、报纸、期刊名,后者需提供相应的许可证,广播电视需有《广播电视播出机构许可证》或《广播电视频道许可证》;报纸需有《报纸出版许可证》,期刊需有《期刊出版许可证》。网络媒体认证名称必须包含媒体机构名,需要提供《互联网新闻信息服务许可证》或《信息网络传播视听节目许可证》。

范例:

湖南卫视(电视台名称)

CCTV3·15(电视台名称+节目名)

中国好声音(节目名)

南方都市报(报纸名)

搜狐新闻客户端("搜狐"为机构名简称)

(6)微信认证需要提交的资质材料,企业(国内工商登记的企业):

① 企业工商营业执照副本复印件(需完成有效年检)。

② 组织机构代码复印件。

③ 运营人员身份证件扫描件。

④ 企业向腾讯公司出具的申请公函。一般企业申请认证公函和艺人申请认证公函。

⑤ 由国家商标总局颁发的商标注册证或商标注册申请受理通知书复印件。若办理过变更、转让、续展,请一并提供商标总局颁发的变更、转让、续展证明或受理通知书。

⑥ 企业开户银行、名称、账号。(对公账户)。

⑦ 企业法定代表人、注册资本、办公地址等其他填写资料。

⑧ 若艺人授权公司代理运营账号,还需补充提供艺人个人银行账号、艺人身份证扫描件、艺人授权视频等资料。

媒体(国内报纸、期刊、广播电台、网络媒体):

① 企业工商营业执照副本复印件(需完成有效年检)或事业单位法人证书。

② 组织机构代码复印件。

③ 运营人员身份证件扫描件。

④ 媒体向腾讯公司出具的申请公函,媒体认证公函。

⑤ 广播电视应上传《广播电视播出机构许可证》或《广播电视频道许可证》;报纸需上传《中华人民共和国报纸出版许可证》;期刊需有《中华人民共和国期刊出版许可证》;网络媒体需要提供《互联网新闻信息服务许可证》或《信息网络传播视听节目许可证》。

⑥ 媒体单位开户银行、名称、账号。(对公账户)

⑦ 媒体单位法定代表人、办公电话、办公地址等其他填写资料。

(7)填写企业开户银行(对公账户)的作用。

在认证过程中,为了验证认证主体(企业、媒体)的真实性,第三方审核机构会向申请者填写的对公账户进行小额打款,并在打款时附上备注信息,申请者在收到打款后,将收款的回执证明及时通过微信公众平台认证的补充材料页面提交审核,第三方审核机构会在电话沟通过程中指导您如何提交。企业收到的打款金额只用于认证审核,无需返还给第三方审核机构或微信。

(8) 运营人员身份证件的类型。

① 中华人民共和国居民身份证。

② 无居民身份证内地居民,可以提交临时居民身份证。

以上两种证件必须提供正反面照片或扫描件。

(9) 认证服务资费。

用户申请微信公众平台认证服务需要向腾讯支付审核服务费用,审核服务费用是基于腾讯提供的资质审核服务而支付的一次性费用,用户每申请一次认证服务均应向腾讯支付一次审核服务费(300元/次),相关费用不以认证成功为前提,且不受认证结果及认证状态的影响。

(10) 认证服务资费支付方式。

暂时只支持微信支付。支付时需要使用5.0版扫描网页二维码来完成。

(11) 认证状态和结果查看方式。

登录公众平台,查看"服务→我的订单→微信认证"的状态。也可以拨打第三方审核公司的客服热线咨询审核进度(如图6-59所示)。

我的订单			
名称	订单号	创建时间	状态
微信认证	13276207364677042177	2013-10-28 23:41	已支付,审核中

图6-59 认证状态和结果查看

(12) 开具发票。

① 若不选择"开具发票",则腾讯不会开具发票,若需补开发票,请在订单完成后30天内联系腾讯客服。

② 订单完成后80天内,腾讯会开具并寄送发票。

③ 若需开具增值税专用发票,请联系腾讯客服。

④ 增值税专用发票抬头使用用户填写的企业全称或组织全称,寄送地址为用户自填。若填写错误造成发票开具错误或寄送错误,结果由用户自行承担。

⑤ 订单完成包括认证成功、认证失败等。

⑥ 腾讯客服:0755-83763333。

(13) 认证通过需要的时长。

认证通过取决于用户提交(补交)材料是否完整与及时,新认证系统运营初期,一般会在15个工作日内完成审核工作,用户应积极配合腾讯及第三方审核公司的审核需求。

(14) 认证失败有哪些原因。

① 企业没有在工商局合法注册。

② 运营者未得到企业授权申请和运营公众账号。

③ 运营者身份证信息错误。

④ 商标无授权。

⑤ 申请认证资料(包括申请认证名称)重填三次都不符合规范。

⑥ 认证超时。自首次打回要求重填认证资料开始计算,30天自然日内没有再次提交认证资料的情况属于认证超时,将做认证失败处理。

(15) 商标授权书包含哪些内容。

商标授权书必须是商标注册人直接授予本次认证主体该商标使用权的证明函。必须包含但不限于商标注册人(如果为个人所有,必须附上商标注册人的身份证正反面照片或扫描件),商标注册号/申请号,授予人(必须和本次认证主体保持一致),商标注册人企业公章或个人签名,使用期限。

(16) 同一个公司可以认证的公众账号暂时无限制,一个公司可以认证多个公众账号。

(17) 第三方审核公司咨询热线。

① 武汉灏信信息技术服务有限公司

咨询电话:027-59757188

咨询时间:周一至周五,9:00~17:30

② 上海倍通企业信用征信有限公司

咨询电话:021-33977660

咨询时间:周一至周五,8:30~17:30

③ 北京至信互通科技有限公司

咨询电话:400 0303 908

咨询时间:周一至周五,9:30~18:00

④ 北京知道创宇信息技术有限公司

咨询电话:028-85182726

咨询时间:周一至周五,9:30~18:00

2. 认证后续服务

(1) 如何修改认证资料。

用户在认证成功后,在"账户信息→认证情况→修改认证资料"可申请修改认证资料。在认证有效期内可申请修改认证资料,首次修改认证资料免收审核服务费用,非首次的修改申请需要收取200元/次的审核服务费。

(2) 认证年审。

用户认证成功后其认证账号名称、认证标识及认证信息将会被保留一年(自认证成功之日起计算,一年内有效)。认证完成时,即会在公众平台网站上显示下次年审的时间,到期前3个月会通过公众平台网站的通知中心提醒用户需要进行年审。年审认证流程、资费、审核标准与首次认证一致。未通过年审的账号名称可能被强制更改,认证标识及认证信息将会被取消。

3. 微信认证账号的特权

通过微信认证的服务号,将自动开通"高级接口"中所有接口能力(如图6-60所示)。

图 6-60　高级接口（1）

高级接口是免费的,有如下权限(如图 6-61 所示)。

图 6-61　高级接口（2）

同步训练

根据教师要求,对微信收集到的大数据进行分析,依据分析结果对微信公众账号总结出优化方案。

1. 制定微信运营优化方案

根据教师要求,从微信名称、微信介绍、微信内容、微信外链作以对比,并提出解决方案,完成下表(如表 6-8 所示)。

表 6-8　微信运营优化表

项目	前期问题	优化方案
微信名称		
微信介绍		
微信内容		
微信外链		
其他		

2. 制定微信推广优化方案

利用实训平台与教师提供的实训素材,对微信公众账号的推广方案进行优化,并就优化方向做成优化方案。

3. 班级互评

教师将收集到的优化方案在班级内展示,并指导学生进行互相评论。

综合评价

表6-9 综合评价表

任务编号	060401	任务名称	微信优化设计
任务完成方式	□ 小组协作完成 □ 个人独立完成		

评价点	分值
对微信运营过程理解是否透彻	30
对微信运营问题能否明确	30
微信运营和推广优化方案是否准确可行	40

本主题学习单元成绩:

自我评价	(20%)	小组评价	(20%)	教师评价	(60%)

存在的主要问题

拓展任务

学生根据教师提供的实训平台,自己注册一个微信公众账号,完成对微信公众账号的认证,对企业微信公众账号运营问题进行独立的判断与优化方案制定。

学习单元七　邮件数据化营销

能力目标

◇ 能够分析邮件数据化营销的业务需求及用户；
◇ 能够根据邮件数据化营销需求制定营销邮件设计方案；
◇ 能够对邮件数据化营销进行数据收集和用户行为分析；
◇ 能够制定邮件营销优化方案；
◇ 能够制定邮件推广优化方案。

知识内容

◇ 了解邮件营销的概念、特点和分类；
◇ 熟悉邮件营销的实施流程；
◇ 掌握邮件内容的撰写方法和技巧；
◇ 了解邮件营销数据分析的一般步骤。
◇ 了解邮件数据分析的效果评价指标。

本项目包含了4个学习任务,具体为:
任务1:项目背景和业务分析;
任务2:营销邮件设计方案制定;
任务3:邮件数据分析;
任务4:邮件营销优化;
首先对数据化邮件营销的业务和用户进行分析,从邮件地址获取、模板、标题及内容的制定到邮件数据收集和用户行为分析,最后实现制定邮件数据化营销及推广的优化方案。

任务一　项目背景和业务分析

任务引导

中国网络营销大会作为行业最具权威的网络营销盛会,会议不仅得到行业与高校的广泛欢迎,而且每年都会吸引大批企业的关注,因此在中国网络营销大会开幕之前,为了全面提升大会的影响力与号召力,扩大参会人群,中国网络营销大会组办方实施了多样化的网络营销手段,邮件数据化营销作为网络营销方式之一对大会起到了重要的宣传作用。作为 2014 年中国网络营销大会的主办方北京博导前程信息技术有限公司决定由小李作为邮件数据化营销的主要负责人,首先要对中国网络营销大会参会邀请邮件业务分析及邮件用户进行分析。

任务分析

☑ 业务分析需要提出;
☑ 用户分析。

任务实施

步骤 1:业务分析需要提出

作为中国网络营销大会的承办方北京博导前程信息技术有限公司,需要对中国网络营销大会进行前期宣传,对相关会议进行预热。因此,公司给小李分配了相应的任务,小李需要针对中国网络营销大会主要业务进行分析并根据分析提出需求。

从历年中国网络营销大会中小李知晓,中国网络营销大会于 2006 年首次举办,大会主要结合互联网行业的发展形式,进而核心的研究网络营销教学价值。大会从 2006 年至今已经成功举办八届,不仅得到了国内网络营销行业及教育界的重大反响,而且获得了越来越多的企业关注。

在进一步的了解和熟知中,小李不仅了解到中国网络营销大会的主要宗旨而且还初步的明确了大会的主要定位人群。中国网络营销大会其不仅是教育界的盛会,而且它的举办紧随互联网发展的思潮,将行业最具权威的网络营销发展信息通过大会得到共享和探讨,其次大会作教育界核心内容之一,不仅对教育教学成果有所推动,而且可以形成校企合作的共识。

小李发觉大会主要定位人群为高校教师、专家及相关企业,高校教师希望通过参与大会来深入的了解网络营销教学最新的研究成果和行业发展思潮。而专家则代表行业最前端的践行者,因此在大会中主要通过对最新的行业发展进行解读和分享,其次通过与不同基层之间的碰撞吸收不同的营养。企业则更加注重对于人才和需求的对接,通过参与大会与优秀高校人才形成对接,减少人才培养的中间环节,直击需求中心。

从中国网络营销大会的宗旨及人群定位中,小李及其团队进一步的明确了大会的业务需求,即为通过网络营销大会的举办,不断地推动行业的发展,促进网络营销大会形成校企合作的态势,因此它的业务核心为通过网络营销大会的举办,使得越来越多的高校教师、专家及企业共同关注和促进行业的发展。

综上了解到了中国网络营销大会的业务之后,面对互联网发展日新月异的变迁,小李及其团队在权衡自身企业资源优势之后,决定采用传统并高效的邮件营销进行大会的宣传推广工作。但在其前期实施中,并没有较多的数据能够辅助小李及其团队进行挖掘新用户的需求,对此小李及其团队在深思之后,明确并制定了三次大规模的邮件发送过程。

针对首次邮件发送过程,小李及其团队通过收集大会收件人的 Web 交互数据深入的了解客户浏览习惯,进而分析客户的行为习惯及用户退订邮件的行为,针对情况进行组织策略,分析后可以进一步的确定实施邮件营销。

同时,针对大会参会者以往的浏览和订阅邮件的数据对邮件浏览者进行下一步预测,通过观察用户历史的订阅和浏览习惯,可以确定为用户投递和提供什么样的邮件内容可以提高中国网络营销大会关注度及扩大受众群体。

小李在初步确定了一些具有相关性的用户数据后,下一步是根据收集的消费者数据进行针对行为的细分,以确保他们可以产生类似的浏览和邮件订阅。比如在一些触发邮件当中包含一些特殊的内容增加订阅邮件的几率。

步骤2:用户分析

中国网络营销大会是由中国互联网协会主办,年度规模最大的互联网实战营销及营销教育盛典。因此对于中国网络营销大会的举行需要精准的把握用户需求,对此小李及其团队开始针对前期邮件营销推广的目标客户进行分析和定位。

小李及其团队首先要做的事情就是目标客户的定位。主要锁定在大会邀请的高校电子商务专业专家和教师、合作企业嘉宾等,其中包括挖掘老用户和新用户的开发。

1. 挖掘老用户价值

按照此次大会的目的及北京博导前程信息技术有限公司的经营业务,企业市场部收集了合作企业、合作用户,初步确定大会的受众群体如下:

(1)中国高校的电子商务、网络营销老师。按照北京博导前程信息技术有限公司的经营业务,及大会探讨的议题,教师是本次大会的主要受众群体。

(2)行业企业。作为一场网络营销界的盛会,在历届网络营销大会参会人员中IT类、软件类以及网络信息类企业所占比例较大,因此本届中国网络营销大会也同样不会缺少邀请他们参会。

(3)对网络营销大会进行跟踪报道的媒体等。媒体公关对于一场盛会的支持至关重要,将在舆论宣传等方面扩大大会的影响力。

小李及其团队需要针对以上三类人群进行不同的邮件营销策略。

首先,针对中国高校电子商务及网络营销专业老师,可以在邮件中更多涉及网络营销教学、实践研讨与校企合作等内容,扩大该类人群的参会积极性。

其次,针对行业企业可以更多的提网络营销大会对品牌营销、生活消费、金融产品、旅游、B2C电子商务、网络游戏等中国网络营销的热点行业进行评选,营销邮件内容可以更多涉及"今典奖"的内容,提高行业企业对网络营销大会的关注度。

最后针对报道大会的媒体可以在网络营销大会涉及的新观点和新趋势上做文章,营销邮件中多涉及网络热点及时下的热门话题,提高媒体的参与度和曝光度。

2. 开发新用户潜力

这一部分用户是之前没有接触和了解过网络营销大会的人群,需要通过引导来了解并参与中国网络营销大会的群体,这类人群同样也是在高校电子商务及网络营销老师、行业企业、媒体这三方面。不同的是小李及其团队需要在邮件发送内容方面与老用户截然不同,邮件内容需要系统详细的介绍网络营销大会的历史发展及概况,让新用户了解网络营销大会召开的目的及意义。

2011中国网络营销大会拟定总参与人数为500人,为了全面提升大会的影响力,同时提高报名参与人数,至少需要获取专业教师(300 人)、行业企业(150 家)及传统、网络媒体(50 家)的报名与参与。客观而言,无法通过邮件确保用户的参与,还需要线下的积极配合,但根据千封邮件转换率,则需要万级邮件列表予以支撑。同时,在邮件内容设计与页面效果方面,需要针对不同用户量体裁衣,计划性地分批次、阶段地投递,才能事半功倍地体现 E-mail 营销的价值。

支撑知识

一、邮件营销的含义

邮件营销是在用户事先许可的前提下,通过电子邮件的方式向目标用户传递有价值信息的一种网络营销手段。

二、邮件数据化营销的概念

邮件数据化营销是针对客户对精准数据营销的需求对客户的营销目标数据做精准的采集、过滤、整理和分析,以达到最佳的营销效果,精准的掌握每个营销目标的个性,了解每个会员的需求。其中包括:客户注册管理、数据精准调整、过滤、数据筛选管理、实时邮件生成服务、客户属性分析与管理、客户分类营销管理、客户反馈分析、客户地域归属分析等。

针对与公司业务关联的目标客户宣传自己的产品服务,发送电子邮件到目标客户,在精准到达同时,还可对用户的意向需求行为作出分析。关心客户对产品的关注程度,对产品信息的及时精准反馈;减少在邮件发送,反馈统计环节上的技术和人力投入,利用更多的时间关注所属行业的问题,解决客户在产品服务方面的需求;对客户数据库的精准管理和分类,针对客户的关注做产品的推荐,以此应对目前激烈的产品服务竞争。

通过用户邮件点击的行为分析,可以了解用户的需求倾向,从而可以将用户按照需求分类,实现消费客户的价值分层。向自有用户发送本公司的新闻资讯等邮件内容,最大限度增加用户的粘合度,从而增加用户的二次消费概率。可选择效果型语音邮件,将客户与公司的业务部门或者客服中心通过邮件中的语音功能联系起来,从而获得客户与公司的零距离交互。

三、邮件营销策略

首先,规划邮件产品线。一般来说,邮件主要分为两大类:一是系统类邮件,二是营销类邮件。系统邮件是根据用户属性或购买行为自动进行触发的邮件。而营销类邮件则包含了销售类邮件、用户关怀/咨询类邮件以及互动营销类等邮件。企业需要根据自身的产品定位、营销计划来完善邮件产品线,为新用户推送最合适的邮件。

其次,邮件设计要考究。一封营销邮件是由标题、banner、导航条、CTA 按键、主题及内容等组合而成的。对于这些重要元素,在邮件的设计上也是需要考究的。

然后,进行新用户数据监测。在新会员用户注册后,需要对每个用户进行会员生命周期的搭建。在会员生命周期中,企业应该根据对新会员用户各项数据变动的有效监测,及时推送邮件,以完成新用户的营销转化。如根据新用户的邮件打开、点击率及网站浏览记录为其量身裁衣,在相应的时间点,推送特定邮件。

同步训练

教师组织学生,以一个企业为案例,确定该企业对邮件数据化营销的业务需求分析。通过前期准备去创建企业邮件数据化营销的方向,进一步分析企业邮件数据化营销所针对的用户群体定位,判断邮件数据化营销是否合理,在发布时内容是否合适。

同步训练任务书

表 7-1　邮件数据化营销项目背景和业务分析

项目背景及业务分析		
企业名称	概要	
	企业项目背景分析	企业项目背景分析的具体步骤
	如何分析企业邮件数据化营销的相关业务	分析企业邮件数据化营销的具体步骤
	如何定位分析企业邮件数据化营销的用户	通过微博构建企业信息源的步骤
总结		

综合评价

表 7-2　综合评价表

任务编号		任务名称		案例剖析
任务完成方式	□ 小组协作完成 □ 个人独立完成			
评价点				分值
企业项目背景是否合理				25
企业邮件数据化营销前期准备是否完备				25
企业邮件数据化营销业务分析是否合理				25
企业邮件数据化营销用户分析是否全面				25
本主题学习单元成绩:				
自我评价	（20%）	小组评价	（20%）	教师评价	（60%）
存在的主要问题				

拓展任务

以小组为单位,寻找身边的一些企业,详细了解企业邮件数据化营销情况,并分析了解企业邮件数据化营销过程中的业务需要提出和用户分析。

任务二　营销邮件设计方案制定

任务引导

就北京博导前程信息技术有限公司关于中国网络营销大会邮件数据化营销项目概况和业务进行简单分析之后,接下来就要针对中国网络营销大会的营销邮件进行具体的方案设计了,需要通过设计和制定与中国网络营销大会业务相关的营销邮件方案,并进行了三次大规模的发送过程,从而完成公司对中国网络营销大会的邮件数据化营销。这里主要分析讲述首次发送邮件时,邮件地址获取及模板、标题及内容的制作。

任务分析

☑ 邮件地址获取;
☑ 模板制定;
☑ 标题制定;
☑ 内容制定。

任务实施

步骤1:邮件地址获取

邮件地址获取是邮件营销中最为基础的工作内容,也是一项长期工作,但在实际工作中往往被忽视,以至于一些邮件列表建立很久,加入的用户数量仍然很少。北京博导前程信息技术有限公司作为此次大会的承办方,其在长期的业务发展中已经建立起不同的邮件列表内容,因此在大会开幕前的邮件营销工作中它的作用就显得十分重要。

面对中国网络营销大会邮件地址的获取方式,小李及其团队将邮件地址获取的方法及步骤,例举如下:

1. 对于不同受众,需要不同的方式获得相关的 E-mail 地址。

(1)针对高校电子商务的老师,由市场部门获取。市场营销部门经过多年的积累,已经有很多相关的 E-mail 地址,可以作为内部邮件列表。

(2)针对电子商务、网络营销的业内人士,通过搜索引擎搜索特定的关键词,或者登录网络营销、电子商务行业的黄页,进行 E-mail 地址搜集,作为网络营销大会 E-mail 营销的外部列表。

(3)对于网络媒体 E-mail 地址获取,直接登录相应的网站,进行 E-mail 地址的查找。

2. 内部邮件列表的获取与整理

中国网络营销大会 E-mail 营销的内部邮件列表直接从企业自身获取。由营销中心营销总监助理汇总整理出日常所联系的产品客户、意向客户以及潜在客户的邮件地址列表,提交给网络营销部工作人员,再由网络营销部工作人员将列表分区域整理(由于博导前程研发的教学软件销售市场遍布全国,营销中心也是分多个销售区域管理,因此发送邮件也务必考虑各区域的不同需求分别发送)。如图 7-1 所示,建立便于邮件发送的表格,以序号、姓名、邮件地址为主要类别。

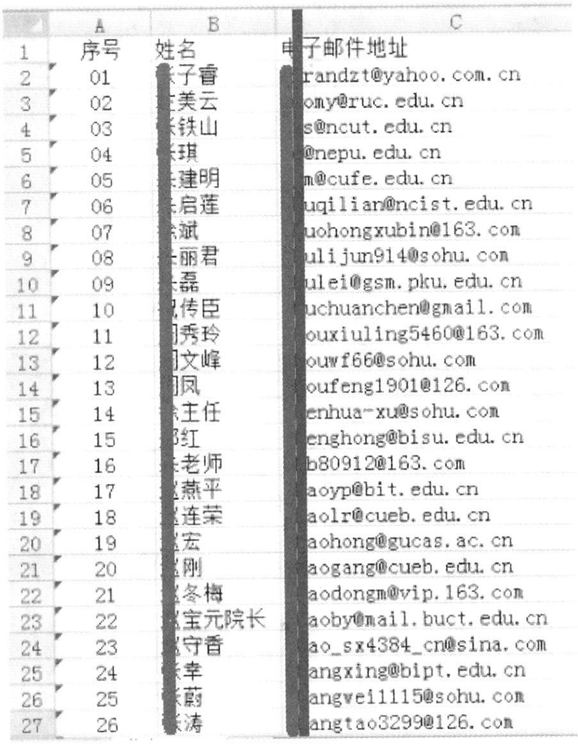

图 7-1　内部邮件列表

3. 外部邮件列表的获取

外部邮件列表需要通过自行搜集的方式获取。

(1)各地代理商、网络营销企业邮件列表的获取

获取范围包含全国各省会城市的各代理商(谷歌、百度、阿里巴巴、慧聪等的各地代理商)、网络营销/SEO/建站公司。目标是按省份汇总成 E-mail 列表。具体工作由博导前程网络营销部工作人员执行。

搜索可直接通过百度或 Google 输入关键词如"北京阿里巴巴代理商或者网络营销公司",其中百度和谷歌的代理商可直接在其代理商页面找到,搜集完后汇总并整理好传给邮件发送人员。如图 7-2 所示为百度代理商页面。

图 7-2 百度代理商页面

整理好的邮件列表如图 7-3 所示。

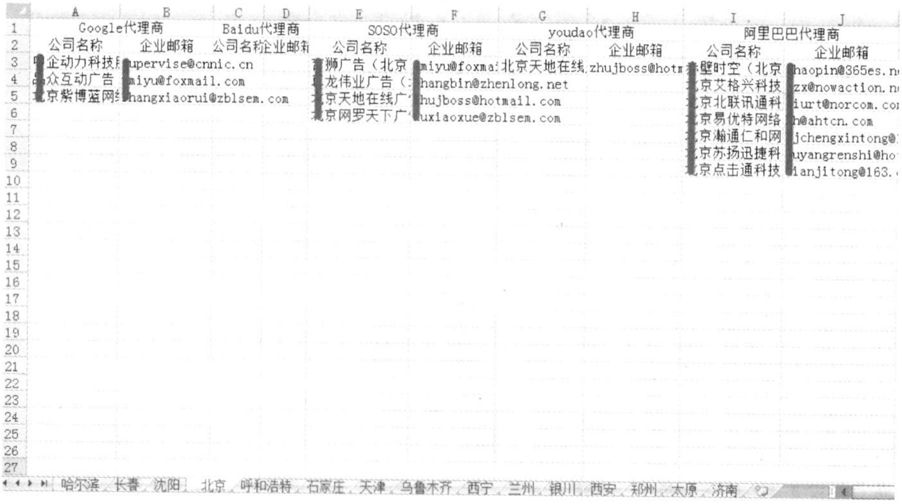

图 7-3 各地代理商、网络营销企业邮件列表

（2）媒体公关、行业企业邮件列表的获取

本届大会的媒体联系全部由博导前程北京商务部联系获取。由于北京地区媒体及公关公司较多，联系方便快捷，再来他们日常积累的媒体资源也较多，所以此项任务直接交由北京商务部工作人员联系。最终所汇集的媒体公关邮件列表包括：网络媒体、纸媒、公

关公司、广告公司、咨询顾问公司、专栏作家以及影视传媒等。如图7-4为网络媒体邮件列表,图7-5为各地媒体记者邮件列表汇总。

	姓名	职务	公司名称	电话		传真		电子邮件	公司地址
				A	B	C	D	E	F	G
1									
2	曾锴	执行副总经理 主管市场	新浪网	(010)28888 (010)630930-3102		(010)28471		oumao@staff.sina.com.cn	中国.北京市海淀区万泉庄甲一 通信地址:北京8900信箱
3	冰华	公关媒介经理	新浪网	(010)28888 (010)630930-5056 1370127 4		(010)522426		nhua@staff.sina.com.cn	中国.北京市海淀区万泉庄甲一 通信地址:北京8900信箱
4	彤	执行副总 主管网站运营	新浪网	(010)28888 (010)630930-3318 137012 945		(010)522426		entong@staff.sina.com.cn	中国.北京市海淀区万泉庄甲一 通信地址:北京8900信箱
5	来	新闻中心总监	新浪网	(010)28888 (010)630930-3352 135012 657		(010)522426		lai@staff.sina.com.cn	中国.北京市海淀区万泉庄甲一 通信地址:北京8900信箱
6	援朝	总工程师	新浪网	(010)28888 (010)630930-3002 136012 659		(010)522426		anchao@staff.sina.com.cn	中国.北京市海淀区万泉庄甲一 通信地址:北京8900信箱
7	贝贝	产品市场经理	新浪网	(010)28888-5145 1350136 2		(010)528471		ibei@staff.sina.com.cn	中国.北京市海淀区万泉庄甲一 通信地址:北京8900信箱
8	鸥	客户经理	新浪网	(010)28888 (010)630930-3487 139111 689		(010)522426		ou@staff.sina.com.cn	中国.北京市海淀区万泉庄甲一 通信地址:北京8900信箱
9	昕	市场总监	新浪网	(010)28888-3103		(010)522426		xin2@staff.sina.com.cn	中国.北京市海淀区万泉庄甲一 通信地址:北京8900信箱
10	敏	公关代表	新浪网	(010)28888				ngmin@staff.sina.com.cn	中国.北京市海淀区万泉庄甲一 通信地址:北京8900信箱
11	旺	电子商务部 运营 主管	新浪网	(010)28888 (010)630930-3332 136013 188		(010)528470		buyu@staff.sina.com.cn	中国.北京市海淀区万泉庄甲一 通信地址:北京8900信箱
12	嘉化化	客户经理	新浪网	(010)28888 (010)630930-3383 1391057 8		(010)528472		huahua@staff.sina.com.c	中国.北京市海淀区万泉庄甲一 通信地址:北京8900信箱
	菁菁	市场助理	新浪网	(010)28888 (010)630930-3110		(010)522426		njing@staff.sina.com.	中国.北京市海淀区万泉庄甲一 通信地址:北京8900信箱

网络与媒体　软件　通信　政府　专栏作者　影视传媒　软件类企业　纸媒体　网站类企业　咨询顾问　　告公司　公关　

图7-4　网络媒体邮件列表

	A	B	C	D	E
1	注:常用记者名单用黑体标注				
2	媒体	记者	职位	电话(010)	E-mail
21	北京现代商报	建路	产经商业部	4285566-3273 3801384320	l@263.net tujianlu_vip@tom.com
22	中国日报	刘百家	经济部	4924488-2214 3910407492	asonliubj@netease.com
23	科技日报	明	记者	3910381895 8884103	henming@vip.sina.com
24	普通联系方式				
25	京华时报	蔡锐	新闻中心主任	3901046804	r@bjt.net.cn zr@vip.sohu.net
26		楠楠	文娱记者	4668686-5259 3671392866	eijingmoscow2008@yahoo.com.cn
27		岩	社会新闻记者	4668686-5352 3910875378	itebaby@sina.com
28	新京报	铁男	主编	3911775760	
29		文伯	娱乐记者	3082149 3601148786	umbo@263.net极
30		国强	经济记者	3082149 3910069863	eaching@263.net
31		悟		3910404904	eiyu828@vip.163.com
32		家齐	房产新闻记者	3810384739 3366017722	hangjq@xxsb.com
33	信报	照	财富版记者	3701219057	inbaozhangxu@vip.sina.com bzhangxu@21cn.com
34		子鹏	财富版记者	3501208764	yangzipeng007@vip.sina.com
35		奇	财富版记者	330335255	vinkin@vip.sina.com
36	北京青年报	野	IT编辑部	5902303 3910320324	ewsalex@sina.com
37		念庆	经济新闻部 编辑 记者	5902611 3601214502 5902520	hangnianqing@ynet.com

北京　上海　广东　天津　四川　河北　山东　河南　福建　湖北　湖南　西安　沈阳　江苏　浙

图7-5　各地媒体记者邮件列表

行业企业类邮件列表的获取同样由博导前程北京商务部负责联系，他们有历届会议的旧客户资源积累，再通过电话联系获取一些新客户的联系方式。最终行业企业类邮件列表分类汇总表如下图所示。图7-6为网络信息类企业邮件列表，图7-7为软件类企业邮件列表，图7-8为IT类企业邮件列表。

图7-6　网络信息类企业邮件列表

图7-7　软件类企业邮件列表

	A	B	C	D	E	F	G	H
1	姓名	职务	公司名称	电话	传真	电子邮件	公司地址	邮编
2	某伟	掌上设备事业部 副总经理	联想集团有限公司	(010)2988888转185 手机 13801298701	(010)62987196	uanwei@legend.com	北京市海淀区上地信息产业基地创业东路29号	100085
3	令文革	助理总裁 QDI事业部总经理	联想集团有限公司	(755)955888转806	(755)6983600	uwgb@legend.com	深圳市高新技术产业园区（南区）高新南一道、联想研发中心	518057
4	标宇清	商用市场部笔记本市场推广经理	联想集团有限公司	(010)2876894	(010)8287660～33	henyqa@legend.com	北京市海淀区上帝创业路6号 通信：中国北京8688信箱	100085
5	夏旸	笔记本电脑事业部/总经理	联想集团有限公司	(010)2876894	(010)8287660～33	iayang@legend.com	北京市海淀区上帝创业路6号 通信：中国北京8688信箱	100085
6	杨季	品牌推广部业务规划处消费业务主管	联想集团有限公司	(010)2876007	(010)8287660～33	angji@legend.com	北京市海淀区上帝创业路6号 通信：中国北京8688信箱	100085
	小宇	品牌推广部	联想集团有限公司	(010)2876105	(010)8287660～33	unyu@legend.com	北京市海淀区上帝创业	

图 7-8   IT 类企业邮件列表

步骤 2：模板制定

在进行邮件数据化营销时，设计和制作模板也是一项很重要的工作，虽然可能不比 EDM 数据收集来的重要，但是也是不可忽视的。小李及其团队在邮件数据化营销时需要按照以下步骤制作模板。

1. 模板编码语言选择

模板编码设定与使用的发送软件有关，一般来说，utf-8 为较常用的选择，错误的编码会造成用户浏览的时候出现乱码；

2. 不要使用 div，使用最简单的嵌套 table 定位

Div+css 是近几年新兴的 web2.0 定位方式，这种方式不适合在 EDM 邮件模板切割中使用，不同邮件客户端或在线浏览器对 css 模型解释不尽相同，会造成错位或布局混乱等问题。同时也不要使用单一 table 重复多次 colspan，可能会被邮件客户端判断为结构过于复杂，归类为垃圾邮件；同时也容易被打乱布局而影响用户浏览。

3. 图片样式与背景图片颜色使用

模板尽量不要使用背景图片。背景图片在某些邮件客户端或 web 界面中默认不显

示。模板中每张图的地址都一定要用绝对地址,否则会不显示;每张图都要指定 alt 属性,可以在图片被拦截的时候显示图片的内容;每张图都要指定 width 宽度、height 高度,在图片被拦截的时候,不会因图片大小无法读取而被打乱布局。body 中不要设定背景色,不然在转发邮件的时候,转发人写的信息背景色都会变为被转发邮件的背景色,影响浏览。如果一定要给邮件模板设定整体背景色,请在模板文件最外面加一个 table,设定此 table 的背景色。

在切割模板的时候,要限制图片的大小和数量,不要为了效果使图片过大,不然会使邮件接收者打开过于缓慢,甚至直接关闭邮件。影响最终的传播效果。更不要完全把模板切为图片形式,那样会在图片被拦截的时候使用户看不到内容,并且很可能会直接被邮件运营商或邮件客户端认定为垃圾邮件。

4. 动画与互动元素的处理

可以使用简单的 gif 动画来表达邮件中某些需要明显突出的要素,但要控制 gif 文件的大小,不要影响整封 EDM 邮件的下载浏览速度;不要使用 flash 动画或 JavaScriptActive 等,前些年邮件病毒泛滥,大部分邮件运营商都已经屏蔽了这些元素。

5. css 样式编写

不要使用外部样式表引用,将样式表写入模板内部,如果模板有完全相同样式的列表型文本,可以吧样式表写在页面内<style></style>中引用,但缺点是在邮件转发过程中经过 web 编辑器或邮件客户端的编辑,<style></style>被去掉,导致此列表样式变形。这种页面内引用的方式却能节省大量代码,使代码与内容比降低,同时也缩减了模板文件大小,有利于模板评分。

6. 模板 html 标签规则

尽量不使用提交表单;padding 和 margin 标签;table 中,EDM 邮件营销发送的某些邮件客户端或 web 界面(如 Gmail),对浮动的标签(padding、margin 等)支持很差,所以尽量不要使用;float 浮动标签;某些邮件客户端不支持浮动属性,尽量避免使用。在页面内调用<style></style>的情况下,尽量不要使用<h2>、<ul>、<li>、<p>、<ol>等有默认样式的标签,防止<style></style>被隔离时页面布局混乱。

7. 邮件附件夹带

邮件一定不要夹带附件,发送大量附件会占用大量珍贵的网络带宽,切大部分附件用户根本不会打开,这部分占用的带宽基本都是浪费的。带有附件的邮件有很大可能被用户认为是病毒,对品牌产生不良影响。在模板上设置下载按钮,链接到网站上下载页面,还可以给网站带来一部分流量,何乐而不为。

8. 使用所见即所得工具,在制作完成后手动优化代码

使用主流所见即所得工具可以节省大量时间、提高工作效率,但所见即所得工具生成的代码会有许多垃圾代码掺杂其中,最好在制作完成后手动优化。

9. 图片与文本链接规则

模板中所有链接,都必须使用绝对路径;EDM 邮件营销发送的邮件链接长度不能超过 255 个字符,不能存在空格,也不能有中文字符,否则可能会导致连接无法追踪;图片链接不要使用标签,否则可能被邮件客户端判定为垃圾邮件,甚至被邮件运营商直接屏蔽。

模板中文本文字不能使用过大的字体,否则可能会被邮件客户端判定为垃圾邮件。

在遵循以上九条邮件数据化营销的前提下,同时为了囊括更多的内容呈现及美观得体的样式,小李对中国网络营销大会 E-mail 页面将采用 html 的形式,用 Dreamweaver 软件制作,并满足如下表 7-3 所示需求。

表 7-3　E-mail 页面样式策划

类别	Logo	色彩	字号/字体	图片
	1. 设计大会 Logo 2. 突出协会及大会 Logo 表现	蓝色、绿色等静谧色系	12—14 px/宋体	1. 突出表现大会开幕时间与主题 2. 重点推荐焦点事件
原因	加深用户对本届大会的印象	与大会专题保持一致,营造本届大会深入思考的氛围	邮件于用户邮箱呈现,篇幅有限。宋体为常规字体,易接受	图片较之文字更能够吸引注意,须将最值得传播的内容加以表述

步骤 3:标题制定

邮件标题(主题行)是横在企业品牌与用户之间的一道坎。小李也深知这一点,在用户看到邮件标题的最初几秒内,如果抓住了用户的心,那么就获得了与用户进一步沟通的机会,反之邮件营销计划注定还未开始就已经流产,所以邮件标题的制定至关重要。想要成功跨越标题这道坎,并以最佳的标题提高用户打开邮件的几率,并非易事,但也并不缺少实践经验。下面小李总结了以下邮件标题模式,以确保中国网络营销大会的邮件标题在不超过 50 个字符的前提下,简短明确,且具备刺激用户打开邮件的价值。

1. 创建通知或邀请

如果想让潜在或现有用户感觉到企业对用户的关怀,给他们发送一封邀请和特别通知的邮件,那么举办一个活动或者宣布一项新的产品、服务或新店开业,使用如"邀请"或"通知"可以马上抓住用户的眼球。试着运用以下的的标题模式,引用用户注意:

(1)您将被邀请参加[北京博导前程]的 2011 年度[中国网络营销大会]

(2)[北京博导前程][中国网络营销大会]宣布最新[动态]

(3)[北京博导前程]诚邀您前来[中国网络营销大会]进行参观交流

2. 发布公司邮件通讯(Newsletter)

向用户有规律地发送包含公司新闻、活动事件和有价值信息的邮件,是促使用户打开邮件的好的方法。每一次都使用相同的标题模式,将使用户逐渐熟悉及习惯邮件的节奏及内容。这有助于与客户及潜在客户建立关系,并帮助品牌增加用户打开品牌的其他销售和促销邮件的机会。调查显示,包含公司名的邮件通讯比没有包含公司名的邮件通讯通常被用户打开更为频繁。以下是适合小李负责的中国网络营销大会邮件通讯的一些邮件标题:

(1)[中国网络营销大会]邮件通讯-[日期/时间]

(2)开启探索[中国网络营销大会]之旅

(3)[中国网络营销大会]快报

3. 本地化内容

用户通常想知道他们身边正在发生的事情,通过在邮件标题中加入本地化元素,可以更容易获得用户关注。如果产品和服务具有多地域性,那么就需要通过在用户注册时获取用户邮政编码、IP 地址、城市等地域位置信息,或通过软件获得用户所在地域信息,并对用户所在地域进行长期跟踪,以针对不同地域位置用户推送相关地域的标题邮件。如以以下标题,可以实现本地化的邮件标题内容:

（1）加入我们的[中国网络营销大会]的盛大开幕

（2）查看[中国网络营销大会]最新消息

4. 提供有用价值

在邮件数据化营销中,在给消费者和潜在消费者发送销售相关邮件的同时,也应该发送其他的一些有用的内容,如与行业相关的建议,产品或服务使用的最佳实践经验等,这些都能丰富品牌的邮件的内容,并增加用户的互动性。例如,如果正在推荐家装业务,那么可以在邮件中提供一些正确选择涂料颜色的建议。

（1）为您定制的[中国网络营销大会]参会指南

（2）如何最快了解[中国网络营销大会]资讯

5. 让用户采取行动

为了使潜在客户采取行动,在邮件标题中包含行动动词非常重要,类似于网站或广告中的 CTA 按钮,邮件标题也应该能够创造一种紧迫的氛围,并提供一些利益价值给到用户。例如,一个"中国网络营销大会马上先睹为快"模式的标题非常适合运用在一些具有时效性的消息里。如下所示。

（1）[日期/时间]与[中国网络营销大会][重要人物]见面

步骤 4:内容制定

依据营销策划与分析,按照内容策划与样式策划的思路来分别撰写邮件内容,设计邮件页面,传递不同主题,以期获得既定阶段目标。

邮件内容撰写注意事项:内容应清晰明了,语言简练,避免繁冗复杂。

邮件页面设计注意事项:框架简洁,色泽清爽,重点突出。

1. 第一阶段邮件内容制作

图 7 - 19 为第一阶段邮件内容页面的整体效果图,左侧图为教师版,右侧图为企业版,各图位说明如下:

（1）为页头区,包含 Logo、宣传图及导航;

（2）为焦点区,包含页面第一屏重点新闻报道和 Gif 焦点图位;

（3）为内容主体区,包含大会邀请函内容部分;

（4）为嘉宾区,包含重要的参会嘉宾名单;

（5）为内容扩展区,包含历届网络营销大会专题链接和网络营销应用网站链接;

（6）为页尾区,包含页尾合作伙伴 Logo 图和大会组委会联系方式。

图 7-9

图 7-9　第一阶段邮件内容页面整体效果图（续）

以下是对第一阶段邮件内容制作的详细说明。

图 7-10 邮件页面是第一阶段发送的第一屏效果图（企业版）。第一屏内容主要包括页头 Logo 的内容（大会时间和导航栏链接）、大会开幕的新闻内容、媒体报道（新浪报道、一大把报道）、Gif Banner 内容为大会案例征集的宣传、其下方为本届大会的网络营销品牌评选活动报道。由于此时大会才刚开始筹备，这里的主要内容就以最初的新闻报道为主，案例征集是重头，所以将 Gif 焦点图作重点推介。

图 7-10　第一阶段邮件内容页面第一屏效果图（企业版）

第一阶段邮件内容的制作，教师版与企业版二者邮件内容主要区别在于大会邀请函内容的构成上。图 7-11 所示为第一阶段发送给教师的邮件中大会邀请函内容部分。此处内容主要考虑从教师的角度出发，将他们希望看到或者希望了解的内容积极呈现出来。如图中所示，大会邀请函内容里放有本届大会的意义，本届大会的规格、内容、亮点以及本届大会的价值，重点凸显了本届大会有关高校教学以及学术动态方面的内容。

大会邀请函

尊敬的老师：

您好！

由"中国互联网协会"主办，"新竞争力、艾瑞市场咨询机构"协办，"中国互联网协会网络营销培训办公室、北京博导前程信息技术有限公司"承办的，以"网络营销时代的——新思维、新机遇、新领域"为主题的2011网络营销大会定于10月23-25日在北京举行。届时，互联网领域的众多专家、学者、企业高层以及网络营销行业相关企业将齐聚北京，就互联网如何又好又快发展、电子商务热点事件分析、企业案例如何高效应用于院校教学以及行人人才培养、专业人才就业等问题展开深入交流与讨论。

一、本届大会的意义

2011年作为"后经济危机时代"的关键性发展一年，电子商务、互联网产业能否成为牵动国内经济发展的重要因素之一，成为了当下热议的关键。业界对于互联网专业人才、网络营销人才的需求也日趋紧迫，院校迫则需要了解行业企业的用人准则及动向，以填补电子商务专业人才就业缺口。同时，如何将企业市场运作中的知识侧重点充分融入在院校教学之中，提升教学效果，磨练人才技能。新时代、新思维下，又会凸显哪些新机会——企业能否通过专业的社会培训、广泛的社会资源以及博导前程倡导的泛行业校企联盟来提供新机会，用于反哺教学。2011网络营销大会将通过上述方面全方位解构行业与院校教学方面的联系与价值，充分体现本届大会的宗旨与主题。

二、本届大会的相关内容

1、本届大会的规格与规模

本届大会拟邀请政府主管部门、行业组织、相关高校的诸多领导、专家出席。同时，教育部电子商务专业教学指导委员会副主任李琪、教育部电子商务专业教学指导委员会副主任陈进、清华大学市场营销系教授姜旭平、中国人民大学信息学院教授陈禹、上海大学国际工商管理学院信息与工程管理系主任瞿彭志、网络营销行业践行者、深圳竞争力总裁冯英健、中国互联网协会网络营销培训管理办公室常务副主任段建在内的百余名国内高校专家，以及500多位包括搜索引擎、门户网站、网络营销服务商在内的企业高层和互联网从业人员积极参会，共同分享网络营销典型案例、网络营销实践教学支持以及网络营销应用创新经验。

2、会议主要内容及亮点

2011网络营销大会为期2天，共分"整合营销、效果营销、电子商务与支付、网络营销人才培养"等四大版块，包括"整合营销"探讨与分享论坛、"效果营销"探讨与分享论坛、"搜索引擎营销"探讨与分享论坛、"电子商务发展与安全支付"探讨与分享论坛、"网络营销人才培养模式探讨与经验分享"等五大特色论坛，涵盖了包括"综合门户、搜索引擎、垂直专业网站、娱乐互动推广（SNS、视频）、电子商务、电子支付、移动互联网……"等在内的互联网应用多个领域。同时，本届大会还将以在线调查的方式评选出"成功网络营销应用案例与网络营销创新产品"，被选中的案例将会被开发成网络营销实训课件，应用于网络营销教学，作为学校课堂的实训项目教材。会议的最后，大会将进行网络营销培训新制定课件的发布，及授权加盟合作伙伴的授牌仪式。

三、本届大会的价值

1、国内互联网及电子商务行业最新动态与热点分析

作为国内知名网络营销行业盛会，透过行业高层的精彩演讲与交流，把握国内互联网及电子商务行业的最新动态，探求热点事件背后的精彩故事。

2、行业领导指导意见与学术专家专业研究成果分享

2011网络营销大会邀请工信部、中国互联网协会等国家部委与行业领袖参与，第一时间获得国家对于行业的指导意见。同时本届大会将有200余名高等院校专家、学者以及教师参与，便于交流教学经验、分享研究成果。

3、近距离与企业接触，获得一手合作机会（联合培训、企业资源与广泛的校企联盟）

2011网络营销大会力邀国内知名行业名企以及诸多网络营销服务商、渠道商参与其中，近距离与企业接触，沟通、交流抢占先机，获得一手合作机会——携手企业联合培训，引入企业优势资源，参与广泛的校企联盟。

我们诚挚邀请您来参会！

详情请访问：http://www.bodao.org.cn/2011.html
中国互联网协会网络营销培训：http://www.bodao.org.cn

图7-11　大会邀请函（教师版）

图 7-12 为第一阶段发送给行业渠道商/服务商企业的邮件中大会邀请函内容部分。针对企业需求的不同,此处无论是大会的意义、大会的规格亮点以及大会的价值都在突显给行业渠道商所希望获取的内容,如行业专家最新报告、企业案例分享、行业新商机、新模式等。

大会邀请函

尊敬的行业渠道商/服务商/厂商:

您好!

由"中国互联网协会"主办,"新竞争力、艾瑞市场咨询机构"协办,"中国互联网协会网络营销培训办公室、北京博导前程信息技术有限公司"承办的,以"开放的多维度平台,带来的网络营销新纪元"为主题的2011网络营销大会定于10月23至25日在北京举行。届时,互联网领域的众多专家、学者、企业高层以及网络营销行业相关企业将齐聚北京,就中国互联网如何又好又快发展,网络营销行业创新发展与新模式探索以及如何有力支持当前国内经济发展进行深入研讨。

一、本届大会的意义

2011年随着经济企稳,互联网行业"重归春天"。2011网络营销大会积极谋求与行业内部互动,深入挖掘,力求促成网络营销行业厂商、渠道商与服务商的沟通、交流的盛会。对于"后经济危机时代"下的国内互联网发展,网络营销行业走向与未来趋势,做出准确把握;对于服务商探寻新的商业服务模式、渠道商透析热点行业动态、厂商获取行业政策动态,2011网络营销大会将具有重要的指导作用与参考价值。

二、本届大会的相关内容

1、本届大会的规格与规模

本届大会拟邀请政府主管部门、行业组织、相关高校的诸多领导、专家出席。同时,将有500多位包括搜索引擎、门户网站、网络营销服务、网络营销渠道、网络营销厂商在内的企业高层和互联网从业人员,以及包括凤凰网、新华网、人民网、搜狐、腾讯、新浪、和讯在内的多家知名媒体参会,共同分享网络营销典型案例、网络营销全新商业模式以及网络营销应用创新经验。

2、会议主要内容及亮点

2011网络营销大会为期2天,共分"整合营销、效果营销、电子商务与支付、网络营销人才培养"等四大版块,包括"整合营销"探讨与分享论坛、"效果营销"探讨与分享论坛、"搜索引擎营销"探讨与分享论坛、"电子商务发展与安全支付"探讨与分享论坛、"网络营销人才培养模式探讨与经验分享"等五大特色论坛,涵盖了包括"综合门户、搜索引擎、垂直专业网站、娱乐互动推广(SNS、视频)、电子商务、电子支付、移动互联网……"等在内的互联网应用多个领域。同时,本届大会还将以在线调查的方式评选出"成功网络营销应用案例与网络营销创新产品",被选中的案例将会被开发成网络营销实训课件,应用于网络营销教学,作为学校课堂的实训项目教材。会议的最后,大会将进行网络营销培训新制定课件的发布,及授权加盟合作伙伴的授牌仪式。

三、本届大会的价值

1、聆听行业领导最新政策报告,分享众多专家的最新思考和研究成果

本届大会将邀请工信部、中国互联网协会等国家部委、相关行业领导参与,第一时间把握国家对行业的指导意见。

2、采集、捕捉行业新商机

2011网络营销大会将汇聚国内优秀网络营销行业服务商、渠道商以及厂商,共同讨论网络营销行业经营模式,分享成功经验与创新思维。

3、探讨、分享行业新模式

本届大会聚合行业内部优势资源,集中全国范围内的网络营销企业在产品、营销、商业模式等方面的创新,充分汲取特色与优点,构建交流平台,分享行业营销模式。同时,将在这些研究基础上形成的中国互联网协会网络营销培训新模式充分分享。

我们诚挚邀请您来参会!

详情请访问:http://www.bodao.org.cn/2011.html
中国互联网协会网络营销培训:http://www.bodao.org.cn

图 7-12 大会邀请函(企业版)

　　图7-13所示为第一阶段所发送邮件内容页面中剩下的第三屏(如图7-13(1))和页尾部分(如图7-13(2))。此处包括的内容有参会嘉宾名单,历届会议链接、网络营销应用网站,合作伙伴以及大会组委会的联系方式。这些内容在发送给老师和行业服务商的都没有区别,将目前参会嘉宾名单和合作伙伴展示出,一方面通过名人效应紧抓眼球,通过名人观点吸纳关注;另一方面力求合作伙伴凸显大会实力,让收到邮件的教师们和行业服务商们有所了解。

2011网络营销大会部分嘉宾名单:
娄勤俭:工业和信息化部副部长
高新民:中国互联网协会副理事长
孙永革:中国互联网协会综合部部长
李　琪:教育部电子商务专业教学指导委员会副主任
陈　进:教育部电子商务专业教学指导委员会副主任
姜旭平:清华大学市场营销系教授
陈　禹:中国人民大学信息学院教授
瞿彭志:国家"十五"、"十一五"网络营销、精品课程负责人
于　扬:易观国际CEO
阮京文:艾瑞咨询集团联合总裁兼首席运营官
吕伯望:正望咨询CEO
郎春晖:易观国际助理总裁
冯英健:著名网络营销专家 深圳竞争力科技公司 总裁
赵　旭:网络营销实践专家,国内著名网络营销渠道服务商--世纪辰光创始人,董事长
段　建:中国互联网协会网络营销培训管理办公室常务副主任
范　锋:速途网总裁
周洪美:正望咨询副总裁兼首席统计师、电子商务博士。
樊春晖:正望咨询电子商务高级咨询顾问,正望E-Tailing项目总监
唐亦之:易观国际分析师
陈寿运:易观国际分析师

2011中国网络营销大会组委会
2011年4月15日

图7-13(1)　第一阶段邮件内容页面第三屏

历届会议链接　　　　　　　　　　　网络营销应用网站

2011年8月第六期网络营销师资培训会召开　　博星卓越系列教学软件
2010年6月网络营销大会将在北京召开　　　　博星卓越数学实验网
2009年7月网络营销大会在西安召开　　　　　电子政务教学软件
2008年7月网络营销大会在苏州召开　　　　　博导前程网络营销培训
2007年8月第二届网络营销人才培养研讨会　　博导前程网络营销网校
2007年5月第二期网络营销培训　　　　　　　教研室
2006年11月第一期网络营销培训在北京开课　　实训室

图7-13(2)

图 7－13(2)　　第一阶段邮件内容页面页尾部分(续)

支撑知识

1. 邮件数据化营销的分类

(1) 按是否经过用户许可分类:许可邮件营销和未经许可的邮件营销。

(2) 按照邮件地址资源的所有权分类:内部邮件营销和外部邮件营销。一般重视网络营销的企业都有自己的内部列表。下图 7－25 对两种邮件营销的形式的功能和特点进行了比较。

表 7－4　　外部列表邮件营销和内部列表邮件营销的区别

主要功能和特点	内部列表 E-mail 营销	外部列表 E-mail 营销
主要功能	顾客关系、顾客服务、品牌形象、产品推广、在线调查、资源合作	品牌形象、产品推广、在线调查
投入费用	相对固定、取决于日常经营和维护费用、与邮件发送数量无关、用户数量越多,平均费用越低。	没有日常维护费用,营销费用由邮件发送数量、定位程度等决定,发送数量越多费用越高
用户信任程度	用户主动加入,对邮件内容信任程度高	邮件为第三方发送,用户对邮件的信任程度取决于服务商的信用、企业自身的品牌、邮件内容等因素
用户定位程度	高	取决于服务商邮件列表的质量
获得新用户的能力	用户相对固定,对获得新用户效果不显著	可针对新领域的用户进行推广,吸引新用户能力强
用户资源规模	需要逐步积累,一般内部类标用户数量比较少,无法在很短时间内向大量用户发送信息。	在预算许可的情况下,可同时向大量用户发送邮件,信息传播覆盖面广
邮件列表维护和内容设计	需要专业人士操作,无法获得专业人士建议	服务商专业人员负责,可对邮件发送、内容设计等提供相应建议
E-mail 营销效果分析	由于是长期活动,较难准确评价每次邮件发送效果,需要长期跟踪分析	由服务商提供专业分析报告,可快速了解每次活动效果

（3）按照营销计划分类：临时性的邮件营销和长期邮件营销。

（4）按照邮件营销的功能分类：顾客关系邮件营销、顾客服务邮件营销、在线调查邮件营销、产品促销邮件营销等。

（5）按照邮件营销的应用方式分类：经营型邮件营销和非经营型邮件营销。

2. 邮件数据化营销的三个基本要素

（1）基于用户许可

（2）通过电子邮件传递信息

（3）传递的信息对用户有价值

3. 开展邮件数据化营销的基础条件

（1）邮件列表的技术基础：从技术上保证用户加入、退出邮件列表，并实现对用户的资料的管理，以及邮件发送和效果的跟踪等功能；

（2）用户邮件地址资源的获取：在用户资源加入到邮件列表的前提下，获得足够多的用户邮件地址资源，是邮件营销发挥作用的必要条件；

（3）邮件列表的内容：营销信息通过邮件传递给客户，邮件的内容对用户有价值才能引起用户的关注。

同步训练

教师组织学生，以一个企业为案例，设计该企业的营销邮件方案的制定。通过营销邮件地址获取、邮件模板制定、邮件标题制定、邮件内容制定等环节的训练，让学生初步了解邮件数据化营销的一般过程。

同步训练任务书

表7-5 营销邮件设计方案制定

邮件数据化营销方案设计		
企业名称	概要	
	邮件地址获取	企业营销邮件的具体步骤
	营销邮件模板如何制定	分析企业营销邮件模板制定的具体步骤
	营销邮件标题如何制定	分析企业营销邮件标题制定的具体步骤
	营销邮件内容如何制定	分析企业营销邮件内容制定的具体步骤
总结		

综合评价

表7-6 综合评价表

任务编号			任务名称	案例剖析
任务完成方式	☐ 小组协作完成 ☐ 个人独立完成			
评价点				分值
企业邮件地址获取是否准确全面				25
企业营销邮件模板制定是否合理				25
企业营销邮件标题制定是否准确				25
企业营销邮件内容制定是否恰当				25
本主题学习单元成绩：				
自我评价	（20%）	小组评价	（20%）	教师评价　（60%）
存在的主要问题				

拓展任务

以小组为单位,寻找身边的一些企业,详细了解企业营销邮件设计方案制定过程,并从营销邮件地址获取、邮件模板制定、邮件标题制定及邮件内容制定这几个方面对营销邮件设计方案制定达到充分的掌握。

任务三　邮件数据分析

任务引导

在小李完成中国网络营销大会的营销邮件设计方案制定及投递之后,需要对投递出去的邮件进行数据分析,其中包括收集的用户邮箱地址的分析,分析邮件的到达率、打开率、点击率等,尽可能的分析每次邮件营销的转化率。

任务分析

☑ 数据收集;
☑ 用户行为分析。

任务实施

步骤1:数据收集

在第一批邮件发送之后,基于网络营销大会的EDM营销到这里还没有结束,执行完营销动作后,需要对后续的营销效果进行监测跟踪和数据统计,之后对统计后的数据进行分析总结,进而优化执行方案。这样才算是一个完整的邮件营销行为。那么接下来小李的团队需要做的就是对营销邮件的监测、分析。

衡量EDM营销效果数据指标主要有3项:有效率、阅读率、点击率:

1. 有效率

计算方法:有效率＝成功发送数量/发送总量;

发送总量指:E-mail数据库的数量;

成功发送数量指:成功到达邮件地址的数量,即Mail数据库的有效量;

意义:用来衡量获取数据库的有效率,即发送的地址是真实存在的。

2. 阅读率

计算方法:阅读率＝打开量/成功发送数量

打开量指:有效地址的用户接受到EDM后,打开邮件的数量;由于EDM会存在一个用户打开多次的情况,有些统计系统,会统计EDM的打开次数和打开用户数;

意义:用来评估用户对邮件的兴趣程度;

对于精准的数据库,可通过调整邮件标题,来提高阅读率。如:我在EDM营销中,标题为"快乐会计人征集令,赢香港迪斯尼五日游"和"会计人不得不看的18条快乐潜规则",后者的阅读率明显比前者搞了近4%。可见,以奖品、免费为噱头的EDM,不一定能提升效果。

3. 点击率

计算方法:点击率＝点击量/打开量

点击量指:用户打开EDM后,触发的点击的数量;如果EDM中,存在多个链接,最好单独统计。这样可以评估出用户对内容兴趣度,用以调整和优化EDM的内容;

意义:用来评估用户对邮件内容的兴趣程度;如果EDM邮件阅读率高,但点击率却很低,则需要调整EDM的内容。

有效率、阅读率、点击率是EDM营销中最基础的衡量指标,对于注册/购买为导向的EDM,还需要监测注册/购买转化情况。一般外购的EDM群发器,都会有发送量、到达量、阅读量等基础的统计功能,配合统计工具,跟踪用户行为,分析用户行为,就可以达到不断提高EDM营销效果的目的。

由于企业采用的免费邮件系统,因此无法统计邮件的点击率和打开率。所以小李的团队需要通过第三方统计插件完成对邮件的数据监控。

小李需要准备工具有百度统计账户、51la统计账户、EDM页面、加上百度统计代码的网站页面。

对于邮件打开率的统计需要使用51la统计,注册了51la用户后,在"获取统计代码"中有"特殊用途代码",其中有＜img方式代码,见下图。其实代码中唯一起到统计作用的是：http://img.users.51.la/17347725.asp。

图 7-14　51la 统计代码

小李将这段统计代码加入到的 EDM 邮件中，代码如下（注意样式中，将边框及显示设置为 none，这样有利于用户体验，不会显示小红叉）：

＜img src＝"http://img.users.51.la/17347725.asp" style＝"border：none；display：none；" /＞

这样小李解决 EDM 打开率统计，只要用户打开邮件，都会加载这段代码，51la 统计就会记录下访客的 IP、地区、访问时间等。

通过百度统计的"指定广告跟踪功能"对邮件点击率进行统计，主要思路是通过设置指定广告链接，在用户点击链接后，统计系统会统计出具体的来源！这里的关键是指定广告链接，添加了百度统计代码的页面，这个页面光加统计系统代码不行，还要加段 Js 的跳转代码，而跳转的目的地址便是大会专题页，主要过程如下 7-15 所示。

图 7-15　添加邮件广告跟踪

　　首先,打开百度统计,在"指定广告跟踪功能"中添加指定广告跟踪,在目标 URL 填写互联网大会的链接,媒介平台根据邮件的链接进行填写,最后点击确定并生成。

　　图 7-16 为教师邀请邮件首屏,可以看到,邮件主要包含导航栏以及会议报到相关信息,小李对网页邮件添加多个指定广告跟踪代码,这样能捕捉到用户的点击习惯,也可以考察 EDM 邮件内容设计以及用户偏好。根据数据结果,小李可以明确用户对大会内容的关注点,从而对设计第二、第三批邮件提供帮助。下图中导航栏部分设计时,小李团队使用的是热点链接进行大会专题页对应栏目的链接,其中大会首页链接定为"http://www.bodao.org.cn/2011.html",因此,在图 7-16 中添加邮件广告跟踪统计的数据即为点击"大会首页"按钮的数据。同样的,针对其他导航热点链接添加多个指定广告跟踪代码,小李便可以对用户关注内容进行分析总结了。

图 7-16　大会邀请邮件教师版

　　在百度统计后台中添加指定广告跟踪代码后,邮件数据的统计还未结束,接下来,小李需要将百度生成的指定广告跟踪代码加入到 EDM 的邮件内容中,即邮件热点链接中,如"大会首页"代码添加入下:

<td><a title="大会首页" target="_blank"

href="http://www.bodao.org.cn/2011.html? hmsr=Email-index&hmmd=%E9%8

2%AE%E4%BB%B6%E8%90%A5%E9%94%80&hmpl=%E6%8E%A8%E5%B9%BF%E9%8

2％AE％E4％BB％B61&hmkw＝&hmci="></a></td>

完成后,小李接下来需要做的便是大会网站跳转页面代码的设置,需要将百度统计代码加入到页面。(大会专题页百度统计代码添加过程在这里就不详细介绍了,可参考项目三种百度统计代码添加方法。)

到这里,小李便完成了邮件统计数据收集的工作。经过测试,如图7-17所示。可以看到51la统计的是右键打开数。

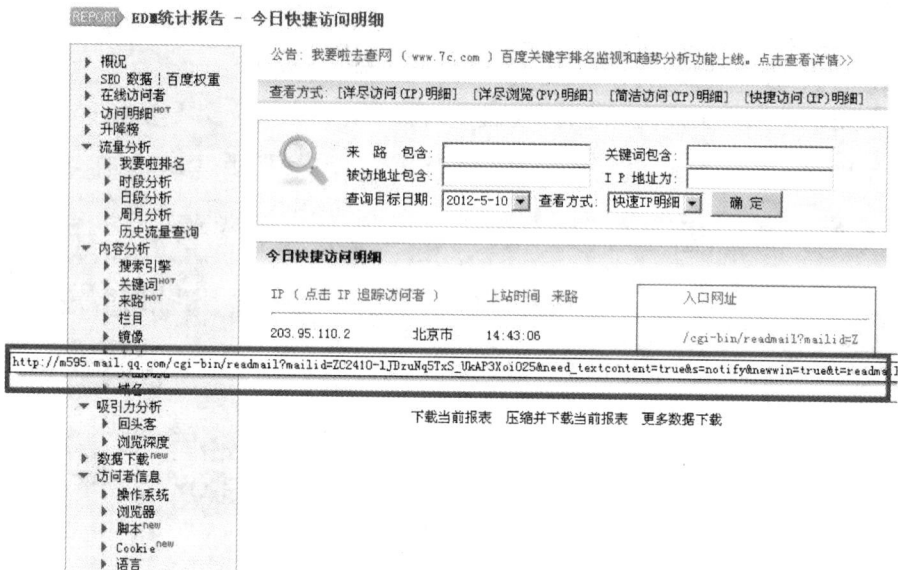

图7-17 51la统计打开数

同样,点击百度统计中"定制分析－指定跟踪广告",即可查看邮件点击情况。

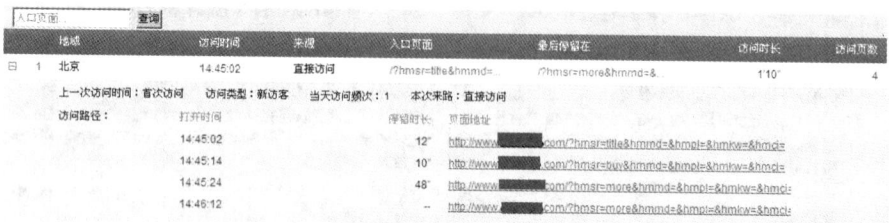

图7-18 百度访问统计

至此针对邮件点击率及打开率数据监测工作完成,通过51la、百度统计IP数即可判断邮件阅读、点击次数。

步骤2:用户行为分析

在第一批大会邀请邮件发出之后一周之后,小李运营团队对邮件发送数据进行了统计,如表7-7所示。

表7-7　评价指标

邮件信息传递	发送邮件总量	送达总率	失败总率
	24 000	80%	20%
用户信息接受	邮件查看率(打开率)	邮件阅读率(点击率)	
	40%	32.5%	

　　从表中可以看到,发送邮件总数为24 000,送达率达到了80%,失败总数20%,那么针对这失败的20%邮件,小李的团队需要对其进行总结,因为邮件的发送是按照500封/批次发送的,每批次中发送邮件失败需要进行统计整理,针对发送失败的邮件列表进行重新整理。一种情况是,对方邮件地址格式不对(如缺少@符号,会直接略过发送)。一种情况是地址不存在或邮件被识别为垃圾邮件(硬性弹回)。也有可能对方邮址正确,但我们的邮件出现在对方的垃圾邮箱中。

　　通过51la统计后台查看,邮件的打开率有40%,对于邮件营销而言这是个非常不错的成绩,主要是得益于该用户发送的对象主要是企业的合作院校、企业和院校教师,忠诚度极高,所以打开率自然会有很大幅度的提升。

　　通过百度统计后台查看点击率,点击"定制分析-指定广告跟踪"进行查看,通过IP统计可以算出邮件点击率。点击率比打开率更重要,也是说明邮件接收者真正互动的第一步。通过小李对邮件导航设置的6个指定广告跟踪,即"大会首页、大会概述、日程安排、案例评选、立即报名、联系方式",小李可以在百度统计后台查看用户对大赛内容的关注程度。通过每个跟踪广告下访问IP的入口页面以及访问时长,可以了解到用户所关注的主要大赛栏目是哪些,结合大会专题页内容,小李在进行后续的邮件设计时,可以将用户关注重点内容放置邮件内容首屏中。

　　小李通过邮件点击率分析,可以看到邮件打开率大于点击率,这说明邮件这个企划的设计有些问题。没有太多用户关注的内容。需要对内容设计进行重新布局。

　　做EDM邮件数据营销时,一定要掌握好邮箱用户浏览邮件的行为习惯,这样在进行邮件群发效果分析及优化时,方向才会更明确。

支撑知识

邮件营销效果评价指标

　　在邮件营销过程中,通过对一些数据和指标的监测和分析,不仅可以用来评价邮件营销的效果,还可以通过这些信息发现先邮件营销过程中的问题,对邮件营销活动进行适当的控制。

　　1. 邮件营销的评价指标体系

　　(1)获取和保持用户资源阶段的评价指标:有效用户总数,用户增长率,用户退出率等,获得这些指标,需要对每次发送邮件列表进行统计,获得有关数据。

　　(2)邮件信息传递评价指标:在E-mail营销过程中,用来描述信息传递的指标有"送达率"和"退信率",在每次邮件发送后,对发送的情况进行分析、跟踪,对退信的情况需要技术的处理,以保证信息能发送给客户。

（3）用户对信息接收过程的指标：在信息通过 email 发送给顾客后，用户对信息的接受过程可以用开信率，阅读率，删除率等指标来描述。

（4）用户回应评价指标：E-mail 营销的最终结果将通过用户的表现反映出来，用户的回应指标主要有直接收益，点击率，转化率，转信率等指标。

2. 邮件营销的有效性分析

目前，邮件营销效果的评价体系还不是很完善，有些指标的获取还是很困难。对于采取内部列表和外部列表的营销效果评价方式通常有所不同。对于内部列表，由于是长期的、连续的活动，E-mail 营销的有效性并不是通过一两次的活动可以准确评估的，通常采取定性的分析方法。

外部列表 E-mail 营销的有效性主要体现在以下几个方面。

1. 邮件可以送达尽可能多的目标用户电子邮箱；

2. 反应率指标不低于行业平均水平；

3. 获得的直接收益大于投入的费用，或者达到期望的目标。

同时，外部列表邮件营销还可以获取其他的效果，如：网站访问量的变化、对产品或专业服务的附带宣传效果。

内部列表邮件营销的有效性主要体现在以下几个方面。

① 稳定的后台技术保证；

② 获得尽可能多的用户加入列表；

③ 保持邮件营销资源稳步增加；

④ 信息送达率高，尽可能减少退信；

⑤ 邮件内容获得用户认可，有较高的阅读率；

⑥ 邮件格式获得用户认可；

⑦ 获得用户信任并产生高的回应率；

⑧ 用户资源对企业有长期营销价值；

⑨ 在多方面发挥作用，综合应用效果好。

在实际中，由于企业资源、行业特征、企业经营情况等因素的差异，有可能有部分企业邮件的营销效果没有达到预期，并在开展了一段时间内没有改变，各种监测指标无法令人满意，而且在短时间内情况无法改变，说明邮件营销是不成功的，可以根据实际的情况进行分析总结，对邮件营销进行改造。

同步训练

教师组织学生，模拟一份邮件列表，独立设计一封邮件，成功添加统计代码，学生通过个人邮箱向班级内其他学生发送邮件，完成之后统计出该邮件发送情况。

同步训练任务书

表7-8　营销邮件数据分析

营销邮件数据收集			
邮件信息传递	发送邮件总量	送达总率	失败总率
用户信息接受	邮件查看率(打开率)	邮件阅读率(点击率)	

综合评价

表7-9　综合评价表

任务编号		任务名称	案例剖析
任务完成方式	□ 小组协作完成 □ 个人独立完成		
评价点			分值
能否掌握邮件统计代码添加			30
能否根据统计结果得出邮件送达率、失败率			30
能否根据统计结果得出邮件点击率、打开率			40
本主题学习单元成绩:			
自我评价	(20%)	小组评价	(20%)	教师评价	(60%)
存在的主要问题			

拓展任务

教师组织学生以个人为单位,寻找身边的一些企业,详细了解企业其营销邮件布局形式,总结不同种类邮件其标题及布局特点。

任务四　邮件营销优化

任务引导

小李针对中国网络营销大会的邮件数据化营销已经进行了项目背景和业务分析、营销邮件设计方案制定以及邮件数据分析的过程，接下来，公司对他提出了新的要求，针对之前的邮件数据化营销，对邮件营销进行优化。同时进行第二和第三阶段的邮件发送

任务分析

☑ 制定邮件营销优化方案；
☑ 制定邮件推广优化方案。

任务实施

步骤 1：制定邮件营销优化方案

面对首次发送的邮件效果，小李及其团队根据数据统计，发现存在不少问题。其主要包括邮件打开率低、邮件地址存在错误、邮件内容反馈率低、邮件退订人数略增等问题。

1. 邮件打开率低问题，小李及其团队在仔细分析之后发现，并不是目标群体不愿打开邮件内容，而且在邮件发送的时间刻度上并没有加以分析，使得邮件发送之后打开率低。对于小李及其团队分头行动，针对用户习惯中阅读邮件时间进行明确的分析和研究。

2. 邮件地址存在错误问题，在首次发送的邮件地址中，大部分来自公司市场部的对接而得到，因此对于邮件地址的收集还需继续不断地扩大搜集渠道。包括建立 QQ 群组、定期统计搜集的结果数据等。

3. 邮件内容反馈率低问题，邮件内容的二次深挖也是小李及其团队需要从第一次邮件发送中获取的核心问题，因此只有精准的熟悉和了解用户需求的内容，只有这样邮件内容才能直击用户的痛点。

4. 邮件退订人数增多，对于邮件退订问题小李及其团队总结出，应减少错误地址的发送，其次改进对于邮件地址统计的方法，使得邮件地址更加准确。

在对上述问题分析和研究之后，小李及其团队开始制定第二阶段和第三阶段的邮件发送内容，在制定的过程中不仅需要针对上述问题进行综合解决，其次仍然需要多层考虑对于不同目标群体的邮件内容策划和设计。

图 7-19 为第二阶段邮件内容页面的整体效果图，同样分两版页面，左侧图为教师版，右侧图为企业版。其页面布局同样分为六部分，为页头区、焦点区、内容主体区、嘉宾区、内容扩展区、页尾区。

图 7-19　第二阶段邮件页面整体效果图

图7-20所示为第二阶段邮件内容的第一屏,相对于第一阶段内容的主要区别在于:

(1) 此处新闻报道部分重点放置大会内容,包括大会背景、网络营销案例征集、大会特色亮点内容。

原因:经过第一批次邮件的发送及效果,本届网络营销大会的基础性铺垫已达成,需有的放矢,着重刻画会议的内容。

(2) 将起初Gif焦点图的"2011年度最佳网络营销品牌评选活动启动"报道更换为"2011网络营销大会快报"。

原因:第一时间播报会议筹备情况,便于用户了解大会进展。

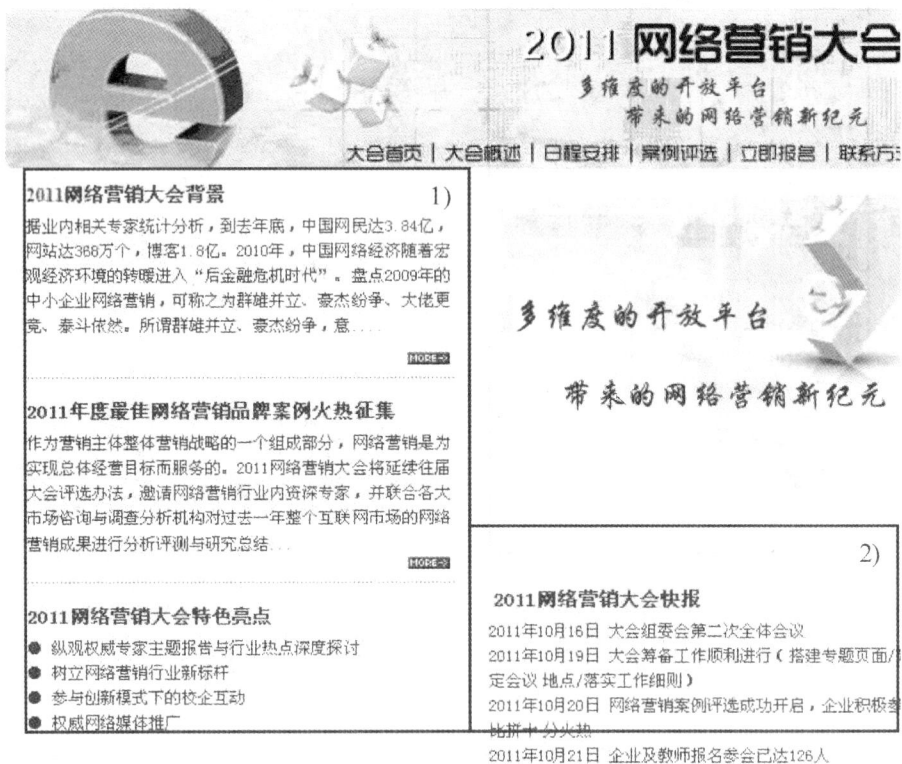

图7-20 第二阶段第一屏效果图

如图7-21所示为发送给老师们的第二阶段邮件邀请函内容,相比第一阶段邮件,第二阶段发送的内容能够着重突显出本届网络营销大会的核心内容,将最具价值的亮点呈现出来,如大会的核心思想、会议目标、会议亮点,从教师角度阐述本次大会对教学的支撑与帮助。

欢迎您来参加2011网络营销大会

2011网络营销大会核心思想：

围绕我国网络营销与电子商务的创新发展，以及人才培养现状进行深入探讨，通过大会进行经验总结，建立完善的校企合作机制，为中国网络营销人才培养发展献计献策，促进网络营销服务商与电子商务企业和高校间的联盟合作，加快网络营销人才培养步伐，为企业培养储备更多实战型网络营销人才，推动中国网络营销产业的快速而稳定的发展。

2011网络营销大会会议目标：

为"网络营销服务商与企业、学校"三方搭建互动沟通的交流平台，三方各取所需，就时下共同关注的网络营销热点话题进行深入探讨与学习交流。

（1）网络营销服务商：最有价值的"整合营销、效果营销等创新产品与成功案例"的策划与实施经验分享，及就企业自身人才需求情况进行分析，提出网络营销人才培养建议；

（2）企业应用："传统营销到网络营销的转变"成功实施经验分享，及结合企业自身进行网络营销人才需求情况分析；

（3）学校与培训机构：针对目前网络营销人才需求量大的现状，学校与培训机构都做了哪些工作，如何更好的配合企业，结合企业人才需求现状，进行定制化的人才培养或普及性网络营销人才的培养计划，以满足不断发展中的企业人才应用需求；

2011网络营销大会会议亮点：

（1）权威专家主题报告：我们将邀请专门从事网络营销研究的专家进行主题演讲，深入剖析网络营销的创新应用与未来发展趋势；

（2）行业热点深度探讨：业界专家与一线的网络营销企业精英进行面对面的交流与探讨，对新形势下的网络营销发展机遇进行深入探索与实践应用分析；

（3）树立网络营销行业标杆：本届大会将评选出互联网领域中"最具特色的网络营销成功应用案例"，树立网络营销行业标杆企业，并将其案例应用于网络营销教学中；

（4）校企互动模式创新：全国近500位大专院校电子商务与经管类系主任与老师亲临现场，与企业进行互动，参与讨论当前网络营销热点话题。首次将企业的创新营销理念与大专院校进行直接对接，开创校企合作新模式；

（5）权威网络媒体推广："新华网、中新网、人民网、新浪、搜狐、腾讯、凤凰网"等政府新闻网和主流网站进行全方位广告及公关传播，专题报道与新闻传播相结合，视频直播与文字直播相结合，建立辐射全国的媒体影响力；

详情请访问：http://www.bodao.org.cn/2011.html
中国互联网协会网络营销培训：http://www.bodao.org.cn

图 7‑21 第二阶段邮件邀请函内容（教师版）

图 7‑22 为第二阶段邮件发送给企业的邀请函内容。相比发送给教师的邀请函，其区别在于：在大会邀请函内容末尾附注大会的具体时间和地点，重点在"立即报名、了解大会详情、查看大会议程"的链接突出显示。由于此时的大会议程已经确定，大会的专题页面也已完善。希望各行业代理商、服务商点击链接访问大会专题页，能够全面了解大会的相关内容，达到营销效果。

大会邀请函

尊敬的行业渠道商 服务商 厂商：

您好！

由"中国互联网协会"主办，"新竞争力、艾瑞市场咨询机构"协办，"中国互联网协会网络营销培训办公室、北京博导前程信息技术有限公司"承办的，以"网络营销时代的——新思维、新机遇、新领域"为主题的2011网络营销大会定于10月23-25日在北京举行。届时，互联网领域的众多专家、学者、企业高层以及网络营销行业相关企业将齐聚北京，就互联网如何又好又快发展，电子商务热点事件分析、企业案例如何高效应用于院校教学以及行人人才培养、专业人才就业等问题展开深入交流与讨论。

一、本届大会的意义

2011年随着经济企稳，互联网行业"重归春天"。2011网络营销大会积极谋求与行业内部互动，深入挖掘，力求促成网络营销行业厂商、渠道商与服务商的沟通、交流的盛会。对于"后经济危机时代"下的国内互联网发展，网络营销行业走向与未来趋势，做出准确把握；对于服务商探寻新的商业服务模式、渠道商透析热点行业动态、厂商获取行业政策动态，2011网络营销大会将具有重要的指导作用与参考价值。

二、本届大会的相关内容

1、本届大会的规格与规模

本届大会拟邀请政府主管部门、行业组织、相关高校的诸多领导、专家出席。同时，将有500多位包括搜索引擎、门户网站、网络营销服务、网络营销渠道、网络营销厂商在内的企业高层和互联网从业人员，以及包括凤凰网、新华网、人民网、搜狐、腾讯、新浪、和讯在内的多家知名媒体参会，共同分享网络营销典型案例、网络营销全新商业模式以及网络营销应用创新经验。

2、会议主要内容及亮点

2011网络营销大会为期2天，共分"整合营销、效果营销、电子商务与支付、网络营销人才培养"等四大版块，包括"整合营销"探讨与分享论坛、"效果营销"探讨与分享论坛、"搜索引擎营销"探讨与分享论坛、"电子商务发展与安全支付"探讨与分享论坛、"网络营销人才培养模式探讨与经验分享"等五大特色论坛，涵盖了包括"综合门户、搜索引擎、垂直专业网站、娱乐互动推广（SNS、视频）、电子商务、电子支付、移动互联网……"等在内的互联网应用多个领域。同时，本届大会还将以在线调查的方式评选出"成功网络营销应用案例与网络营销创新产品"，被选中的案例将会被开发成网络营销实训课件，应用于网络营销教学，作为学校课堂的实训项目教材。会议的最后，大会将进行网络营销培训新制定课件的发布，及授权加盟合作伙伴的授牌仪式。

三、本届大会的价值

1、聆听行业领导最新政策报告，分享众多专家的最新思考和研究成果

本届大会将邀请工信部、中国互联网协会等国家部委、相关行业领导参与，第一时间把握国家对行业的指导意见。

2、采集、捕捉行业新商机

2011网络营销大会将汇聚国内优秀网络营销行业服务商、渠道商以及厂商，共同讨论网络营销行业经营模式，分享成功经验与创新思维。

3、探讨、分享行业新模式

本届大会聚合行业内部优势资源，集中全国范围内的网络营销企业在产品、营销、商业模式等方面的创新，充分汲取特色与优点，构建交流平台，分享行业营销模式。同时，将在这些研究基础上形成的中国互联网协会网络营销培训新模式充分分享。

我们诚挚邀请您来参会！

时间：2011年10月23-25日

● 立即报名参会　　● 了解大会详情　　● 查看大会议程

图 7 - 22　第二阶段邮件邀请函内容（企业版）

第二阶段邮件内容页面中，在嘉宾区呈现出一定变化。随着会期的日益临近，确认出席会议的嘉宾也日渐增多。对于企业而言，行业领袖们的出席及他们颇有价值的议题与观点无疑是带动企业参会的重要因素。因此，在第二阶段嘉宾区内，着重突出行业精英，

争取最大化的吸纳企业参会。此外,在页尾区内新增新的合作伙伴,突显出实力与品位。内容扩展区方面,没有变化。

第三阶段邮件内容制作

图7-23为第三阶段邮件内容页面的整体效果图。其页面布局同样分为六部分,为页头区、焦点区、内容主体区、嘉宾区、内容扩展区、页尾区。

图 7 - 23

图 7 - 23　第三阶段邮件内容页面整体效果图（续）

　　图 7 - 24 所示为本届大会前的最后一批邮件第一屏内容。相对于前两批邮件的第一屏内容的主要区别在于：

　　（1）页头 Logo 的改变。由于会期的调整，邮件页头部分需第一时间突出会期变化，避免用户贻误。

　　（2）考虑到大会的进展，所以将原先的新闻报道中的大会背景新闻和案例征集新闻换为大会的最新报道："15 天倒计时：2011 中国网络营销大会筹备顺利"和"2011 中国网络营销大会报名火热进行"的新闻。主要目的在于让收件人看到大会目前的进展，广泛地希冀更多用户报名参会。

（3）此时大会案例征集已告结束，大会在推广阶段和新浪微博合作推广。因此，将Gif焦点图替换为大会官方微博Banner，一方面显示出网络营销大会对于网络营销应用的选择，另一方面争取通过最新Web2.0形式将本届大会传播出去，同时号召"粉丝"关注本次会议。

图7-24　第三阶段第一屏效果图

图7-25所示为本届大会前最后一批邮件的邀请函内容。考虑到大会开幕时间临近，此时不管是教师还是行业服务商等最想看到的就是会议议程。因此在该邮件邀请函内容中就重点列出了会议议程。尾部另附上大会的官方微博地址，吸引更多用户点击查看大会的最新报道。

图7-26所示为本届大会前第三阶段邮件中合作伙伴版块。可以看出此时的合作伙伴相比第一阶段和第二阶段邮件中的合作伙伴增加了很多，突出国内知名网络媒体和机构，彰显大会层次。

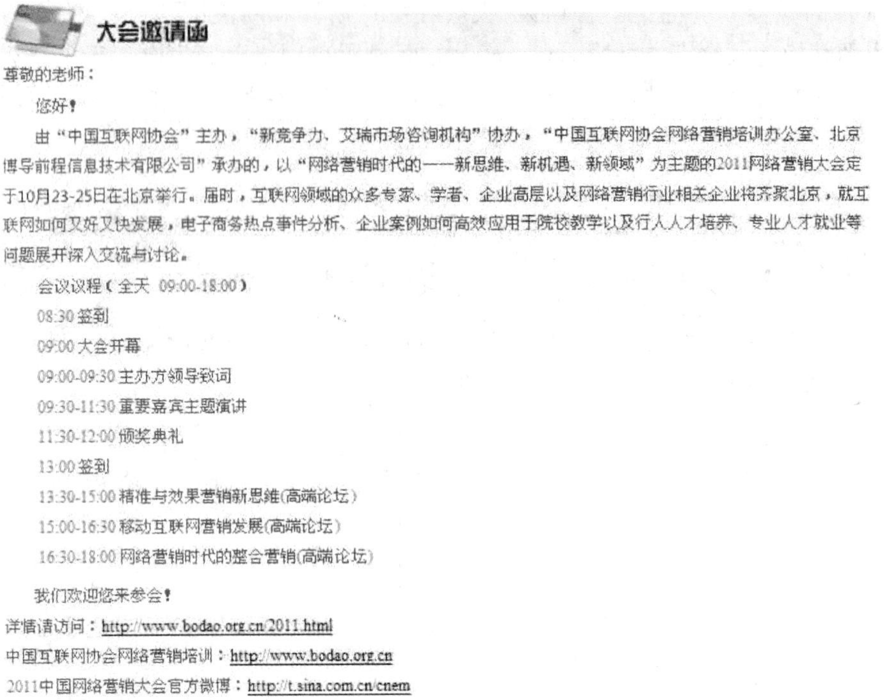

图 7-25 第三阶段邮件邀请函内容

图 7-26 第三阶段邮件合作伙伴版块

步骤2：制定邮件推广优化方案

在高速发展的移动互联时代，每个人都有一个或多个专属于自己的 E-mail. 它已成为了人们相互联系，工作交流，拓展业务的必备工具。EDM(E-mail Direct Marketing)就是一种顺应时代发展的产物电子邮件推广是以电子邮件为主的网站推广手段，常用的方法包括电子刊物、会员通讯、专业服务商的电子邮件广告等。如何做好电子邮件推广优化方案，主要有以下几个方面：

1. 合理掌握发送时间及频率

(1) 中国网络营销大会有新动态的时候，一定要把会议信息第一时间发向目标客户。会议信息要详细，附带相关网址链接。

（2）中国网络营销大会官方网站有什么新的变化，更新了哪方面的内容，增加了什么频道等等。

（3）一般来说，周一不适合发邮件，因为通常周一客户的邮箱会充满业务信件或是垃圾邮件，这时候他处理邮件就没那么认真了，也许随便扫一眼就拖进垃圾箱了。

（4）对上班人群比较适合在上班时间发信，他们可以在工作时间内马上看到信，这对提高他们的回复率至关重要。

（5）一般来说发信的时间最好集中在周二、周三、周四会比较好，周五由于临近周末，客户需要处理的事情会比较多，可能比较忙，这时候客户可能也不会那么认真看你的业务推荐信了，所以发信一定要注意把握时间，这是有效提高回复率的有效手段。

（6）用户使用电子邮件是有一定规律的，如果认真研究这些规律，并且在正确的时间正确的方式向用户发送有用的、便于传播的信息，效果跟随意发送的结果会大不相同。

（7）同样内容的邮件，每个月发送 2～3 次为宜。过于的频繁的邮件轰炸，只会让人厌烦，会失去那些潜在的客户，所以要注意邮件的时间与频率，还有邮件目的。

（8）在接到客户邮件时，及时做出回复并对人家表示感谢，这是一项基本的商业礼节，客户都有这样的需求。

在完成了邮件内容编辑、标题编辑、收件人选择后，就该发送营销邮件了。但是结合邮件的特性可以发现，发送时间较早的邮件被积压在邮件列表的后方，如果网民的邮箱每天有大量邮件，营销邮件发送时间不当的话就容易使用户无法看到营销邮件，从而影响邮件的展示率。

所以，选择合适的发送时间对于 E-mail 营销也是至关重要的，首先先了解一下网民上网时间分布图，如图 7-27 所示。

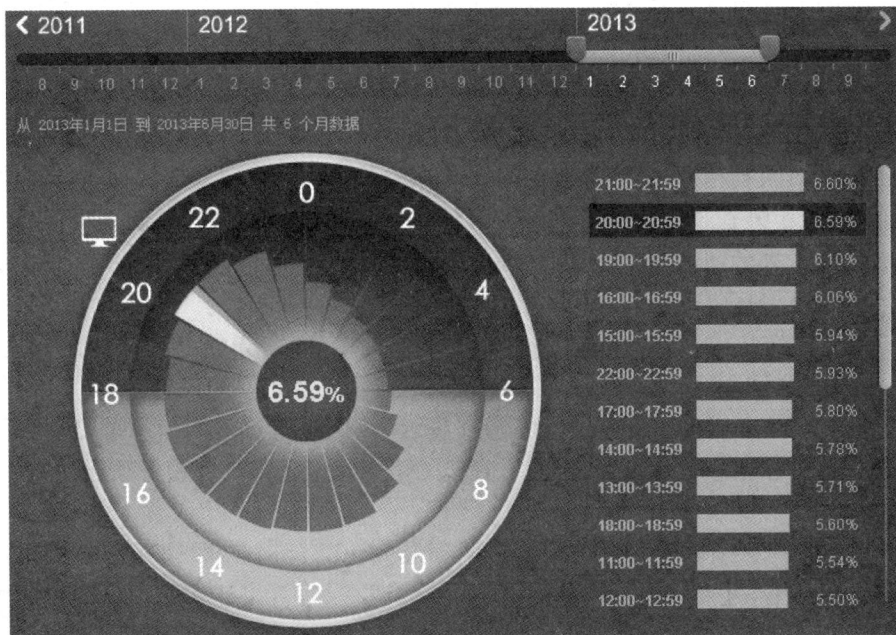

图 7-27 网民上网时间分布图

由上图可以看出,网民的平均上网时段分布在下午的 15:00 到 17:00 以及夜间的 20:00 到 22:00 这两个时段。在网民上网时间最频繁的时间段中发送邮件,其接受及打开的概率会非常高。

此外,结合网站的性质以及受众人群,再分析下午和晚上这两个黄金时间段,可以发现,通常情况下,上班族在下午上网的几率更高,并且网站的用户目标也是该人群占多数,同时夜间上网的人群通常并不会打开邮箱查看,通常会将邮件堆积到第二天。

所以,邮件的发送时间应该选择在下午的 15:00 到 16:30 之间,也就是临近下班时间为佳。

2. 明确信件发送群体企业中上层管理者

查收及发送电子邮件几乎已成为每个企业高层管理者必不可少的日常工作。而且他们能够更好的判别邮件内容的使用价值。为什么要细分人群?细分人群可以使你的营销目的更具备针对性,更方便的制定出营销策略,要想形成营销网络优势,必须避免在广阔的市场区域内分散我们的力量。

结合中国网络营销大会的面向人群和发展方向,选择能够与我们达成合作的企业或团体组织。

发送群体的分类:VIP customers:这是最重要的客户群,你们已经有多次成功的合作经验。Current customers:是您的忠实客户,在不久前曾有成功合作经验。Old customers:曾有成功合作经验,但最近没有合作行为。Potential customers:是新客户,对您的服务有高度的兴趣。General new users:一般因特网使用者。

3. 邮件内容

(1)给顾客一个必须做出答复的理由。

(2)使电子邮件的内容个性化。

(3)为顾客提供一些他从直接邮寄邮件中所得不到的东西。

4. 推广注意事项

(1)子邮件必须有预期不要在那些并不需要中国网络营销大会或对大会一无所知的客户身上浪费时间和精力,要有针对性的发送邮件,坚持为那些"选择接收该类邮件"的客户发送邮件,至于哪些客户选择接收该类邮件,可以通过多种方式知晓,如提供特殊的条件吸引客户登录大会网站,并吸引他们选择接收营销邮件,还可以通过一些包括大会官网网址的广告等吸引接收邮件的客户。

(2)电子邮件必须与客户相关要做好电子邮件推广,首先要对客户信息有所了解。简言之,要根据时间和客户的喜好,为客户提供他需要并且想要的信息。

(3)电子邮件必须为客户提供价值调查显示,客户对有价值的信息总是得到更多关注。比如一些折扣信息,所有可以为客户省钱的信息。电子邮件营销必须抓住这个特点,并充分加以利用。

(4)电子邮件必须内容和反馈结合要达到最大化的营销成果,电子邮件提供的信息不仅仅要包括内容,还要设计反馈信息,比如一些调查等,可以让客户提供他们所希望看到的款式或者他们希望公司改善的服务等,以便更好地满足客户的需求。

5. 邮件签名信息优化

中国网络营销大会的电子邮件中的署名是邮件内容不可缺少的组成部分,既是对发件人信息的补充,也是收件人进一步建立对发件人信任的必要信息,同时,电子邮件签名是大会品牌形象的组成部分,对企业网络品牌具有一定的影响。正规公司在邮件签名(尤其是对外部联系时的邮件)都有统一的格式设计,这样不仅看起来比较规范,而且也是体现了公司品牌形象,尤其是当多个人员或者多个部门都需要与用户发生通信联系时,这种效应更加明显。应在邮件中注明:

(1) 发件人公司名称或者品牌名。

(2) 发件人公司名称或者品牌名缩写+真实的邮件地址。邮件信息不够完整(如缺乏基本的收件人信息和发件人署名及联系信息等),都可能影响电子邮件信息传递的最终效果。

6. 减少邮件退信的方法

(1) 尽量避免错误的邮件地址。

(2) 改进数据登记方法:主要适用于通过电话人工记录用户 E-mail 地址的情形,对工作人员进行必要的训练。

(3) 发送确认信息:即采取用户确认才可以加入列表的方式。

(4) 保持列表信息准确:对于邮件列表地址进行分析判断,对于无效用户名或者域名格式的邮件予以清除。

(5) 对邮件被退回的过程有正确了解:退信有硬退信和软退信之分,针对不同情形采取相应对策。

7. 邮件推广优化方法

(1) 确定目标顾客群首先考虑是建立自己的邮件列表,还是利用第三方提供的邮件列表服务。这两种方式都可以实现 E-mail 推广的目的,但各有优缺点。利用第三方提供的邮件列表服务,费用较高,很难了解潜在客户的资料,事先很难判断定位的程度如何,还可能受到发送时间、发送频率等因素的制约。由于用户资料是重要资产和营销资源,因而许多公司都希望拥有自己的用户资料,并将建立自己的邮件列表作为一项重要的网络营销策略。

(2) 制定发送方案应尽可能与专业人员一起确定目标对象,找出潜在的用户。确定发送的频率。发送 E-mail 联系的频率应该与顾客的预期和需要相结合,这种频率预期因时因地因产品而异,从每小时更新到每季度的促销诱导。千万不要认为发送频率越高,收件人的印象就越深。过于频繁的邮件"轰炸",会让人厌烦。研究表明,同样内容的邮件,每个月至多以发送 2—3 次为宜。

(3) 电子邮件应该有明确的主题邮件的主题是收件人最早看到的信息,邮件内容是否能引人注意,主题起到相当重要的作用。邮件主题应言简意赅,以便收件人决定是否继续阅读。

(4) 内容要简洁电子邮件应力求用最简单的内容表达出你的诉求点,如果必要,可以给出一个关于详细内容的链接(URL),收件人如果有兴趣,会主动点击你链接的内容,否则,内容再多也没有价值,只能引起收件人的反感。要用通俗易懂的语言介绍你的产品能为客户带来什么好处,特别是您的产品与您的竞争对手有什么不同,或许在功能上,或许是在服务上,必须与众不同。最忌夸夸其谈,丝毫不注意客户有什么感觉。内容一定以客户为中心,让人感到你在实实在在的为他着想。

(5) 邮件格式要清楚虽然说电子邮件没有统一的格式,但它毕竟是封邮件,作为一封商业函件,应该参考普通商务信件的格式,包括对收件人的称呼、邮件正文、发件人签名等因素。邮件要能够方便顾客阅读。有些发件人为图省事,将一个甚至多个不同格式的文件作为附件插入邮件内容,给收件人带来很大麻烦,最好采用纯文本格式的文档,把内容尽量安排在邮件的正文部分,除非插入图片、声音等资料。

(6) 发送 E-mail,收集反馈信息,及时回复可以选定群发邮件,也可针对某些顾客进行单独发送。开展营销活动应该获得特定计划的总体反应率(例如点击率和转化率)并跟踪顾客的反应,从而根据顾客过去的反应行为作将来的细分依据。当接到业务问询时,应及时做出回复,最好在 24 小时以内。拖的时间越长,对企业的形象损害越大。注意养成一天查收信件数次的习惯,并做到及时回复。这样做,不仅表示非常重视客户的问询,也显示出邮件营销人员的工作高效,显示出对顾客服务的重视。在对潜在顾客的问询做出及时回复之后,还应该在两三天内,跟踪问询 2—3 次。很多人一天会收到大量的电子邮件,一些回复很有可能被忽略了,或者不小心被删掉了。跟踪联系意在确认用户确实收到了中国网络营销大会邮件的回复,同时也给对方受重视的感觉。

(7) 更新邮件列表根据从顾客那儿得到的信息进行整理,更新邮件列表,创建一个与产品和服务相关的客户数据库,改善"信噪比",增加回应率,同时了解许可的水平。客户许可的水平有一定的连续性,每封发送的邮件中都应该包含着允许加入或退出营销关系的信息,没有必要用某些条件限制顾客退出营销关系。通过这些信息,加深个性化服务,增强顾客的忠诚度。

支撑知识

1. 邮件营销优化方案

(1) 进行邮件测试,设定发送频率上限

通过定期对邮件进行测试,确保电子邮件营销的目标。测试的变量可以是频率、时间、内容,但必须与预定的目标保持一致。邮件测试是优化过程中必不可少的一部分。尤其在发送频率方面,经过测试,确定所有用户每月定期收到合适的邮件数量。避免滥发邮件,造成用户的反感情绪。

(2) 确定邮件地址的价值

如果不了解电子邮件地址的价值,那么将很难通过邮件营销来获得更多的收益。邮件主可以结合会员生命周期规律,根据用户的活跃度、最近购买情况以及现金消费总量,获得相对准确的投入产出平均值,以评估现有邮件地址的价值。在此基础上,充分整合网站、线下等其他资源,获取新数据,拓展用户列表。

(3) 优化用户列表,激活老用户

虽然许多邮件主会集中精力拓展邮件用户列表,努力增加新用户,但是却容易忽视了对现有用户列表实行有效管理。据统计有 1/2、甚至 2/3 的老会员数据已对邮件提供的信息失去响应及反馈,所以应当定期对用户列表进行清洗,制定激活机制,通过调查和抽奖活动,激发用户的互动参与性。

（4）增加一些重要的衡量指标

送达率、打开率、点击率、转化率等指标可以反馈出邮件营销的效果,但建议增加一些其他指标来跟踪邮件列表的质量,如退订率、垃圾邮件投诉率、新增加订阅率、硬弹数等。每个指标用一个数字表示,尽量清晰、简单、一目了然,帮助邮件主随时了解用户列表的健康度。

（5）细分用户行为

先对用户行为进行整体划分,并配套制定统计工具。例如,根据用户最后一次在网站的行为,确定它是否是潜在客户或者老客户。另外,根据邮件用户的日常表现,为用户贴上标签,并细分用户群组,推动后续邮件发送。也可制作针对固定用户的邮件营销页面。

E-mail 营销有三个基本因素:用户许可、电子邮件传递信息、信息对用户有价值。其中电子邮件传递信息与信息对用户有价值这两点已经基本做到,但是在用户许可这里还需要做到更加完善。用户许可一方面是需要获取用户的确认,另一方面是要在邮件中给用户提供退订该邮件的按钮。此次邮件营销的针对目标是网站的注册会员,配合网站注册协议,此次邮件营销已经满足了"需要获取用户的订阅确认"这一条件,为了满足"退订"的要求,就需要在邮件中加入"退订邮件"的按钮。

通常情况下,营销邮件的退订按钮均被放置在邮件的最底部,这样做的目的是让邮件阅读者最晚发现"退订",以此来提高邮件的被阅读几率以及降低退订率。

除此之外,还需要考虑到邮件接收者的邮箱过滤设置,所以需要在邮件中给用户提示,推荐用户将发件帐号添加为联系人,这样可以避免营销邮件被部分邮件提供商过滤为垃圾邮件,以此来提高邮件送达率。

在进行邮件营销行为中,还需要做出发件声明,让邮件阅读者明白邮件的发送原因,即声明"之所以收到这封邮件,是因为您曾经注册成为中国网络营销大会的用户。保证仅向您发送关于中国网络营销大会服务的电子邮件"。

在 Dreamweaver 中制作的,若要发送给用户,还需要将其内容复制到邮件的编辑框中。但是由于在制作页面的时候加入了 HTML 代码,为了保证邮件内容的完整性,需要在邮件编辑框中点击<HTML>按钮,进入高级模式进行编辑。

与此同时,在 Dreamweaver 中,将窗口模式转换为<代码>,将 Dreamweaver 中的代码全选复制并粘贴到邮件编辑框中,即可完成邮件内容的制作。

营销邮件的标题至关重要,要做到一目了然的同时还需要能够吸引阅读者的购物欲望。

由于中国网络营销大会主打网络营销年度,所以网站会员的需求和访问取向也更加网络营销最新动态和前沿,所以标题拟定要以此类能够更好地吸引邮件阅读者注意;所以,标题设置为"年度巨献 中国网络营销盛典"的引导阅读效果最佳。

由于目标用户的数量极大,使用常规的选择收件人的方式显然不合适,一般情况下,在发送营销邮件时均采用的是批量发送。但是网站会员的邮箱通常是该会员的登陆 ID,

一般是具有高度活跃度的邮件地址。另外,网站有义务为用户保密隐私,所以即使是营销人员也无法完全看到完整的收件人邮箱。

通过邮件营销系统内置的"网站会员"按钮,可以在不展示用户邮件信息的情况下发送电子邮件,最大程度地保证了网站会员的隐私。

（6）优化网站订阅口

用户邮件地址的收集对于邮件营销的开展至关重要。众多国外知名品牌在网站订阅口的优化及设计上都极其重视,因为它是企业获取用户信息、挖掘数据的先决条件。譬如,在网站订阅口的优化方面,利用感性、有力的文案促使浏览用户留下个人信息,不仅从细节上提升品牌形象,而且更有利于数据的收集,增加购买转化率。

（7）优化用户数据资源

大数据环境背景之下,及时有效地对用户资源进行数据整合及细分非常必要。为了避免邮件营销数据混乱,在企业在获得有效的用户邮箱地址之后,需要为每一个新用户建立一套基于 E-mail,包含用户来源、访问时间、浏览记录等信息的 eID 数字身份档案,然后根据用户属性分析,在企业进行邮件营销的过程中,根据不同用户属性分类推送不同主题和内容的邮件,提高邮件发送的精准度。通过用户搜索浏览行为分析及 eID 数据归档后,企业将分别发送两封不同邮件给到用户,这就是基于用户数据优化后可以得以实现的。

2. 邮件营销内容优化策略

（1）换位思考。换位思考,作为邮件发送者,针对不同的目标用户,邮件撰写的内容、语气都要有所不同,要有针对性,不需华丽的辞藻,质朴的常用语言更能拉近与用户之间的距离。这个道理,不管是卖养老保险还是时尚工艺都适用。

（2）开门见山。开门见山地说的是邮件应当简洁明了,不需长篇的铺垫才说明来意。因为绝大部分收件人是没有足够的耐心把邮件从头至尾的阅读,一般都是一扫而过,抓住一些显眼的、认为重要的点对邮件内容价值进行判断。图片,在邮件里无非相当显眼的,除此之外,不同的字体、颜色、条框也是突出邮件主题的方式,能让收件人迅速的了解邮件的重点所在。所以,在收件人点开邮件的几秒钟内引起用户的兴趣,那么你的邮件营销也就成功了一半。

（3）引起共鸣。在邮件中不时的鼓励用户深入对邮件内容进行了解,为其构建一个强烈的 Call To Action 情境,让用户产生共鸣。鼓励方式有:让用户看到你的产品服务与众不同在哪里,用户采取行动后可获得什么好处,或指出同类产品的不足并说明你的产品是如何进行克服的。在邮件中尽量激发用户的兴趣与好奇,鼓励其点击网站链接继续了解更多的产品信息,同时价格刺激、免费礼品也是促进用户进行链接点击的一个好方式。用户产生了共鸣,就会认同你所说的观点,执行你想要的行动,给你带来更大的效益。

（4）邮件测试。成功的营销邮件不是一朝一夕就能设计出来,必须是要通过不断的测试、调查、分析、总结后,方可确定最适用于营销的邮件标题、正文、色彩、风格、布局等。所以说,邮件内容的质量是邮件营销成败的关键,要保证质量,只有通过不断的测试使用、再测试再使用才能找出其中的不足,并进行妥善的处理,这样邮件的质量才会越来越好,邮件营销的效果也越显著。

（5）添加自定义变量。把以往单一的"先生/女士"等统称，直接变量为用户的名称，这样带给用户的感受肯定是不一样的。带姓氏的尊称可以让亲切感直线上升，拉近双方的距离。纵观市面上的众多邮件群发工具，具备自定义变量功能的品牌是屈指可数。

3. 邮件营销技巧优化方法

邮件地址库的收集、整理要实现精准营销，邮件地址必须精确，才能够将邮件发送到目标客户手中。那么对于邮件的收集工作则显得尤为重要。接下来介绍几种收集邮件地址的方法：

（1）网站注册用户资料统计，用户注册时输入正确的邮件地址作为认证，以方便认证密码或者接收验证等等，这种方式的出现为征集用户邮件地址大开方便之门。

（2）网站实现 QQ、微博认证登陆等等开放式的社交平台为实现 QQ、微博等认证登陆实现了可能，采用此方式登陆的用户在登陆后，需要进一步填写自己的个人信息才能浏览商品信息，其中个人信息中会包含邮箱，在这里想说的是实现登陆的 QQ 号码，也是另外一种形式的邮箱，也是值得去采集整理的。

（3）电商网站促销活动征集电子商务网站在销售业绩低下时，往往会考虑进行一系列的促销活动，以此来吸引访问，带动消费，而有时候这种价格的下调往往会有一定的阶段性，今天折扣 95%，明天折扣 90%，类似如此，这时候在旁边添加个邮箱订阅功能，则显得更加的贴切，一旦价格下调至对方满意的价格，就会有邮件通知，这样的采集邮件地址方式也显得却是不错。

（4）有奖调查悬赏征集和有奖征集。大家对本电商网站的改善意见或者其他相类似的问题，则会调动起大家的兴趣去积极参与，竞争赢取奖品，邮件通知是否中奖则显得更加的重要，因为这样也能从侧面收集到企业需要的邮件地址。无论采用何种方式去获得目标用户的邮件地址，最本质的要求网站的日访问量需要达到一定量，才不至于入不敷出。

（5）邮件主题优化。邮件的主题要简洁明了，够新颖，要有高度的概括性、权威性以及诱惑性。

（6）邮件的内容必须对目标客户产生一定的价值或者能够吸引其兴趣，才能达到预想的营销效果，拖拖踏踏一大段，若是连作者都不知道在写些啥，如何去吸引人继续阅读呢？电子商务网站的邮件内容只要应该涵盖的内容包含如下几条：账号长久未登陆提示信息、促销信息、优惠券信息、最新产品信息、购买产品使用提示信息等等，将这些对目标用户确实有用的信息发送给用户，才会让用户体会到您的电子商务网站时时刻刻在其的身旁，您的电子商务网站确实值得信赖。

（7）关于发送邮件的其他事宜邮件发送完成之后需要对其进行统计，建立起相关 excel 表格，把邮件发送时间、发送数量、反馈数量等等记录下来，用于分析邮件推广的效果如何，以便为下一步的营销推广找出路，除劣补优。除此之外，还应该考虑到目标收件者的习性、邮件服务器等等。

同步训练

教师组织学生,以一个企业为案例,针对该企业的邮件数据化营销制定相关邮件营销优化方案。通过引导学生制定邮件营销优化方案和邮件推广优化方案系统训练,让学生初步了解并掌握邮件数据化营销的优化方法。

同步训练任务书

表 7－10　营销邮件营销/推广优化方案设计

营销邮件数据分析操作步骤		
企业名称	概要	
	制定邮件营销优化方案	制定邮件营销优化方案的具体步骤
	制定邮件推广优化方案	制定邮件推广优化方案的具体步骤
总结		

综合评价

表 7－11　综合评价表

任务编号		任务名称	案例剖析
任务完成方式	□ 小组协作完成 □ 个人独立完成		
评价点			分值
企业邮件数据化营销优化方案策划是否充分			25
企业邮件数据化营销优化方案制定实施是否合理			25
企业邮件数据化推广优化方案策划是否充分			25
企业邮件数据化推广优化方案制定实施是否合理			25
本主题学习单元成绩:			
自我评价	（20%）　小组评价	（20%）　教师评价	（60%）
存在的主要问题			

拓展任务

　　教师组织学生以小组为单位,寻找身边的一些企业,详细了解企业其邮件营销优化情况,通过营销邮件数据收集及用户针对营销邮件所进行的反馈行为的分析,达到对邮件数据分析全面了解。